高等院校经济管理专业应用型精品教材

人际沟通与交流

张美云 吴海娟 主编
张淑谦 易蓉 副主编

清华大学出版社
北 京

内容简介

本书根据人际沟通交流活动的基本过程和规律，系统介绍人际沟通交流的基本原理、目标、原则、形式，演讲、谈判、交际礼仪，语言沟通、非语言沟通、克服沟通障碍的基本方法与技巧，以及求职面试与跨文化沟通的基本原则和策略等知识；并通过实证案例分析教方法、讲思路，加强实践、强化操作技能与能力的培养。

本书具有理论适中、知识系统、案例经典、注重应用等特点；因而既可作为高等院校工商管理、财经管理等专业的必修教材，同时兼顾高职高专、成人高等教育相关专业的教学，也可用于企业员工在职岗位培训，并为广大社会读者提供有益参考。

图书在版编目（CIP）数据

人际沟通与交流/张美云，吴海娟主编．—北京：清华大学出版社，2017（2020.2重印）
（高等院校经济管理专业应用型精品教材）
ISBN 978-7-302-44523-4

Ⅰ．①人…　Ⅱ．①张…　②吴…　Ⅲ．①人际关系学－高等学校－教材　Ⅳ．①C912.1

中国版本图书馆 CIP 数据核字（2016）第 171802 号

责任编辑：闫一平　张　弛
封面设计：何凤霞
责任校对：袁　芳
责任印制：杨　艳

出版发行：清华大学出版社
网　　址：http://www.tup.com.cn，http://www.wqbook.com
地　　址：北京清华大学学研大厦 A 座　　**邮　　编：**100084
社 总 机：010-62770175　　**邮　　购：**010-62786544
投稿与读者服务：010-62776969，c-service@tup.tsinghua.edu.cn
质量反馈：010-62772015，zhiliang@tup.tsinghua.edu.cn
课件下载：http://www.tup.com.cn，010-83470410

印 装 者：北京富博印刷有限公司
经　　销：全国新华书店
开　　本：185mm×260mm　　**印　　张：**16.5　　**字　　数：**376 千字
版　　次：2017 年 1 月第 1 版　　**印　　次：**2020 年 2 月第 4 次印刷
定　　价：42.00元

产品编号：071090-02

教材编委会

序　言

随着我国改革开放的不断深入和扩大，我国经济已经连续30多年保持持续中高速稳定增长的态势，中国经济进入一个最具活力的发展时期。2015年3月，经国务院授权，国家发展和改革委员会、外交部、商务部发布《推动共建丝绸之路经济带和21世纪海上丝绸之路的愿景与行动》。随着我国改革开放和社会主义市场经济的加速推进，国家"一带一路、互联互通"总体发展战略的制定和实施，我国经济正在迅速融入全球经济一体化的发展进程，中国市场国际化的特征越发凸显。

目前，我国正处于经济快速发展与社会变革的重要时期，随着经济转型、产业结构调整、传统企业改造，涌现了大批电子商务、文化创意、绿色生态及循环经济等新型产业；面对国际化市场的激烈竞争、面对新一轮的人才争夺，我国企业既要加快管理体制与运营模式的整改，也要注重加强经营理念与管理方法的不断创新，更要注重企业发展的本土化策略、抓紧网罗培养具有创新意识和掌握新专业知识的技能型人才；这既是企业立于不败之地的根基，也是企业可持续长远发展的重要战略选择。

需求促进专业建设，市场驱动人才培养。为适应市场对经济管理专业人才多层次、多样化的需求，保证合理的人才结构，有必要开展多层次的经济管理技能培训与教育：一是加强学历教育；二是重视继续教育；三是开展有针对性的员工培训。

针对我国高等教育"经济管理"专业知识老化、教材陈旧、重理论轻实践、缺乏实用操作技能训练的问题，为了适应我国经济发展对"有思路、掌握技能、会操作、能应用"人才的需要，为了全面贯彻教育部关于"加强职业教育"的精神和"强化实践实训、突出技能培养"的要求，根据企业用人与就业岗位的实际需要，结合高等院校"经济管理"专业教学计划及课程设置的调整，我们组织北方工业大学、郑州大学、北京联合大学、青岛大学、首钢工学院、大连工业大学、北京城市学院、燕山大学、北京财贸职业学院、吉林工程技术师范学院、北京朝阳职工大学、华北水利水电学院、北京西城社区学院、山东外贸职业学院等全国20多所院校的专家、教授和工商与流通企业的经理，在多次研讨和深入实际调查的基础上，共同精心编撰了此套经济管理系列教材，旨在更好地服务于国家经济建设。

教材建设是高等教育教学改革重要的组成部分，也是体现职业技能培养特色的关键。本系列教材的编写，遵循科学发展观，根据学科发展、教学改革、专业建设和课程改造需要，尤其是市场对人才专业技能与能力素质的需要；结合教育部教育教学改革精神、结合国家正在启动的大学生就业工程，面向社会、面向市场、面向经济建设、面向用人单位的具体工作岗位，不仅凝聚了一大批专家、教授多年的教学实践经验、最新的科研成果及企业家丰富的实战经验，也反映了企业用工岗位的真实需求。

本系列教材作为高等院校经济管理专业应用型精品教材，包括《经济学基础》《市场营销》《企业战略管理》《人力资源管理》《国际贸易实务》《商务谈判》等十多本书。

由于本套教材紧密结合我国企业改革与经济发展、注重前瞻性，具有理论前沿性和实践操作性，注重实际应用和操作技能训练与培养，适应国家经济发展新常态的需要，对帮助学生尽快熟悉操作规程与业务管理，毕业后能够顺利走上社会就业具有特殊意义。本套教材既可以作为高等院校经济管理专业教学的首选教材，也可以用于工商、通流、财贸等企业在职员工培训。

牟惟仲

2016年6月

前　言

2015年3月，经国务院授权，国家发改委、外交部、商务部发布《推动共建丝绸之路经济带和21世纪海上丝绸之路的愿景与行动》。根据我国"一带一路、互联互通"总体发展战略的制定与实施，随着我国改革开放和社会主义市场经济的加速推进，中国市场国际化的特征越发凸显。

经济发展虽然需要科学技术的支撑、市场经济虽然强调竞争，但是更需要注重挖掘人的潜力、发挥人的潜能，更要讲究合作；经济发展与社会和谐已成为当今世界公认的主题，而成功的根基却又取决于更大范围的人际沟通与交流。

美国普林斯顿大学对1万份人事档案进行分析，结果发现"智慧、专业、技术、经验"只占成功因素的25%，其余75%取决于良好的人际沟通。哈佛大学就业指导小组调查结果也显示，在500名被解职的职员中，因人际沟通被解雇的占82%。这都说明人际沟通能力的重要性。

高科技的发展驱使社会分工越来越细，使国际社会逐渐演变成"千人糕"的社会，国际市场呈现出谁也离不开谁的服务关系，而经济要发展、事业要进取，就必须注重规模经营效益、就必须注重加强团队合作、就必须注重加强人际沟通与交流。

交流有利于拉近人与人之间的距离，沟通有助于增进员工相互理解、增强团队的融合与凝聚力，交际能力是当今社会成功人士最基本、最重要的素质。然而当今社会却是网络开放了世界、封闭了人。经营、就业等竞争的加剧使得人群之间越来越陌生，建立良好的人际关系是生存和发展的必要条件，经济发展呼唤人际沟通、社会和谐要求人际交流。为此许多院校注意到这一社会实际问题，创新增加了这门实用课程，本书的出版对学生进入社会、就业创业具有一定意义。

本书作为高等教育经济管理专业的特色教材，全书共十章，以应用能力培养为主线，坚持学科发展观，严格按照教育部"加强职业教育、突出实践技能培养"的要求，根据人际沟通交流活动的基本过程和规律，系统介绍了人际沟通交流的基本原理、目标、原则、形式，演讲、谈判、交际礼仪，语言沟通、非语言沟通、克服沟通障碍的基本方法与技巧，以及求职面试与跨文化沟通的基本原则和策略等知识，并通过实证案例分析教方法、讲思路，加强实践、强化操作技能培养、提高应用能力。

本书融入了人际沟通交流的最新实践教学理念，力求严谨，注重与时俱进，具有理论适中、知识系统、案例经典、观点科学、语言简洁、侧重实践应用等特点，对于促进学生成长和就业都将起到重要作用。因此，本书可以作为高等院校工商管理、财经管理等专业教学的首选教材，同时兼顾高职高专、成人高等教育相关专业的教学，也可以作为工商及流通企业从业人员的在职岗位培训教材，对于广大社会读者也是一本有益的参考读物。

本书由李大军进行总体方案策划，并具体组织，张美云和吴海娟任主编，吴海娟统改稿，张淑谦、易蓉为副主编，由具有丰富教学实践经验的李慧茹教授审定。参加编写的人员有：牟惟仲（序言），张淑谦（第一章、第四章），吴海娟（第二章、第五章），罗元浩（第三章），张美云（第六章、第七章），孟祥越（第八章），易蓉（第九章、第十章），王瑞春（附录），李晓新（文字版式修改、制作课件）。

在本书编写过程中，我们参阅了大量人际沟通与交流的最新书刊、网站资料，并得到有关专家、教授及企业家的具体指导，在此一并致谢。为方便教学，本书配有教学课件，读者可以从清华大学出版社网站（www.tup.com.cn）免费下载使用。因编者水平有限，书中难免存在疏漏和不足，恳请专家、同行和读者批评、指正。

编　者

2016年8月

目　录

第一章

沟通概述

学习目标

知识要点：

1. 理解沟通的内涵以及重要性；
2. 掌握沟通的基本原则与技巧；
3. 深入理解沟通的要素和沟通过程。

技能要求：

1. 掌握沟通基本原理，发现自身存在的沟通缺陷，克服不足；
2. 改善和提高沟通能力。

引导案例

小王是某公司销售部的一名员工，为人比较随和、不喜争执，和同事的关系处得都比较好。但是前一段时间，不知道为什么，同一部门的小赵处处和他过不去，有时候还故意在别人面前指桑骂槐。对跟他合作的工作任务也都有意让小王多做，甚至还抢了小王的好几个老客户。

起初，小王觉得都是同事，没什么大不了的，忍一忍就算了。但是小赵却没完没了，小王实在忍不下去了，就告到经理那。经理没有多做调查，就把小赵批评了一顿，从此，小王和小赵成了冤家。

案件中小王和小赵从同事变成冤家。为什么会这样呢？到底是小赵的问题，还是小王的问题？其实，小王遇到的事在工作中会经常出现。面对小赵的改变，小王一味地忍让，不是一个好办法，应该主动沟通，了解小赵态度改变的原因，看他们之间是不是有什么误会。小王告状也不是一个好办法。经理一顿批评，使矛盾彻底激化。经理的正确做法应该是把双方产生的误会、矛盾解开，加强员工之间的沟通。在这里，小王、小赵、经理三人犯了一个共同的错误，就是没有很好地沟通。

我们每天经常出现许多烦恼和问题，大多是人与人沟通不畅造成的。让我们费解的是，沟通不就是简单的对话吗？为什么会产生沟通不畅的问题呢？语言是人与人沟通的直接桥梁，只要不是残障就会说话，但是会说话不等于可以与人良好地进行沟通。如何进行有效的沟通，这是本书要探讨的问题。

第一节　沟通的一般原理

一、沟通的内涵及重要性

（一）沟通的内涵

沟通能力是一个人生存和发展必不可少的条件，也是一个人获得幸福生活的基本要素。无论人类社会发展到一个什么样的时代，任何人都不可能脱离他人而孤立生存。人们为了正常的生活、工作和学习，就必须与他人沟通。

沟通是指人与人之间通过语言、文字、符号或类似的表现形式，进行信息、知识与情报等交流的行为及过程。

从一般意义上讲，沟通就是发送者凭借一定渠道（亦称媒介或通道）将信息发送给既定对象（接受者），并寻求反馈以达到相互理解的过程。具体包含以下几点。

1. 沟通是信息的传递

沟通包含信息的传递，如果信息没有传递到既定对象，也就没有发生沟通。沟通的信息包罗万象。在沟通过程中，我们不仅传递信息，而且还表达赞赏或不快等情感，提出自己的意见和观点。因此，沟通的信息就可分为语言信息和非语言信息。

1）语言信息

语言信息是建立在语言文字基础上的，它包括口头语言信息和书面语言信息，两者表达的都是人类现实社会活动的内容。口头信息沟通是沟通形式中最直接的方式，其优点是快速传递和即时反馈。书面语言信息则具有有形展示、长期保存、可作法律依据等优势，在表达上书面语言比口头语言更周密，更严谨，条理更清楚，还有利于信息的复制和大面积传播。

2）非语言信息

非语言信息是指通过某些媒介而非口头语言或文字来传递信息，包括副语言信息和身体语言信息等。语言在沟通中只起到了方向性或规定性作用，而非语言信息才准确地反映出话语的真正思想和感情。同样一句话，用不同的语速、语调、声音的高低、面部表情和体态动作表现，可反映信息传递者不同的思想和感情。非语言信息在沟通中可以起到支持、修饰或否定语言信息的作用，有时可以直接代替语言信息，甚至表达出语言难以表达的情感内容。

2. 沟通的重点是意义的理解

运用语言进行交际沟通的过程是瞬间的事情，但却包含着一系列复杂的问题，从信息论的角度来说，信息的传递可分为“编码—发送—传递—接受—解码”五个阶段，而沟通过程中，发送者首先要把传送的信息“编码”成符号，接受者则进行相应的“解码”过程。如果信息接受者对信息类型的理解与发送者不一致，则会导致沟通障碍和信息失真。

信息经过传递后，接受者所感知和理解的信息意义与发送者的初衷完全一致时，才能达到完美沟通的目的。

3. 有效的沟通是准确理解信息的含义

许多人认为,有效沟通就是使别人接受自己的观点,双方达成一致意见。其实,这种观点存在认识上的误区。在沟通中你可以明确地理解对方所说的意思,但不一定同意对方的看法。

如在一起交通事故赔偿谈判中,受伤害一方要求责任方赔偿车辆损失、住院费、手术费、误工费等共计30余万元,责任方理解了对方提出的条件,但不完全接受。虽然双方没有达成一致,但责任方已理解了对方所表达的意思,这就是有效的沟通。

4. 沟通是一个双向与互动的反馈和理解过程

我们每天都在进行沟通,但并不表明我们是成功的沟通者。沟通不是一个纯粹单向的个体行为,而是一个双向、互动的活动。例如,你已经告诉对方你所要表达的信息,但这并不意味着对方已经与你沟通了。因为沟通的目的不是行为本身,而在于结果。如果对方并未对你发出的信息做出反馈,那么就没有达成有效沟通。

(二)沟通的重要性

美国相关机构曾经对25名优秀的管理人员进行调查,发现他们有76%的工作时间是用于沟通的。由此可见沟通的重要性。成功者都是懂人际沟通,珍视人际沟通的人。

1. 职业工作需要沟通

三百六十行,行行出状元。但各个行业的杰出者,除了专业技能突出以外,沟通技能也非常重要。如整体护理活动的实践表明,护士需要将70%的时间用于与患者沟通,剩下30%左右的时间用于分析问题和处理相关事务。

2. 社会活动需要沟通

人们在社会生活中相互依存,居家、出行、学习、工作、社交每时每刻都离不开与他人沟通。但是沟通不是容易的事。如要向他人表达一个意思,始终说不清楚;要为他人办一件好事,却有可能弄巧成拙;本来想与他人消除原有的隔阂,但因方法不妥,可能把关系弄得更僵。所以说,现实的社会实践活动需要有一定的沟通能力。

3. 沟通是个人身心健康的基础

与家人的良好沟通,能使你享受天伦之乐;与恋人的沟通,能使你品尝到爱情的甘甜;与同事的良好沟通,能使你工作顺利。在孤独时,与朋友沟通会使你得到安慰;在忧愁时,沟通会使你得到快乐。

总之,沟通是人们分享信息、思想和情感的过程。这种过程不仅包括口头语言和书面语言,而且也包括形体语言、个人习惯和方式、物质环境,即赋予信息含义的任何东西。

案例

一天,一位老太太拎着篮子去楼下的菜市场买水果。她来到第一个小贩的水果摊前问道:"这李子怎么样?"

“我的李子又大又甜,特别好吃。”小贩回答。

老太太摇了摇头没有买。她向另外一个小贩走去问道:“你的李子好吃吗?”

“我这里是李子专卖,各种各样的李子都有。您要什么样的李子?”

“我要买酸一点儿的。”

“我这篮李子酸得咬一口就流口水,您要多少?”

“来一斤吧。”老太太买完李子继续在市场中逛,又看到一个小贩的摊上也有李子,又大又圆非常抢眼,便问水果摊后的小贩:“你的李子多少钱一斤?”

“您好,您问哪种李子?”

“我要酸一点儿的。”

“别人买李子都要又大又甜的,您为什么要酸的李子呢?”

“我儿媳妇要生孩子了,想吃酸的。”

“老太太,您对儿媳妇真体贴,她想吃酸的,说明她一定能给您生个大胖孙子。您要多少?”

“我再来一斤吧。”老太太被小贩说得很高兴,便又买了一斤。

小贩一边称李子一边继续问:“您知道孕妇最需要什么营养吗?”

“不知道。”

“孕妇特别需要补充维生素。您知道哪种水果含维生素最多吗?”

“不清楚。”

“猕猴桃含有多种维生素,特别适合孕妇。您要给您儿媳妇天天吃猕猴桃,她一高兴,说不定能一下给您生出一对双胞胎。”

“是吗? 好啊,那我就再来一斤猕猴桃。”

“您人真好,谁摊上您这样的婆婆,一定有福气。”小贩开始给老太太称猕猴桃,嘴里也不闲着,“我每天都在这儿摆摊,水果都是当天从批发市场找新鲜的批发来的,您儿媳妇要是觉得好吃,您就再来。”

“行。”老太太被小贩说得高兴,边付账边答应着。

三个小贩面对同一个老太太,为什么销售的结果完全不一样呢? 可以说第三个小贩很懂得使用沟通的方式和方法。他能掌握沟通的主动权,从而实现了成功销售。

二、沟通的过程

沟通的过程包括信息策划、信息编码、信息传输、信息解码、信息反馈和沟通干扰,如图 1-1 所示。

(一)信息策划

1. 信息策划的重要性

信息是沟通的基础。在头脑中形成清晰、完整、有条理的信息是良好沟通的开始。信息策划就是对信息进行收集、整理、分析的过程,信息策划过程反映着信息发出者逻辑思维能力的高低和信息量的多少。很多人在沟通过程中或过程后经常会感到“我都不知道

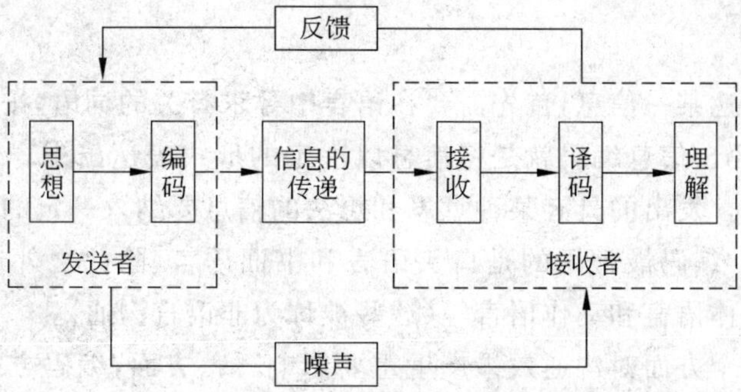

图 1-1 沟通的过程

自己说了什么”,这种情况多半是由于信息质量不高造成的。

按照信息能否被很容易地理解和掌握,可以将其区分为明示信息和默示信息。明示信息是指那些很容易被理解和掌握的信息,例如,火可以灼伤人的身体,这一信息几岁的小孩也能理解。默示信息则是指不容易被理解和掌握的信息,例如,一个熟练的厨师可以很清楚地向别人讲解和展示一道菜的做法,而初学者往往感到很难掌握。

一般来说,信息越明确、标准化程度越高,其明示程度越强,越有利于沟通。

2. 信息策划的步骤

要想成为一个具备良好沟通能力的人,首先就必须提高信息策划能力。信息策划包括确定信息范围、收集信息、信息评估、信息整理和分析。

1) 确定信息范围

确定信息范围是信息策划的第一步,也是决定信息策划质量的关键一步。确定信息范围的实质是确定信息策划的目的,对要获得的信息的性质、质量和内容进行初步判断,从而确定信息的范围。

2) 收集信息

根据确定的信息范围搜寻符合要求的信息以备整理、分析。一位专家专门对美国罗斯福、杜鲁门和艾森豪威尔总统的信息收集习惯作过研究,认为:真正帮助总统分清问题利弊的并不是普通、综合性的信息,不是摘要、概要等经过咀嚼的信息,而是一些琐碎的、但同时包含了大量实在细节的信息,这些信息在他们的头脑中拼装起来,显示要处理的事件底层的东西。为了寻找答案,他们必须尽可能广泛地接触与总统有关的信息的片断,各种观点甚至闲谈。他们必须是自己情报中心的总指挥。

3) 信息评估

信息评估是指对信息数据的真伪、准确与否等方面进行的评估。信息评估质量的高低直接影响信息策划结果的有效性。

4) 信息整理和分析

信息整理和分析是对收集到的合格信息进行加工、整理,其目的是从中获得一些有价值的结论。

（二）信息编码

说话人为了表达某一信息，首先需要在语言中寻求有关的词语，按照语言的语法规则编排起来，进行编码。信息编码就是将信息以一定的形式表达出来。信息沟通过程是从信息的发出开始的。发出的具有某种意思和想法的信息要纳入一定的形式之中才能予以传送，这称为编码。编码最常用的是口头语言和书面语言，除此之外还要借助于面部表情、声调、手势等身体语言和动作语言等（这些被称为非语言沟通）。

信息编码在两个方面对沟通效果产生重要影响。一方面，编码方式会影响到信息占用信息载体的容量。如书籍的字数，计算机文件的字节数等。一般来说占用信息载体的容量越少，越有利于提高沟通的效果。例如，要实现视频文件的网上适时传输和播放，一是要提高网络信息传输速度；二是要利用数据压缩技术降低信息占用信息载体的容量。另一方面，编码方式影响信息还原的质量，因为任何一种编码方式都会导致信息的损失，即失真，从而影响信息的接收者（包括信息的最初提供者）对信息的接收。

根据信息编码符号的不同，信息沟通分为口头沟通、书面沟通及非语言沟通等形式。非语言沟通补充和支持了语言沟通，但有时，非语言沟通也可能弱化或抵消语言沟通，如言行不一致的做法，势必冲淡语言沟通的效果。另外，在使用口头或书面语言编码时，由于发送者自身语言表达能力的限制、语意模糊不清或者有意过滤信息（如报喜不报忧）等原因，往往会造成信息沟通的障碍。

案例

有位秀才，夜晚被蚊子咬醒，于是对睡在旁边的夫人说："尔夫被毒虫所吸也。"秀才看到夫人没有反应，又大声地说了一遍："尔夫被毒虫所吸也。"夫人还是没有反应。此时，秀才大怒："老婆子！赶快起来，你老公被蚊子咬死了。"妻子闻声，赶快起来，赶走了蚊子。

用对方听得懂的语言进行沟通，是沟通成功的保障。

（三）信息传输

信息传输即通过一定的传输媒介将信息从一个主体传递到另一个主体。

传递信息可以通过一席谈话、一次演讲、一封信函、一份报纸、一个电话、一个电视节目等来实现。不同的沟通渠道适用于传递不同的信息。比如，住宅楼着火，需要电话紧急传输信息，用书面方式传递这一信息显然就不合适。

沟通过程有时需要使用两条甚至更多方式的沟通渠道。例如，对员工工作绩效的评价，管理者在作了口头评估之后可以再提供一份书面材料。再如，面对面交谈，实际上同时使用口头表达与身体语言两种表达方式。

在现代通信技术迅速发展的今天，一条沟通渠道常可同时传送多种形式的信息，如电视电话会议和其他多媒体技术可把语言、文字、图像、数字等融合在一起传送，大大便利了复杂信息的传递。但也应当看到，信息传递中的障碍也是经常出现的，如沟通渠道选择不当或者沟通渠道超载，以及沟通手段出现问题，都可能导致信息传递中断、失真或无法传递至接收者。因此有效的沟通离不开可靠的信息传递渠道。

信息传输过程通常会造成信息损耗，例如，在古代社会，各种书籍主要是通过手抄的形式进行传播。手写字体不像现在的印刷体那样统一、易于辨认，而且当时的书写材料很容易损坏，因此，在文献的传承过程中就会出现遗漏和错误。再如，在面对面的口头沟通中，信息传输的媒介是声音，音量、音调、语速、距离、环境等都会影响沟通的效果。

（四）信息解码

信息解码即将收到的信息符号理解、恢复为思想，然后用自己的思维方式理解这一信息。信息解码包含两个层次：一是还原为信息发出者的信息表达方式；二是正确理解信息的真实含义。例如，电报采用莫尔斯电码传输，发报人首先要把电报内容翻译成莫尔斯电码，收报人则要把收到的莫尔斯电码还原为原来的电报内容，这是技术上的解码过程。阅读电报的人还面临正确理解电报内容的处境。对于同样的文字内容，不同的人往往会有不同的理解，这属于解码方式上的差异。

只有当信息接收者对信息的理解与信息发送者传递的信息的含义相同或近似时，才可能进行正确的信息沟通。缺乏共同语言、先入为主和心理恐惧等，都可能导致接收者对信息的错误理解。

在沟通过程中，由于不同个人、不同组织解码方式不同会直接影响沟通的效果。20 世纪 50 年代，美国在出兵朝鲜之前曾经刺探过中国政府对美国出兵朝鲜的态度，而中国政府的回应是“中国要管”。对于这四个字，美国政府认为存在多种含义，军事干预只是其中的一种。而事后中国有关人士的解释是，“中国要管”就是“中国要出兵”。对这四个字的不同理解，导致中美正面交战，以致美国事后说，在错误的时间、错误的地点打了一场错误的战争。

小贴士

哲学家帕斯卡尔说：“人类像芦苇般脆弱，然而经历数千年来，这群脆弱的人却能创建文化，而异于其他动物，之所以如此，系因人类懂得相互合作的重要性。”而良好的沟通是合作的基础。

（五）信息反馈

前面我们讲过，信息传递并不是沟通最重要的目的，沟通的核心在理解、说服和采取行动。信息接收者在获得信息后或根据信息采取行动后会根据自己的理解、感受和经验提出自己的看法和建议，这就是信息反馈。

信息反馈在连续的沟通中具有非常重要的作用，它既是对上一次沟通结果进行评价的重要依据，也是进一步改进沟通效果的重要参考资料。

（六）沟通干扰

人们在沟通过程中可能面临一些干扰因素。这些干扰因素可能来自沟通本身，也可能来自外部环境。

沟通者之间的干扰有些是故意的，有些则是非故意的。例如，沟通者的语言表达能力比较差，语言不流畅或者不自觉地频繁出现一些干扰对方注意力的身体姿势、表情、眼神，这些都属于非故意的干扰。而有些时候，沟通一方为达到自己的目的会故意给对方制造沟通障碍，例如，故意把某些内容说得含糊不清，用身体语言分散对方的注意力等。

外部环境的干扰则比较常见，如沟通场所的噪声、强光、行人等，对沟通双方都可能产生干扰。信息传输工具的质量也会对沟通效果产生影响，如通信信号不好等。

第二节 沟通的目标、原则及基本内容

一、沟通的目标

人们在进行不同的沟通活动中可能具有不同的目标，如传递、说明、教育、娱乐、解释、劝导、宣传、号召等。根据沟通深度和难度的不同，沟通目标可以分为传递、理解、接受和行动。

（一）传递

传递是沟通最初级的目标，也是最容易达到的目标。只要信息的发出者能够使信息到达特定的个人或组织，就可以视为达到了沟通的目的，而并不追求信息一定对其他人或组织产生影响。

当信息的发布者受法律等因素制约不得不发布某种信息，或者信息的内容很简单时，信息沟通常常以传递作为目标，如各种类型的通知、公告。

（二）理解

理解是较深层次的沟通目标，它要求信息的受众能够广泛、深入明白信息的性质、含义、用途和影响。文化教育、娱乐以及一部分解释、说明就属于这种性质的沟通。要达到使人能够理解的目标，就要求信息发出者在进行信息策划时，必须考虑符合信息受众习惯和能力的信息编码和表达方式。例如，从幼儿园到大学，教材中的图片资料越来越少，推理、论述越来越多，这就是考虑了不同层次读者接受能力和习惯的不同。

（三）接受

接受的含义是信息受众不仅要能够广泛、深入明了信息的性质、含义、用途和影响，而且要认同、同意信息的内容。接受的核心是态度上的趋同。很多解释、说明、劝导就是以

接受作为沟通目标的。

（四）行动

行动是沟通的最高层次的目标，它要求信息受众不仅能够接收、理解、接受信息的内容，而且会受到该信息的影响而采取某种行动。一些劝导、宣传、号召活动往往是以说服某些人采取某种行动作为目标的。例如，环保主义者通过各种形式宣传环保主张，号召人们改变生产、生活方式，以促进人类与环境的和谐发展。

二、沟通的原则——6C 原则

为了更有效地进行沟通，在沟通过程中必须遵循一些原则。这些原则包括：清晰、简明、准确、完整、有建设性和礼貌。

（一）清晰（Clear）

表达的信息结构完整、顺序有效，能够被信息受众所理解。拿破仑对他的秘书们最着重且一再声明的训令就是："要清晰！要明白！"当你对沟通对象讲一些他们所不熟悉的题材时，要用清晰易懂的语言表达，要多用比喻去说明事实，用人们所知道的事物，去形容他们所不知道的事物。在日常交流中，比较忌讳的是让接受者反复推敲或者猜测。

案例

两封邮件

约翰：你好！

我写这封短信给你是关于贵部门的丹尼斯，这家伙非常不错。有空的话我们可以详细谈一下他。谢谢！

斯坦

约翰：你好！

我写这封短信给你是有关你们部门的丹尼斯·克达尔。最近几周，他用自己的业余时间帮助我们信息部做了很多软件升级的工作。没有他的帮忙我们可能很难赶上工期。我部门在今后的3个月内还需要对财务系统进行改造，丹尼斯的知识和能力对我们帮助很大。我能否邀请他未来的3个月在我们部门工作？成与不成，我都要对贵部门表示由衷的感谢。我很期望能和您约个时间具体谈一下这件事。谢谢！

斯坦

第一封邮件表述的意思非常模糊，是想感谢丹尼斯，还是仅仅想和约翰聊聊呢，从字面上看，我们很难知道。这里面还有另外两个问题：①如果约翰所在的部门有多个丹尼斯，这封邮件就会让约翰很迷惑，在讲谁呢？②仅凭这封信，约翰完全不知道丹尼斯究竟做了什么好事。所有这些问题都是信息传递不清晰造成的。

第二封邮件内容非常清晰，阅读者很容易知道事件内容以及他接下来应该做什么。

（二）简明（Concise）

简明是指表达同样多的信息要尽可能占用较少的信息载体容量，这样既可以降低信息保存、传输和管理的成本，也可以提高信息使用者处理和阅读信息的效率。宝洁公司有一个规定：提供给高层管理者的报告或备忘录不要超过两页纸。这就对沟通者如何以尽可能少的篇幅完成信息传递提出了挑战。

（三）准确（Correct）

准确是衡量信息质量最重要的指标，也是决定沟通结果的重要指标。不同的信息往往会导致不同的结论和沟通结果。

准确包括多个层面，首先是信息发出者头脑中的信息要准确；其次是信息的表达方式要准确，特别是不能出现重大的歧义。实践中，由于文化的差异，个人知识储备的差异，同样的信息不同的人会有不同的理解，即信息在“译码”的过程中会容易产生失真。

案例

一天，行政部主管过来跟王军借培训室钥匙，说是有人过来看一下培训教室的椅子。王军没多想，就给她了。因为这之前曾经提过公司培训教室要换椅子，王军以为是想要看一下现在教室里面的椅子。行政部的人说的时候也是很小声带过，他也没太在意，钥匙就直接给主管了，中午的时候主管把钥匙还给王军。

当天下午有培训，时间定在1:30。由于前天刚刚完成培训，设备等也都使用过，所以不用提前做准备。所以王军在1:15才下楼，打开教室，准备其他东西。

但是一进教室门，王军立刻傻了眼。教室里面少了很多把椅子，培训计划是30人参加，教室里面的椅子肯定是不够的，于是他又跑去找前台，前台说行政主管上午不是跟你说了吗？王军当时也有点急，主管只说借钥匙去看看，根本没提要拿走椅子。后来在前台的协助下，王军从公司空位找了些椅子拿过去，最终培训得以正常进行。

案例中问题的出现，就是沟通过程中对信息掌握不准确造成的。王军没有弄清楚行政主管借钥匙的真正意图，出现了误会。正确的做法应该是，对于信息不清楚的问题，要不厌其烦地询问，直到搞清楚。信息沟通的准确，可以及时规避风险。

（四）完整（Complete）

完整也是对信息质量和沟通结果有重要影响的一个因素。我们大家都非常熟悉的“盲人摸象”的故事讲的就是片面的信息导致判断和沟通错误的一个生动例子。

（五）有建设性（Constructive）

有建设性实际上是对沟通的目的性的强调。沟通的目的是促进沟通双方的信息传播，态度、观念的转变以及可能采取的行动，因此，沟通中不仅要考虑所表达的信息要清晰、简明、准确、完整，还要考虑信息接收方的态度和接受程度，力求通过沟通使对方的态度有所改变。实现建设性沟通的关键是站在对方的角度考虑问题。

(六) 礼貌(Courteous)

情绪和感觉是影响人们沟通效果的重要因素。礼貌、得体的语言,姿态和表情能够在沟通中给予对方良好的第一印象甚至可产生移情作用,有利于沟通目标的实现。即沟通中要注重礼仪,说话讲技巧、有分寸。

热情,文明,礼貌的行为不仅体现了自我的素质和修养,而且对工作的开展很有益,同时企业员工的整体礼仪水平也体现了企业的文化水平。要注意自己的着装打扮、举手投足、接打电话、语言谈吐等,从细节上严格要求自己,不断学习、改善。

案例

有一个年轻人骑马赶路,天快黑了还没有找到投宿的地方。

忽然,他看见前面有个老人,便在马上高声喊道:"喂,这儿离旅店有多远?"

"五里!"老人头也不抬地答道。

年轻人策马飞奔,向前驰去。结果,一跑十多里,仍不见人烟。他暗想,这个老头真可恶!

"五里,五里,什么五里!"他一边赶路一边又怨恨不迭地自言自语。

猛然,他从这两个字的谐音中领悟到老人的严厉批评。

"'五里',不就是说我'无礼'吗?"于是,掉转马头往回赶,见那老人还在路边,便急忙翻身下马,躬身施礼,恭恭敬敬地叫了一声:"老大爷!"

老人不等年轻人再讲些什么,就说:"小伙子,你已经走过了!如果你不嫌弃,就请到我家住一宿吧。"

案例中年轻人骑马赶路,对老人无礼,又误解老人所说,找不到旅店。年轻人反思改过,礼貌称呼老人,老人热情款待。由此可见沟通中礼貌多么重要。

以上六个词汇在英文中都是以字母C开头,因此可以建成有效交流的"6C"原则。

三、沟通的基本内容

要有效地进行沟通,不仅要遵循有效沟通的若干原则,还要明了沟通的基本内容,并进行细致的分析和准备。概括起来,沟通的基本内容可以归结为六个方面的问题:何因(Why)、何人(Who)、何事(What)、何地(Where)、何时(When)、如何(How),即6W。

(一) 何因(Why)

"何因"就是沟通的目标、目的。沟通的目标是沟通的灵魂,是所有沟通计划、准备和实施过程都必须围绕的主题。如果目标不明,整个沟通过程就会南辕北辙。

确定沟通目标是一件非常重要,也是比较困难的事情。我们经常讲到的成语"与虎谋皮"就是一个不恰当沟通目标的典型例子。

确定沟通目标首先要确定沟通各方的底线,包括沟通双方的沟通理解能力、态度转变、行动能力和意愿的空间，在谈判中也称为可谈判空间。确定这一点是十分重要的，因为，如果将沟通目标确定在了底线之外，就相当于去做不可能实现的事情。

例如，一个幼儿园的老师对一个三四岁的孩子讲要学好文化、造福社会，这就超出了这个年龄的孩子的理解范围，恐怕是不会有什么结果的。但是如果这个幼儿园的老师以一种这个年龄的孩子喜欢的食物或玩具作为奖赏要求这个孩子去背一首唐诗或英文单词则是可能的。

在大部分的商务活动中，沟通各方的底线不是很容易摸清的。需要收集大量的信息并做好调研工作。有时这个底线是在沟通过程中逐步了解和确定的，需要采取试探的方法，逐步摸清对方的意图和态度。这就要求沟通双方具有根据实际情况不断调整沟通目标的能力和技巧。

（二）何人（Who）

“何人”指的是沟通的对象。使用同样的沟通信息、方法和过程对不同沟通对象产生的沟通效果是不一样的。在沟通过程中，很多人把注意力仅仅集中在自身的沟通目标和沟通信息的清晰、简明、准确和完整上，而忽略了沟通另一方的感受，这样的沟通必然是失败的。

实际上，评价沟通效果的最终标准是接收信息一方的理解和接受程度，而不是信息传递一方表达的清晰程度，有时一个十分准确的表达方式所带来的结果也可能是信息受众的一片茫然甚至误解。

案例

中国的《罗密欧与朱丽叶》

1954 年，周恩来总理出席日内瓦国际会议，为了向外国人宣传中国人不好战，决定为外国记者举行电影招待会，放映越剧片《梁山伯与祝英台》。为使放映达到理想的效果，工作人员准备了一份长达 16 页的说明书送给周总理审阅。

周总理看后批评说：“这是不看对象，对牛弹琴。”工作人员不服说：“给洋人看这部电影，才是对牛弹琴呢！”周总理说：“这就要看你怎么弹法，你要用上十几页的说明书去弹，那是乱弹。我换个弹法，只要你在请柬上写一句：‘请欣赏一部彩色歌剧电影：中国的《罗密欧与朱丽叶》。’即可。”果然，这一改变赢得了外国人的赞赏。

资料来源：123 图书馆. 跟周恩来学口才，看周恩来的八个经典幽默瞬间[EB/OL]. (2014-10-23). http://www.123tsg.com/article/detail/3431.

同样是对于一个科学原理的介绍，提供给专业人士使用的科学著作和提供给一般大众的科普书籍在写法上就存在很大的差异。前者的基本准则是尽量使用专业术语，力求逻辑和论证严谨；后者的基本原则是尽量减少专业术语，更讲究通俗易懂。如果我们说“鼻黏膜受到某种刺激而引起的防御性反射动作”大家可能不太明白这种专业的说法，但如果说“打喷嚏”就无人不晓了。

在沟通之前，有必要搞清楚以下问题。

沟通的对象是谁?

他们属于哪一类人群?

他们的性别、年龄、种族、民族、受教育程度、地位、身份、经历如何?

沟通对象对沟通信息了解多少?

沟通对象对沟通本身和沟通信息的内容持什么态度?是欢迎还是排斥?会如何反应?

小贴士

沟通实践

1. 与领导沟通

在和领导沟通时,我们的角色应该是一个决策的执行者和建议者,应该在维护领导权威的前提下,注意自我价值的发挥。

2. 与同事沟通

在和同级进行沟通时,在工作方面,我们扮演的角色应该是"合作者",而在其他的时候我们可以作为"分享者"分享工作中的苦与乐。

3. 与下属沟通

在和下属沟通时,我们可能扮演"支持者"和"倾听者"的角色较好,注意在保证完成任务的前提下,要让他们发挥工作的主动性,注重培养他们的能力。

4. 外部沟通

在和外界进行沟通时,我们的角色应该是"单位利益的维护者"和"宣传者",要维护单位的社会形象,尽自己所能地促进单位各项工作目标的实现。

(三)何事(What)

"何事"指的是沟通的主题。主题是指沟通活动紧密围绕的核心问题或话题。在沟通活动中,主题的作用主要体现在它是串起所有相关信息的线索。在沟通过程中,主题作为基本的背景和对象,是帮助沟通者理解和记忆沟通内容并做出反馈的主要依据。

在时间比较长的沟通中,特别是作演讲和报告时,听众很难长时间全神贯注地倾听,会出现走神或中途退场的现象,如何才能继续下去呢,这时如果主题清晰,听众就比较容易把新接收的信息与前面的信息联系起来,否则就会不知所云。

另外,有时由于交流过程中的不确定性和随意性,沟通过程随时可能转入细节或一个不相关的话题,确定明确的主题并保持主题意识,是实现高效沟通的重要途径。

(四)何地(Where)

地点是指沟通活动发生的空间范围,包括地理区域、特定场所和室内布置等。

大的地理区域往往暗示着某种文化背景和区域特征,例如,法国常使人联想到浪漫、考究、富裕、艺术;非洲则容易使人联想到落后、干旱、豪放、自然;尽管实际情况不一定如此或者不一定当地的每个人都是一样,但还是有一定的代表性。在购买商品的过程中,人们也往往会根据产品的产地来判断产品的质量、价值。

特定场所往往暗示着一定的身份和地位。例如，同样一场商务洽谈，如果安排在一家五星级饭店，则暗示主办方对此事非常重视，如果是在公司的普通会客室进行，则可能被理解为接待方不很重视。很多擅长沟通的人往往选择某些特定的场合作为见面或谈话的地点，以显示自己的特殊背景或关系。例如，一些商业掮客往往选择政府机构内部附设的营业场所或附近的地点作为与委托人见面的地点，以暗示自己与政府机构的密切关系。

室内场所的布局和陈设对沟通双方的心理也有影响。试想，如果一个企业的老板坐在硕大的老板桌后面的老板椅上，桌前放了一张很小的椅子给员工坐或者干脆让员工站着，员工在与老板沟通的过程中一定会感觉到紧张和压力。反之，如果在办公室内呈垂直角度摆放两张完全相同的沙发或椅子，分别供老板和员工使用，则员工在与老板的交流中就会感受到较小的地位差距和压力，沟通起来会更加充分。

（五）何时（When）

时间对沟通效果的影响非常复杂，是多方面的。

（1）不同的人在作息规律上存在很大差异，在同一时间不同沟通对象在情绪、体力、注意力等方面差异很大，如果时间选择不当就会影响沟通效果。

（2）不同的人具有不同时间观念。在很多的沟通场合，当事各方并不一定能够准时在同一时间到达约定地点，有时还会出现迟到问题。在通常情况下，迟到会给另一方造成对方不尊重、不重视自己和心情烦躁的感觉，影响沟通的顺利进行。但是，迟到可能有多种原因，如遗忘、临时变故、交通堵塞、时间安排不当等，并不一定都是出于轻视。即使是迟到相同的一段时间，由于不同的人具有不同的时间观念和生活、工作节奏，对此问题的理解和看法也会有不同。

（3）时间的长度对沟通效率也有很大的影响。一般来说，交谈、谈判的时间越长，人们的注意力越差，头脑反应越慢。有些时候，也有人利用拖延时间的战术来麻痹对方，在谈判中达到自己的目标。欧美国家的人士就经常抱怨与日本人进行谈判时对方总是不停地重复类似的内容，令人产生厌倦感，不堪重负而做出让步。

（4）不同的时间段会影响人们对信息的理解。例如，同事之间在工作时间所讲的内容往往被理解为正式的沟通，需要为此承担责任，而在休息时间或下班以后所讲的话常常被理解为非正式的私人沟通，不需要为此承担责任。

（六）如何（How）

“如何”是指实现沟通目标的手段，也是最复杂、最困难的要素。

有效地组织和实施沟通，需要考虑以下主要因素。

（1）选择什么信息表现形式，如文字、图片、多媒体、身体语言、符号标志、模型等。

（2）采用什么样的沟通媒介，主要分为口头和书面两类形式。口头形式包括面对面交谈、不见面的语音交谈、远程多媒体视频交谈等；书面形式包括信件、备忘录、通知等。

（3）信息的组织形式，可分为归纳法和演绎法。归纳法是从一个个具体的事例出发，经过分析、解释，得出主要观点或一般性结论；演绎法则从一个一般的结论或主要观点出发，对具体的事例进行解释、分析和说明。

(4) 采取什么样的语气和表达风格，如庄重、轻松、戏谑。

(5) 如何布置和安排沟通的场所。

(6) 在沟通的时间选择上要注意哪些事情。

在对沟通过程进行计划时，要特别注意，并不存在放之四海而皆准的表达方式，应该根据不同的情况选择最合适的表达方式，特别是要根据沟通的需要创造出恰当的沟通气氛。

案例

一个6人科研项目小组，组员小刘每次开会研讨和外出调研等都迟到，大家总是等他一个人，对他意见很大。大家希望王组长尽快做小刘的工作。王组长过了一个星期才找小刘谈话，跟他讲了一堆大道理：关于团队的重要性、集体观念等，没有谈任何实质性的内容。谈完话小刘一头雾水，不知道组长啥意思，也没有意识到自己的问题。

资料来源：李颖娟，丁旭. 人际沟通与交流[M]. 北京：清华大学出版社，2015.

案例中王组长的沟通就是失败的。对“When”（谈话的时间）选择不恰当，已经过了一个星期，不够及时；对“How”（如何谈）没有做好，没有说到点子上，没有起到谈话应有的沟通作用。

第三节　沟通的形式

按照沟通传递信息是否采取语言形式，可以分为语言沟通和非语言沟通；按照发生的主客体分类，可以分为人际沟通、人机沟通和组织沟通；按照沟通的成员是否属于一个组织，可分为内部沟通、外部沟通；按照沟通的正式性程度，可以分为正式沟通和非正式沟通；按照沟通双方在组织中所处的层次高低，可以分为纵向信息沟通、横向信息沟通和斜向信息沟通；按照沟通主体的文化背景是否相同，可以分为同文化沟通和跨文化沟通。

一、语言沟通和非语言沟通

（一）语言沟通

语言是人类交流沟通的基本工具。很难想象没有语言，人们的生活会变得怎样。语言包括词汇和语法两部分。词汇是语言的基本构成要素，每个词汇都代表某一类特定的事物、动作、情感、特征或者关系。从沟通的角度看，语言实际上是人们表达思想的一种代码或编码形式。只有沟通双方赋予词汇相同的含义，沟通才能得以顺畅进行。由于词汇的有限性，并且很多词汇都存在多种含义，因此在每一个具体的语句中首先必须搞清楚每个词汇的含义，否则就会出现误解。

语言、词汇不仅存在多义性，而且随着时间的推移也会发生变化。例如，汉语中的“涕”字在古代汉语中曾是眼泪的意思，而在现代汉语中一般是指鼻涕。此外，不同国家、不同地区甚至不同的个人对同一词语的理解也不尽相同。很多国家都说英语，但同一词汇的用法和含义则可能有很大差别，即使在一个国家也是如此。

语言沟通的形式可以分为两大类，即书面语言和口头语言。

（二）非语言沟通

非语言沟通就是指用语言以外的，即非语言符号系统进行的信息交流。这种形式一般表现为视觉——动作符号系统（手势、表情动作、体态语言等非语言交往手段）、目光接触系统（眼神、眼色）、辅助语言（说话的语气、语调、语速、音质、音量、沉默以及书写格式等）、空间运用（身体距离）以及标志符号等。

非语言沟通形式是最古老的沟通形式，早在人类诞生以前就产生了，如各种动物的沟通都具有自己的非语言表达形式。只不过与动物相比，人类的身体语言、表情等更加复杂。现在，人类已经创造了非常发达的标志符号体系，如红绿灯、交通标志、危险标志等。

比起语言沟通形式，非语言沟通形式更加直观、迅速、具有个性。

二、人际沟通、人机沟通和组织沟通

（一）人际沟通

人际沟通是指主要发生在两个人或两个组织之间的沟通。人际沟通是沟通的基本形式，人际沟通由于主要发生在两个个体之间，传递一次信息就可以形成交流，沟通过程比较简单，不容易发生传输错误。另外，在个体沟通中，由于沟通对象很单一，也比较容易根据对方的特点采取相应的沟通形式和风格，并对沟通过程加以控制。

（二）人机沟通

人机沟通是指发生在人与机器之间的沟通。例如，计算机的使用者和计算机之间的沟通。人机沟通的效果主要取决于设备、软件及使用者的技巧三个方面。

（三）组织沟通

组织沟通又称群体沟通，它是指组织成员之间的信息交流和传递。按照信息在组织内部传递的方向，组织沟通又分为下行沟通、上行沟通和平行沟通。下行沟通指组织中上级对下级命令、指示或通报等形成的沟通；上行沟通指下级向上级反映情况的沟通；平行沟通指组织同一层次之间的沟通。

在组织沟通中，随着个体数目的增加，例如，3 个个体之间都发生一次沟通需要进行 3 次信息传递，4 个个体之间都发生一次沟通需要进行 6 次信息传递，5 个个体之间都发生一次沟通需要进行 10 次信息传递。不仅信息传递次数多，由于不同个体的背景和沟通习惯不同，在沟通中对表达方式的选择会变得十分严格，否则就会出现部分成员误解的情况。在组织沟通中必须进行有效的控制，也就是进行领导和协调，否则沟通很难顺利进行。

三、内部沟通和外部沟通

按照一个沟通过程所涉及的人员是否属于一个组织内部，可以分为内部沟通和外部沟通。内部沟通即同属于同一组织内部的人员之间的沟通，外部沟通则是不属于同一组织的人员之间的沟通。

内部沟通与外部沟通之间存在很大差别，正所谓"内外有别"。内部沟通由于彼此之间比较了解，因此，在沟通过程中对礼仪方面的要求比较低，在沟通风格上比较轻松自如。而外部沟通的对象由于彼此之间存在一定生疏感，在沟通过程中通常十分注意礼仪。

此外，内部沟通的对象由于同属于一个组织内部，往往存在很多彼此之间心知肚明但不能明确说出的利益共享或冲突问题，因此，虽然在沟通形式和风格上可以比较随意，但一些敏感问题则是不可以轻易触及的。而外部沟通虽然注重礼仪，但在沟通的范围上则可以开诚布公，约束很少。

总的来讲，内部沟通要更多地考虑各种相关因素的影响，外部沟通的重点则是寻找共识以及共同的礼仪。

四、正式沟通和非正式沟通

按照沟通的正式程度可以分为正式沟通和非正式沟通。

正式沟通是通过正式的组织程序，依照组织结构进行的信息沟通。这种沟通的媒介物和线路都是事先安排，因而被认为是正式且合法的。

非正式沟通就是不按照正式的组织程序进行的沟通，其信息传递的媒介和路线均未经过事先安排，具有很强的随意性、自发性。在非正式组织中，其成员间的社会交往就主要采用非正式的沟通渠道，具体表现也往往是各种传闻或小道消息。

非正式沟通的明显特点是，信息传递速度快，但失真比较严重。对非正式沟通可以采取"管理"的态度，以便更好地扬长避短。

区分正式与非正式的标准有很多。也可以按照职位身份和个人身份划分正式沟通和非正式沟通，如某位官员以自己的公职身份与媒体沟通属于正式沟通，以自己的私人身份与某位记者交流属于非正式沟通；也可以按照一方或双方的重视程度来划分，例如，一位经理与一位员工在就餐时随意的闲谈则属于非正式沟通。按照沟通内容的效力进行区分，如果沟通双方只是对内容的准确性十分确认，并准备受其约束，则为正式沟通，如果双方只是对内容进行简略的探讨则为非正式沟通。按照沟通方式、仪式、重要性的不同，也可以划分为正式沟通和非正式沟通。例如，国家元首正式出访和非正式出访其他国家，在接待仪式上就有严格的差别。

一般说来，正式沟通由于双方都比较重视，沟通内容的约束性比较强。首先是较为正规，因而沟通各方在沟通过程中都较为谨慎，一般适合于简单、初步的沟通和总结性的沟通；而非正式沟通则比较适合于深入沟通信息、探讨各种可能性的沟通阶段。

五、纵向信息沟通、横向信息沟通和斜向信息沟通

按照沟通双方在组织中所处层次的高低,可以将其分为纵向信息沟通、横向信息沟通和斜向信息沟通。

(一)纵向信息沟通

纵向信息沟通是指沿着组织的指挥链在上下级之间进行的信息沟通。它可以区分为自上而下和自下而上的两种形式。自上而下的沟通也称为下行沟通,是指组织内部同一系统内的较高层次人员对较低层次人员的沟通,如命令的传达、计划的布置和程序规则的颁布等。自下而上的沟通也称为上行沟通,是指组织内部同一系统内的较低层次人员向较高层次人员的沟通,如请示、汇报、要求和意见申诉等。

(二)横向信息沟通

横向信息沟通是指组织内部同一层次人员之间的沟通,也称平行沟通。这种沟通主要是为了促成不同系统(部门、单位)之间的协调配合和相互了解。例如,高层管理者之间、中层管理者之间、支线人员与参谋人员之间、生产工人与设备修理工之间,以及任务小组和专项小组内部所发生的沟通。

(三)斜向信息沟通

斜向信息沟通是指发生在组织内部既不同系统又不同层次的人员之间的沟通。斜向沟通对组织中的其他正式沟通渠道会起到一定的补充作用。例如,公司开发部,倘若以设计师与试制车间主管之间的直接沟通取代传统的经由生产经理传递信息的办法,则沟通线路和传递时间会大大缩短,信息真实性也更强。但是斜向沟通容易在部门之间造成矛盾。

以上的横向沟通和斜向沟通是脱离组织的指挥链而跨系统发生的。在一些严格、正规的机械式组织中,它们并不认为是正式的、法定的沟通形式,而常常被作为非正式的沟通渠道来看待。

六、同文化沟通和跨文化沟通

按照沟通主体的文化背景是否相同,沟通可分为同文化沟通和跨文化沟通。不同文化背景的人在历史传统、思维方式、思想观念、生活环境、生活习惯、禁忌喜好、宗教信仰、工作理念、商业伦理、经济状况、受教育水平等方面存在明显的差异。

随着经济全球化的发展,不同文化之间的沟通更为密切和频繁,同时,文化上的差异表现得更为明显。这种文化背景的差异使得人们在沟通过程中对同一现象或表达方式在解读上会产生明显的差异。为了更好地进行跨文化沟通,人们必须以一种更加开放的心态努力了解不同文化背景的人群。

小贴士

交换一个苹果，各得一个苹果；交换一种思想，各得两种思想。

一个幸福两个人分享，则是两个幸福；一个痛苦两个人分担，则是半个痛苦。

【本章小结】

本章主要讲述在信息经济中成为一名有效沟通者的重要性。在当今动态工作环境中，许多变化围绕处理和沟通信息进行。为了改善沟通技能，应该了解沟通的过程、存在问题以及解决这些问题的方法。21世纪是一个充满激烈竞争的时代，要成为一名成功人士，不仅要有应对问题和挫折的能力，还要与家人、朋友、客户、同事、合作伙伴和供应商等建立良好的人际沟通关系，这是家庭幸福、事业成功的重要保证。

沟通并不是一种本能，而是一种能力。也就是说，沟通不是人天生就具备的，而是在工作实践中培养和训练出来的。也有另外一种可能，即我们本来具备沟通的潜在能力，但因成长过程中的种种原因，这种潜在能力被压抑了。

别人对你的问题是否能够理解，对你的想法是否能够接受，这完全靠沟通去取得成果；沟通的基本问题是你的心态对不对，其基本原理是你有没有关心别人，对于别人的主动要求，你是否会主动支持和主动反馈；世界上没有天生的沟通高手，成功的沟通不外乎以下两点：①讲话的人要让别人听懂你在讲什么；②听的人要理解别人在说什么。

【复习思考题】

1. 简述沟通的重要性。
2. 简述沟通的过程。
3. 简述沟通的6C原则。
4. 简述沟通的基本内容。
5. 沟通的形式有几种？

【案例分析】

财务部的陈经理

财务部陈经理总会每月按照惯例请手下员工吃一顿饭。一天，他走到休息室叫员工小马通知其他人晚上吃饭。

快到休息室时，陈经理听到休息室里面有人在交谈，他从门缝看过去，原来是小马和销售部员工小李在里面。

小李对小马说："你们陈经理对你们很关心，我见他经常请你们吃饭。"

“得了吧。”小马不屑地说,“他就这么点本事笼络人心,遇到我们真正需要他关心、帮助的事情,他没一件办成的。你拿上次公司办培训班的事来说,谁都知道如果能上这个培训班,工作能力会得到很大提高,升职机会也大大增加。我们部几个人都很想去,但陈经理却一点都没察觉到,也没积极为我们争取,结果让别的部门抢了先。我真的怀疑他有没有真正关心过我们。”

问题:

(1) 分析本案例中陈经理在部门人际沟通中的问题。

(2) 如果你是陈经理,接下来应该怎样做?

【实践课堂】

初次见面

见面3分钟是你留给他人第一印象的重要时刻。同样在一个会议或培训的刚开始,如何让大家活跃起来,是关系培训是否成功的关键。下面的小游戏就可以消除大家的陌生感。

1. 条件

参与人数:集体参与。

时间:20分钟。

场地:不限。

道具:姓名牌。

2. 应用

(1) 团队沟通。

(2) 培训或集体活动前的熟悉和沟通。

(3) 主持人开场白,帮助主持人与大家进行沟通和交流。

3. 游戏程序和规则

1) 第一步

(1) 给每一个人都做一个姓名牌。

(2) 让每位成员在进入培训室之前,先在名册上核对一下他的姓名,然后给他一个别人的姓名牌。

(3) 等所有人都到齐之后,要求所有人在3分钟之内找到姓名牌上的人,同时向其他人做自我介绍。

2) 第二步

(1) 主持人作自我介绍,然后告诉与会人员:“很高兴来到这儿!”

(2) 快速绕教室走一圈,问:“如果你今天不在这儿,你会在做什么不情愿做的事情呢?”

(3) 注意让问答保持在一个轻松活泼的氛围内。

4. 相关讨论

(1) 当你在寻找你的姓名牌上的人的时候,你是不是也同时认识了很多其他的人?

经过这个游戏，你是不是感觉大家的距离近了好多？

(2) 在第二步中，当你们谈到自己可以不用做自己不愿意做的事情，你会不会发现坐在这里听课是一件比较惬意的事情？

5. 总结

(1) 在开始的课程中，主持人一定要注意保持一个积极、幽默的态度，以便让大家迅速消除腼腆等情绪，然后让大家好好地熟悉；同时鼓励大家积极发言。

(2) 如果情绪没有调动起来，学员没有积极举手回答，讲师可以有意识地点名让同学回答，以调动气氛。

第二章

语言与非语言沟通

学习目标

知识要点：

1. 明确语言沟通技巧在沟通中的合理运用，领会什么是有效的表达；
2. 重点掌握如何正确解读和运用非语言沟通的方法；
3. 领会非语言沟通的态度要求，明确非语言沟通的各种方法和使用范围。

技能要求：

1. 学会针对客体运用适当的语言沟通方法，熟练运用两种以上非语言沟通的方法；
2. 学会根据情况选择适当的非语言沟通方法。

引导案例

观察语言之外的动作

在美剧《别对我撒谎》中有一个有趣的情节，主人公莱特曼等了半天终于等到一个停车位，可是在他刚要倒车时，突然一辆车飞驰而来抢占了莱特曼的车位。莱特曼问抢车位者："难道你没看见我正在等车位吗？"对方摇摇头，无辜地说："没有，我也在等车位。"莱特曼说："你刚才说谎的动作非常典型，在摇头说'不'之前先轻轻点了点头。"就这样一个不经意的点头动作，泄露了抢车位者的谎言。由此可见，只要我们仔细观察，对方不经意的多余动作依然可以告诉我们他是否真诚。

摇头前的快速点头。

正如前面的小故事所示，研究人员发现，很多人在面对别人"是不是"做了什么的质问时会摇头否定，但是在摇头之前，他们会下意识地表示对对方问题的肯定，也就是会做出迅速的、别人很少察觉的、自己也无意识的点头动作。

这个快速的点头动作说明质问一方的推测是正确的，对方摇头之后所做的解释都是谎言。假如你是一名记者，你去采访刚刚出现食品安全问题的一家食品公司，你问前台小姐："请问你们负责人×××在吗？"前台小姐的两种反应都表示她在说谎：一种反应是你刚说完话，前台小姐就不假思索地告诉你不在，这是提前编好谎话的条件反射下的反应；另一种反应是前台小姐稍微迟疑了一下，不经意地微微点了一下头，然后非常肯定地摇头说："不在。"这时负责人肯定在公司。因为前台小姐下意识的快速点头动作已经泄露了真相。

眼睛一睁一眯可以看出什么？

我们把眼睛称为"心灵的窗户",在和别人交谈过程中,如果仔细观察他的眼睛,会很容易看出对方的情感和思想。如果一个人撒了谎,他的眼睛一般会不经意地流露一些泄露秘密的多余动作。

有一名间谍被抓后始终拒绝说出同谋的名字,于是调查机构采用了一个办法:他们向这个间谍展示了很多张卡片,每张卡片上都写着与他一起工作过的人的名字,然后调查人员仔细观察了这个间谍在看这些照片时眼部的非语言信息。

结果发现,当间谍在看到两个人的名字时,他的眼睛突然睁大,然后瞳孔迅速收缩,眼睛轻轻地眯了一下。经过审问,这两个人确实是被抓间谍的同党。显然,在看到同伙的名字时,间谍出现了紧张情绪,所以眼睛下意识地睁大了,但是他不想让别人发现他的反应,于是他的瞳孔迅速收缩,眼睛变成了眯缝状。其实当人们在眯着眼睛时,他的潜意识是想通过眯眼遮挡光线或自己不喜欢的东西。仔细观察会发现,我们在生气或听到自己不喜欢的声音时,都会有眯眼睛的动作。

下意识吞咽唾沫。

我们经常在电影中见到这样的镜头,警察在询问罪犯时,总会仔细观察其肢体动作。电影上常会出现这样一个特写镜头,罪犯在听到某一个人名、地点或者回答某一个问题时,他的脖子处的喉结会很明显地动一下。单凭这个下意识的动作,警察就可以判断刚他们询问到的信息是破案的关键。因为在受到刺激或者撒谎时,罪犯的喉咙会有干痒和异样的感觉,下意识吞咽唾沫会缓解这种感觉。

人在撒谎时总会出现很多不经意的多余动作,例如,在表示否定前快速地点头、下意识地吞咽唾沫等,这些多余的动作转瞬即逝,但是却泄露了说谎痕迹。

资料来源:徐耀武.读心术[M].北京:机械工业出版社,2010.

根据信息载体的异同,沟通可以分为语言沟通和非语言沟通。语言沟通一般是指建立在语言文字基础上的沟通方式,它又可以细分为口头沟通和书面沟通。口头沟通也就是我们通常所说的口头交谈,是人们最常用的交流方式。书面沟通包括信件、电子邮件、传真、布告栏等任何传递书面文字或符号的手段。

非语言沟通指的是那些不是通过讲话或文字而是通过某些媒介来传递信息的沟通形式。人们在交际时的身体语言、面部表情、服饰仪态、副语言、环境沟通和空间距离等形式均属于非语言沟通的范畴。

第一节　语言沟通

一、语言沟通的形式

语言沟通是指以语词符号为载体实现的沟通,主要包括口头沟通、书面沟通。

1. 口头沟通

口头沟通是指借助语言进行的信息传递与交流。口头沟通的形式很多,最常见的如人与人之间的交谈。此外,还有借助电话、会议、广播等进行口头沟通的形式。

2. 书面沟通

书面沟通是指借助书面文字进行的信息传递与交流。书面沟通的形式很多，如通知、文件、通信、布告、报刊、备忘录、书面总结、汇报，等等。

口头沟通的过程通常包括表达和领会两个方面的意思，具体包括说话、倾听和反馈三个过程。而书面沟通则主要包括写作和阅读两个过程。

此外，随着计算机技术的飞速发展，沟通中出现了以计算机与电子通信技术组合而产生的信息交流技术为基础的沟通。如传真、闭路电视、电子邮件、视频会议等，这些新型沟通形式在沟通速度、沟通效率上占有一定的优势，但归根结底还是属于语言沟通范畴。

小贴士

视频会议让政府工作更高效

会议是政府日常工作的重要组成部分，由于政府各机构一般分布地域较广，各地分部和总部各层人员间开会的频率很大，包括各部门主要领导间的沟通非常频繁。另外政府各部门之间进行正常的公务交流，召开战略会议，部门间的工作协作等越来越频繁，单纯依靠以往的正式会议模式，即把大家聚集到一个地方召开会议，除了费用昂贵，交通时间浪费以外，更大的问题是召开会议的不及时和重要战略决策的延缓。

此外，政府部门在对公务员进行技术业务培训时，由于地理限制，能够参加培训的人员数量非常有限，使得培训工作很难即时、高效地展开。

针对此问题，南宁市政府领导决定引进视频会议系统。该系统建成后，大大提高了政府办公的效率。例如，以往南宁市政府的半年经济工作会的会期一般耗时 2 天左右，而参会人员只限于各单位的主要领导。在会后各部门和各单位还要花大量的时间传达会议精神，而这些精神在传达之中往往出现偏差，存在许多个人意见。这主要基于传达人对会议文件精神的理解，理解程度的深浅直接影响会议精神的传达。

利用视频会议系统可以很好地解决这一问题，既省去了参会人员的往返时间和一些不必要的花销，又省去了会后传达的过程，扩大了会议的参与面和影响力，使会议精神得到更好的贯彻，进一步提高了政府的工作效率。

资料来源：百度文库. 视频会议成功案例[EB/OL]. (2012-09-29). http://wenku. baidu. com/view/89037345a8956bec0875e307. html? re=view.

二、语言沟通的特点

语言沟通是人们相互联系、相互合作的一种手段和方式。从本质上看，语言沟通是一种社会现象，具有社会性；从形式上看，语言沟通是个体之间的具体行为，因此具有个体性；从过程上看，语言沟通是不能单独由一方完成的，即使直接面对的语言沟通对象不是人，它也必定存在着一个客体。

阅读的过程也是一种语言沟通的过程，在这一过程中我们直接面对的沟通对象或者说沟通的客体是语言文字，而实际上我们的真实对象仍旧是隐藏在语言文字背后或者说存在于语言文字其中的人——该语言文字的作者。由于时空的限制，我们只是以这种中介的方式与作者进行语言沟通，进行信息交流、思想交流或情感交流。就此而言，语言沟通还具有双向性的特点。

1. 社会性

人类是生活在社会群体中的，因此人类的语言沟通具有社会性。

(1) 人类的沟通都是在一定的社会条件和时空场合下进行的，不同的社会条件和时空场合决定着语言沟通的具体方式和风格。

(2) 语言的社会性决定了语言沟通的社会性特点，语言随着社会的产生而产生，随着社会的发展而发展，社会性是语言的本质特点之一。

(3) 语言沟通的双方——人具有社会性，这也就决定了语言沟通的社会性特点。人要生存就要创造生存条件，以求得物质生活和精神生活需求的满足。

人与人之间势必发生互助、合作、竞争或敌对等各种接触关系，单个人是无法生存的。在原始社会，人们以打猎为生，如果相互之间不接触联系，就会被野兽掠取；在现代社会，分工越来越细，如果人们不互相往来，生活就难以进行，生产就无法发展。事实上，正是由于语言沟通，人们才互相联系起来，形成不同的群体，从而形成人类社会。

语言沟通具有社会性的特点，这是从本质上对语言沟通进行分析得出的结论。

2. 个体性

从语言沟通的具体形式上看，任何语言沟通又都有个体性特点。

(1) 语言沟通中无论是哪种形式的沟通都是通过个体来实现的，离开了个体的脑力和体力劳动，任何沟通都无法进行。

(2) 任何语言沟通都要最终落实在具体的个体之间。无论是国家间的、民族间的还是党派之间的沟通活动，也都是通过个人之间的语言沟通实现的。分别属于不同群体的某两个人，常常会因为他们之间语言沟通的频繁以及良好人际关系的建立，使两个群体之间的关系得到发展、密切或改善。

(3) 语言沟通的出发点和归宿是个人的需要和对需要的满足。很多社会需要归根结底是由个人需要产生的，最终需要的满足也要落实到具体的个人身上。

语言沟通能力的个体性最终需要的满足还体现在不同个体语言沟通能力的差异上。个人在社会经历、文化素质、从事职业以及气质、性格、教养等方面的不同，所形成的思想意识、价值观念、生活习惯、兴趣爱好等就都会有所差异，人与人之间的语言沟通也会表现出各自不同的特点和水平。

3. 双向性

语言沟通还有双向性特点，这是由沟通的特点决定的。沟通说到底是一种交流、交换，要做到交换必须有交换的双方或者两端，他们是对立统一的双方。最一般意义上的与人沟通就是你说我听，然后我说你听，这是一种最显在的交换。它有时是信息交换，有时是情感交换，实质上就是能量交换。自言自语也是语言沟通，只不过此时信息的发出者和信息的接收者合二为一，两端归为一体，主客集于一身，是一种自我交换。

三、语言沟通的原则

语言作为沟通的工具,最讲究的就是表达得是否有效。要做到语言沟通有效,必须遵循以下原则。

1. 目的性原则

沟通是一种传递信息的手段,要为其目的服务,语言沟通也不例外,要遵循目的性原则。说话的目的有四个方面:引起听者行动;提供知识或信息;引起共鸣、感动和理解;让听众感到快乐。不论说话者是否意识到,说话一定具有以上四个目的中的一个或几个。在生活中如果你需要别人帮忙、请求别人的谅解、命令对方行动、从对方获取信息、改善双方的关系等,都需要进行沟通。

案例

钻　戒

A和B的妻子过生日,都希望得到一颗钻戒。

A的妻子说:"今年我过生日,你送我一颗钻戒好不?我不要花啊、香水啊的,也不吃饭。用完吃完就没了,没意思,不如钻戒,可以做个纪念。"

A说:"钻戒啥时候都能买,送花、吃饭等多有情调啊!"

A的妻子说:"可是我要钻戒,人家都有,就我没有,就我没人爱。"

俩人吵起来,越吵越激烈,吵到最后都忘了为什么吵架了。

B的妻子说:"亲爱的,今年我过生日,你别送我礼物了好不好?"

B很吃惊地问:"为什么?当然要送!"

"明年也不要送。"

B更吃惊了。

B的妻不好意思地小声说:"把钱存起来,存到后年,我希望你能给我买个钻戒。"

结果生日那天B的妻子得到了钻戒。

案例中两位妻子的目标是一致的,都想得到钻戒,但是第一位妻子只顾发泄自己的愤怒,把自己沟通的目标都忘了。第二位妻子讲究沟通技巧,既实现了自己的目标,又增进了夫妻感情。

2. 情境性原则

情境是指语言沟通过程中所涉及的时间、地点、沟通双方的状态等因素组成的沟通环境。运用得当的沟通环境,会对沟通效果的提升起到积极的推动作用,相反,如果运用不当,如沟通环境与语言沟通的方式不相匹配,沟通环境则会对语言沟通目的的达成起到制约作用。

案例

在一家餐馆中有一对情侣,男的不胜酒力,但是在面对朋友的劝酒时总是表现得很自然淡定,他不想让别人知道,可是他的女朋友总是劝他并对他的朋友同学说他不胜酒力,这让男的觉得很没面子,毕竟还有不熟悉的外人在场。在那个女孩不断地劝说下,他终于发了脾气,一次聚餐最后闹得不欢而散。

案例中,这个女孩没有弄清楚男孩的性格脾气和说话的场合,而造成了不好的结果。我们在沟通时,一定要注意沟通的情境也就是说话的场合,学会为人处事,学会替他人着想。

3. 正确性原则

语言沟通的正确性是指语言表达中要符合相应的语言规范,也就是要符合语法习惯。任何语言只有遵循语言规范,才能被准确无误地接受和理解,否则就容易造成沟通中的障碍。

4. 得体性原则

正如在社交场合要求穿着得体一样,语言沟通中同样要遵循得体性原则。东方语言是一种高情景的语言,相同的语言可能会因为表达方式的不同,受众所解码出的信息大相径庭。

案例

朱元璋做皇帝后,有一天,他以前的一位穷朋友从乡下赶到京城找他,对他说:“我主万岁!当年微臣随驾扫荡庐州府,打破罐州城,汤元帅在逃,拿住豆将军,红孩儿当关,多亏菜将军。”

朱元璋听了心里很高兴,立刻封他为大官。

另外一个穷朋友得知了这个消息,心想:“同是那时候一块玩的人,他去了既然有官做,我去当然也可以。”于是,他也去了。

一见朱元璋的面,他就说:“我主万岁!还记得吗?从前,我们两个替人家看牛,有一天,我们在芦花荡里,把偷来的豆子放在瓦罐里煮。还没等煮熟,大家就抢着吃,罐子都被打破了,撒下一地的豆子,汤都洒在泥地里。你只顾从地下满把地抓豆子吃,不小心把红草叶子也一起吃进嘴里了,叶子哽在喉咙口,苦得你哭笑不得。还是我出的主意,叫你用青菜叶子放在手上一并吞下,这样红草的叶子才下肚。”

朱元璋不等他说完就连声大喊:“推出去斩了!推出去斩了!”

案例中的两个人同为朱元璋的穷朋友,但第一个人说话得体,既让朱元璋想起了往事,又保全了朱元璋做皇帝的面子;而第二个穷朋友说话不看场合,不得体,让朱元璋反感,被诛杀。由此可见,说话得体与否十分重要。

第二节 非语言沟通

非语言沟通主要是指肢体动作、人际空间距离、超语言和类语言,同时也包括服饰、灯光、颜色、气味等,作为人际沟通的媒介和渠道,非语言沟通具有不同于语言沟通的特点,在人际沟通中发挥着重要的作用。

研究发现，在面对面的交流中，语言传递的信息量只占 7%，非语言传递的信息量占 93%。生理和心理学的研究结果也表明，人们获取外部信息时，80%通过视觉，20%通过听觉及其他渠道。

一、非语言沟通的特点与功能

（一）非语言沟通的特点

1. 无意识性

非语言沟通是依附于语言沟通的，因此很多非语言沟通形式在表现出来时，不像语言沟通是经过整理加工的，而是一种无意识的行为。例如，与自己不喜欢的人站在一起时，保持的距离比与自己喜欢的人要远些；又如，有心事，不自觉地就给人忧心忡忡的感觉。

正如弗洛伊德所说，要了解说话人的深层心理，即无意识领域，单凭语言是不可靠的，因为人类语言传达的意思大多属于理性层面，经理性加工后表达出来的语言并不等于存在于心中的声音。

2. 情境性

与语言沟通一样，非语言沟通也展开于特定的语境中，情境左右着非语言符号的含义。相同的非语言符号，在不同的情境中，会有不同的意义。同样是拍桌子，可能是“拍案而起”，表示怒不可遏；也可能是“拍案叫绝”，表示赞赏至极。只有联系具体的沟通情景，才能了解其确切的含义。

3. 可信性

当某人说他毫不畏惧的时候，他的手却在发抖，那么我们更相信他是在害怕。英国心理学家阿盖依尔等人的研究，当语言信号与非语言信号所代表的意义不一样时，人们相信的是非语言所代表的意义。

由于语言信息受理性意识的控制，容易作假，身体语言则不同，身体语言大都发自内心深处，极难压抑和掩盖。没有人可以隐藏秘密，假如他的嘴唇不说话，则他会用指尖说话。一个人的非言语行为更多的是一种对外界刺激的直接反应，基本都是无意识的反应。

4. 个性化

一个人的肢体语言，同说话人的性格、气质紧密相关。爽朗敏捷的人同内向稳重的人的手势和表情是有明显差异的。每个人都有自己独特的肢体语言，它体现了个性特征，人们时常从一个人的形体表现解读他的个性。

小贴士

抓挠脖子的秘密：口是心非

如果在交谈过程中，一个人说：“我非常理解你的心情。”同时，我们看见他在抓挠脖子，千万不要轻易相信他说的话。他抓挠脖子的动作已经透露了他心中的秘密，就是他并不能理解，他此刻正在口是心非。

看他是怎样抓挠脖子的。

心理学家研究发现，人们抓挠脖子一般是用食指抓挠脖子的侧面或者耳垂下方那块区域，而且食指运动的次数一般为五次左右。而这个动作代表的意思一般是对于所说话语的不确定或不安。宋佳是一名新进职员，工作了一段时间之后，宋佳发现了公司的很多问题。宋佳是个非常有责任心的人，所以勇敢地跑去找总经理反映问题。总经理听完宋佳一番激动的说辞之后，会心一笑，说："我觉得你说得非常有道理，我会和上级领导讨论这几个问题的。"

过了很长一段时间，宋佳提出的问题没有得到改善，她百思不得其解，为什么领导当时觉得自己的建议提得非常有道理，可是却迟迟不给出反馈呢？后来，宋佳在看了美剧《别对我撒谎》后才明白了其中的道理。当时总经理在说"我觉得你说得非常有道理，我会……"时，他的手在摩擦自己的脖颈。当时宋佳没觉得这个动作有什么不自然，只是认为这是总经理的一个习惯性的下意识动作，没想到这个动作传达的是总经理对她提出的意见持保留态度，只是不愿当面打击她的热情而已。

资料来源：徐耀武. 读心术[M]. 北京：机械工业出版社，2010.

（二）非语言沟通的功能

1. 替代语言

我们现在使用的大多数非语言沟通经过人类社会历史文化的积淀而不断地传递、演化，已经形成一定的体系，具有一定的替代有声语言的功能。有时候某一方即使没有说话，也可以从其非语言符号上比如面部表情上看出他的意思，这时候，非语言符号起代替语言符号表达意思的作用。

在日常工作、生活中，我们也多在自觉不自觉地使用各种非语言符号来代替有声语言，进行信息的交流和传递。在传递和交流信息的过程中，既省去过多"颇费言辞"的解释和介绍，又能达到"只可意会，不可言传"的效果。

2. 强化效果

非语言符号作为言语沟通的辅助工具，又作为"伴随语言"，使语言表达的更准确、有力、生动、具体。例如，当领导在会上提出一个远大的计划或目标时，他必须用准确的非语言符号来体现这个目标的重要性。他应该会用沉着、冷静的目光环视全体人员，用郑重有力的语调宣布，同时脸上表现坚定的表情。

在表达"我们一定要实现这个目标"时，要用力地挥动拳头。在表达"我们的明天会更好"时，要提高语调，同时，右手向前有力地伸展等。这些非语言符号大大增强了说话的分量，体现出决策者的郑重和决心。

3. 调控语言

在沟通过程中，非语言符号不仅起着配合、辅助和加强语言沟通的作用，而且能够影响并调控语言沟通的方向和内容。例如，在交谈过程中，讲话者应把目光集中在听话者身上，尤其是面部，意思是"我在跟你说话"；而听话者也应不时地注视一下讲话者，表示"我在听着呢"。讲话者在快讲完时，总是抬起眼望着远方，示意对方"该你讲了"。

这时对方会接受这一信号，将目光移向别处，表示“我已经准备接话了”。然后听话者转为讲话者，重复刚才的一幕，谈话继续进行。如果讲话者喋喋不休时，听话者就会东张西望，这就表示“够了，别讲了”，这时讲话者应及时做出调整。这种目光信号的交换伴随整个谈话过程，调节谈话的结构和内容。

4. 表达超语言意义

在许多场合非语言要比语言更具有雄辩力。高兴的时候开怀大笑，悲伤的时候失声痛哭，当认同对方时深深地点头，都要比语言沟通更能表达当事人的心情。

5. 体现真相

非语言沟通大多是人们的无意识行为，其中所包含的信息往往都是交际主体在不知不觉中显现。它们一般是交际主体内心情感的自然流露，与经过人们的思维进行精心提炼的有声语言相比，非语言沟通更具有显现性。

非语言沟通在交际过程汇总可控性较小，其所传递的信息更具有真实性。正因为非语言沟通具有这个特点，因为非语言沟通所传递的信息常常可以印证有声语言所传递信息的真实性。在现实交际中常出现“言行不一”的现象。正确判断一个人的真实思想和心理活动，要通过观察他的身体语言，而不是有声语言。因为有声语言往往会掩饰真实情况。

小贴士

手势背后的秘密

在教堂里，牧师们通常都会左手执《圣经》，然后右手伸向教众以示上帝的爱心；在法庭上，证人都要举起手掌以证实自己证词的真实性。自古以来，一见到摊开的手掌，人们往往就会联想到坦率、诚实、忠诚等形容优秀品质的褒义词。假如你想知道对方是否真诚，最有效的方法就是观察他的手掌动作。

摊开手掌的潜台词：“相信我，我说的是实话。”从手掌可探知对方的诚意。

父母问小孩：你有没有偷拿抽屉里的10元钱？

小孩摇着头说没有(同时小孩将手背到身后，其实小孩背在身后的手里正攥着10元钱)。这是我们熟悉的一个现象，小孩在撒谎以后总会将手背在后面，有时背后的手里就攥着秘密。有时候只是下意识的动作，在说谎的同时将手背在后面，脚步往后退，有时候会退到墙角，因为这在心理上会给说谎者一种安全感。而对大人来说，说谎时虽然不会将手背到后面，但是也会从手掌上显示出痕迹。妻子问正在看电视的丈夫：“昨晚回来那么晚，去了哪里？”

丈夫平静地说：“和客户吃饭，就是新的供货商。”

善于察言观色的妻子看到了在丈夫回答她的时候的小动作：丈夫放下手中的遥控器，将后背靠在沙发上，将手藏进口袋里。他的这一动作让妻子觉得他在撒谎。但是妻子没有拆穿，而是假装没有察觉，对丈夫更加体贴。

在妻子的体贴之下，丈夫的态度也改变了很多，对妻子格外关心和体贴，回家晚的情况也越来越少。

研究发现，女人在撒谎时一般会选择逃避话题或借故离开现场。而男人则会将双手置于口袋之中，这里将双手藏起来有“袖手旁观”之意，意思是我并不想加入到目前你讨论的这个话题中来；如果对方将双手摊开，有欢迎之意。

在人们为了表示自己诚意时，总是摊开手掌，意思是“我坦白告诉你”“我错了，我道歉”等。如果你看到对方在谈话过程中，不经意地将原本紧握的双手慢慢打开，直觉告诉我们，对方正在放松戒备，在这种心理下，对方所说的话肯定不是谎言。

资料来源：当当网. 摊开的手掌意味着真诚[EB/OL]. http://read.dangdang.com/content_2095441.

二、非语言沟通的类型

要想与他人建立良好的沟通，就需要对非语言符号及其使用意图有所了解。但是，非语言符号多种多样、丰富多彩。心理学家通过研究发现，仅是人的脸部，就能做出大约25万种不同表情，再加上由于文化、性别、职业、时代等造成的差异，要想对此驾轻就熟不是简单的事。但如果我们掌握了一些最主要的非语言符号，便会对人际沟通交往大为有利。

与语言沟通采用的口头、书面形式不同，非语言沟通的形式丰富、种类复杂，一切辅助人类人际沟通的形式均属于非语言沟通的范畴，如人在表达时的肢体动作、人与人之间的空间距离、辅助语言、装饰性符号系统等。

（一）肢体动作

肢体动作也常被称之为体态语言，是非语言沟通中最为人们所熟悉的。肢体动作的主要类型有眼神、面部表情、手势、坐姿、站姿与步态等。

1. 眼神

眼睛是心灵的窗户，在人的五官当中，眼睛最能传达或者泄露心灵的秘密。还有人说：“眼睛会说话。”眼睛如此重要，以致警察局在公布照片的时候，为了保护当事人的身份，只需将眼睛遮盖起来就行。凡此种种都说明眼神在人际交往中的神奇功效。

眼神交流是社会交往成功的先决条件。记住：交流无处不在。所以如果你避而不看对方，他会认为你很焦虑，不诚实，或者对于你正看到的东西更加感兴趣。此外，没有眼神交流，你就看不到自己说的话所产生的效果，无法做出相应的调整。

美国电影《胜利大逃亡》中当轮到德军足球队罚点球时，那位盟军的守门员一语不发，用一种愤怒、仇恨、无坚不摧的目光直盯着对方，看得德军主罚队员失魂落魄，胆战心惊，因此踢出的球疲软无力，被守门员轻易接到。可见，眼神有时会有一种摄人魂魄的震慑力量，使心虚的人望之丧胆。

炯炯有神的目光是对生活和事业充满热情的表现，麻木呆滞的目光是对生活心灰意冷的反应。心怀博大、正直的人，眼睛是明澈坦荡的；心胸狭窄、虚伪的人，眼神则显得狡黠、阴险。故弄玄虚的眼神，乃是骄傲自大的体现；神秘莫测的眼神，则是狡猾奸刁的标志。坚定执着的目光，是志怀高远的表示；飘忽不定的目光，是为人刻薄浅薄的流露。如剑出鞘、灼灼逼人的目光，是正派敏锐心理的写照；如蛇蝎蛰伏、灰冷阴暗的目光，是邪恶刁钻的表露；坚毅的眼神，预示着自强自信；晦暗的眼神，则预示着自毁自堕。眼神是多样的，表达的情感也是复杂的。

一个人的目光游移不定，说明这个人也许心怀鬼胎，也许神志恍惚，也许性格怯懦，缺乏足够的自信心，怀有自卑感；而目光坚定有神，则显示了这个人的自信心或良好的精神状态；突然睁大眼睛，则可能是有什么东西或所谈论的话题激起了他的兴趣、好奇心或对他至关重要；眯起眼睛成一条线，说明有什么东西引起了他的思考或警惕；斜斜地、快速地一扫，说明他对此并不在意甚至瞧不起。一般认为，躲闪目光的人性情怯懦，等等。

如果你在与人谈话时，希望别人也能参与其中，则可以在你谈话停顿的时候正视一下对方。如果不希望自己的讲话被别人干扰，要么你就此停止发言，要么你可将目光不停地在那些人身上扫视，或者干脆将目光停在那个地方，知趣的人都会马上集中注意力来听你的高见了。有经验的教师都很会用这种目光来对付在课上不认真听讲、小声讲话或者做其他小动作的学生。

目光也可以用来表示彼此的距离。有人用目光“拒人于千里之外”，表示自己与他人的距离。目光也可以表现对别人不屑一顾，显示自己的优越感。

通过闪避视线接触，可以表示自己处于卑屈地位。如在对方的瞪视之下垂下视线，表示退让和服从。人在遇到困难或感到恐惧时，会长时间地凝视来向别人求援，这往往可以增加得到帮助的可能性。

眼神的交流中，还有一种特别重要的非语言信号是人无法控制的，那就是瞳孔，眼睛中间黑色的部分。瞳孔放大会有 3 种原因。

(1) 吸食可卡因。

(2) 外界光线逐渐减弱。

(3) 看见自己喜欢的东西。

波斯的地毯商人早在几个世纪前就发现了这三种原因并加以利用。为了判断对方购买的欲望强度，他们并不看重顾客多么冷淡或是挑剔。代之，他们看对方的眼睛。如果顾客的瞳孔放大，那就是喜欢上这件商品了。而在日常人际交往方面，有一次有人问一位心理学老师怎样判断对方想不想亲吻，这位老师回答说：“从眼睛里找答案。如果看见瞳孔放大，那么你还犹豫什么呢？”

小贴士

目光坚定不一定代表诚恳

我们都知道，在人际交往中，和别人交谈时，一个必须遵守的规则是，我们应当在谈话时盯着对方的眼睛，这样一方面是礼貌的表现，另一方面也可以传达你正在认真倾听的信息。但是研究发现，即使对方目光坚定地看着你说话，他还是有可能在说谎。

撒谎者的眼神在游移吗？

前面我们说过，一个人在撒谎时常常会躲开别人的目光或者将脸转向一旁，但是一组实验证明了这个结论对一些人还是有例外的。

研究人员做过一个实验，他们找来一群人，将这群人分成两组，让他们面对面坐着，然后让一组人对对方撒谎，研究人员提前在隐秘处安放了摄像头，将这个景象拍摄了下来。

最终结果非常让人吃惊，撒谎者的表现跟我们前面说到的结论相悖。

实验者中只有大约 30% 的撒谎者在撒谎时眼神游离不定，很容易就被研究人员发现。而其他 70% 的撒谎者都目光坚定地看着对方，因为他们知道眼神游移会让对方发现撒谎的秘密，所以他们采取了反其道而行之的方法避免被识破。在这成功的撒谎者当中，有 85% 是女性，而男性仅占 15%，这也就说明女性更容易控制自己的眼神，避免让别人发现其撒谎的秘密。

目光游移时，眼珠通常会偏向一边，这时候说明他在撒谎；但在谎言爆发之前，对方的目光通常还会表现得非常坚定，这时需特别注意。通过这个实验我们知道，撒谎者的眼神并不一定都是游移的，我们要识别对方说的是不是真话，除了要观察眼神之外，还要看对方瞳孔的变化。

怎样识破目光坚定者的谎言？

当一个人目光坚定地看着你时，他并不一定是诚恳的，他有可能是个撒谎高手，这种情况下，我们该如何识别这些目光坚定者的谎言呢？我们可以观察他们的瞳孔。

心理学研究发现，人们的心理活动与瞳孔变化有非常密切的关系。西方流传的一个赌徒诈骗庄家的故事可以说明两者的密切关系。聪明的赌徒在下注时会先下小金额赌注，然后他会密切观察庄家的反应，如果赌注押中了，庄家的瞳孔就会骤然扩大，于是赌徒就加大筹码。庄家屡次输钱，却不知道自己是怎样被识破的。

这个故事表明人们早就注意到了心理活动和瞳孔的关系。当一个人在撒谎时，他会产生一种紧张情绪，在这种紧张情绪的刺激下，他的瞳孔就会扩大，而在人们厌恶、疲倦、烦恼时瞳孔会缩小。但是瞳孔扩大并不就能说明对方在撒谎，在恐怖、愤怒、喜爱、疼痛的状态下，人们的瞳孔也会扩大。但是在交谈过程中，如果说到的话题并不能引起他强烈的反应，而他的瞳孔还是明显扩大，那这时候我们几乎可以断定，他是在撒谎。

传递诚意，只是目光坚定还不够。

在听别人讲述事情时，我们总会目光坚定地看着对方，因为我们觉得这是传递真诚的最佳手段之一。但是在阅读了前面的内容之后，我们便不能只将目光坚定作为传递诚恳信息的手段，因为这是不可信的。因此，我们必须在目光坚定地看着对方的同时，配合其他姿势，以便我们看起来更可信。

例如，在听别人讲话时，我们应当在目光专注地看着对方的同时，用点头、插入发言表达意见和看法、由衷地赞叹等动作进一步告诉对方，你对他非常友善、非常尊重。

而当你向别人讲述某事时，为了使你说的话更具说服力，首先，你应当在讲话时和对方进行目光交流；其次，你应该给出可信的证据——相关的具体数据、人物、地点；最后，养成说真话的习惯，让自己成为一个让别人信任的人。

很多撒谎经验不足的人在撒谎时总会出现眼光闪烁不定、眼神游移，但是那些撒谎经验丰富的人总是通过坚定的目光混淆视听。

资料来源：京东读书. 目光坚定不一定代表诚恳[EB/OL]. http://read.jd.com/3001/152194.html.

2. 面部表情

在所有的身体姿态中，人们了解最多的就是面部表情。因为，常人的喜怒哀乐爱恨痴狂，往往会形之于色，令人一望即知。面部表情最为直观地展示人们的心理状态及其变化过程。脸部表情，可以说是心理变化的晴雨表。

俗话说："人逢喜事精神爽。"如果春风得意，必定是双眉舒展并面带笑容；如果内心悲哀，则必定是双眉紧锁、脸带愁云；如果是怒火中烧，一般来说会脸红脖子粗，面部肌肉抽搐不止，双眉竖立、作咬牙切齿状；如果是有愧于心，也许会脸热心跳，呼吸急促，两耳发热，脸上多半会出汗，这就是古人为什么用"汗颜"形容羞愧的道理；如果是恐惧，通常会脸色苍白、体温下降、呼吸不畅、嘴唇颤抖，等等，不一而足。

林肯曾说："一个人到了四十岁以后，就要为他的长相负责。"相貌虽是父母所赐，但一个人的生活经历、学识修养、品格习性，也会在脸上留下痕迹。这也正如俗话说的："善人有善相，恶人有恶相。"一个人心地善良宽厚，还是邪恶狡诈，热情随和还是冷漠高傲，是乐于交际还是孤僻不合群，甚至一个人是从事何种职业，很多时候，是可以从面部表情分辨出来的。

人类的笑是面部表情最主要的一种形式。通常一个人在高兴时，嘴角后伸，上唇提升，双眉展开，两眼放光，即所谓笑容满面。

从早到晚，从生到死，一个人在一生中笑过多少次，很难计算。人类笑的种类也达几十种之多，例如：微笑、开怀大笑、甜蜜的笑、愉快的笑、顽皮的笑、嘲讽的笑、含羞的笑、偷偷的笑、神秘的笑、歉意的笑、幽默的笑、自嘲的笑、阴险的笑、伪善的笑、温和的笑、惬意的笑、自满的笑、鄙夷的笑、逗趣的笑、无奈的笑、憨笑、傻笑、强笑、狞笑、冷笑、谄笑、干笑、苦笑等。在不同的笑容后面，隐藏不同的思想信息，具有不同的含义。

心理学家指出，对于那种嘴唇完全向后拉、唇部形成长椭圆形的笑容要留神。这种笑容其实就是所谓的"皮笑肉不笑"，这完全不是一种发自内心的笑容。当一位下属不得不向上司献媚、讨好时，当一个人假装欣赏别人的言论或举动时，当一个男人对身边的女性不怀好意时，常常露出的就是这种笑容。

然而，微笑却是一种典型的会心的笑。当我们静坐独处，回想起儿时一件有趣的往事时；当我们对自己所取得的阶段性的进步感到满意时，我们都会情不自禁地微微含笑；微笑也是一种社交的礼貌表示。在初次相识时，在舞会、聚会等社交场所，人们往往用微笑来表示自己的端庄和严肃，以及对别人的接纳和尊重。

在拥挤的餐厅，当你挨着一个陌生人坐下时，你很可能会首先冲他微微点头一笑，意思是说："对不起，我只能坐在这里了，因为别处没空位。"在公共汽车上，你踩了别人一脚，你会立刻致以歉意的一笑，意思是："实在对不起，我不是故意的，请您原谅！"当朋友把令他愉悦的事讲述给你时，纵然你当时本来心境不佳，但是，你也会出于礼貌和友情而为他展露出表示高兴的笑容；同样的，你正处于苦恼之中，但是，当你的上级领导出现在你面前时，你也很可能会赔上笑脸。

笑，能传递愉快；笑，能打破僵局。相比较而言，会笑的人，在社会交往中，比严肃的人有更大的优势，更有利于促进人际关系的和谐和增进朋友情谊的发展。

小贴士

脸上的表情，天上的云彩

脸部表情在反映一个人的情绪中，占有很重要的地位，它是鉴别情绪的主要标志。人类的心理活动非常微妙，但这种微妙常会通过表情流露。人们在欢欣喜悦时会表现出高兴的表情，脸颊的肌肉会松弛；人们在愤怒时会表现出扭曲夸张的表情；人们在嫉妒别人时会表现出喜怒无常的表情；人们在遇到悲哀的状况，自然会泪流满面……

不过，也有些人不愿意将这些内心活动让别人看出来，单从表面上看，就会让人判断失误。从表情窥探他人的内心秘密好像简单，实际上并不容易。

美国心理学者奥古斯特·伯伊亚曾经做过这样的实验，让几个人用表情表现愤怒、恐怖、诱惑、漠不关心、幸福、悲哀这六种感情，并用录像机录下来，然后，让人们猜哪种表情表现哪种感情。结果平均每人只有两种判断是正确的，当表现者做出的是愤怒的表情时，看的人却认为是悲哀的表情。

在洽谈会上，对方笑嘻嘻的一副满意表情，使人很安心地觉得交涉成功了。可是最后却是以失败而告终。在很多时候，人们纵使情绪很激动，也会伪装成毫无表情，或者故意装出某种相反的表情，所以如何去探测对方的表情底下所隐藏的真实情绪，对探测者的观察力提出了更高的要求。在以表情突破对方心理时要注意以下两方面。

1）没表情不等于没感情

生活中，我们有时会看到有些人不管别人说了什么，做了什么，他都一副无表情的面孔。碰到这样的人，许多人都感到十分头痛。其实，没表情不等于没感情，因为内心的活动，倘若不呈现在脸部的筋肉上，就显得很不自然，越是没有表情的时候，越可能感情更为丰富。

例如，有些职员不满主管的言行，却又敢怒不敢言，只好故意装出一副面无表情的样子。事实上，不管如何压抑那股愤怒的感情，内心的不满依然很强烈，如果仔细观察他的面孔，会发现他的脸色不对劲。

人们经常把这种木然的面孔称为"死人"似的面孔，也就是说他像死人一样面无表情，神色漠然。这种"死人"似的面孔本身就是一种不自然的表现。

此外，虽然这类人努力使自己喜怒不形于色，但倘若内心情绪强度增加的话，他们的眼睛往往就会马上瞪得很大，鼻孔会显皱纹，或在脸上出现抽筋现象。所以，如果看见对方脸上忽然抽筋，那就表示在他的深层意识里，正陷入激烈的情绪冲突中。

如果碰到这种人，最好不要直接指责他，或者当场给他难堪。当看到下属脸色苍白、脸部抽筋时，主管最好这样说："最近是不是心情不好，如果你有什么不快，不妨说出来听听。"设法安抚下属正在竭力压抑的情绪。

死板的面孔或抽筋的表情，至少可以暗示上下级关系正陷入低潮，这时最好开诚布公地交换意见，以消除误解，改善双方的关系。

毫无表情，有时候也可能代表是好意或者是爱意。尤其是女性，倘若太露骨地表现自己的爱意，似乎为常情所不许，于是便常常表露出相反的表情，装着一副对对方毫不在乎的样子，其实这种表面上的漠不关心，骨子里却是十分在意的。

2）愤怒悲哀或憎恨至极时也会微笑

通常人们说脸上在笑、心里在哭的正是这种类型。纵然满怀敌意，但表面上却要装出谈笑风生，行动也落落大方。

人们之所以要这样做，是觉得如果将自己内心的欲望或想法毫无保留地表现出来，无异于违反社会的规则，甚至会引起众叛亲离的现象，或者成为大众指责的罪魁，恐怕受到社会的制裁，不得已而为之。

关于这一点，最好的例子，就是夫妻吵架。丈夫小 A 和妻子小 B 刚结婚时，感情很好，常常形影不离。可是，随着生活的日渐平淡，彼此都熟悉了婚后的生活，再也没什么新鲜感了，就常常为柴米油盐酱醋茶的琐事而吵架。

起初小 A 和小 B 一有不满，就互相争吵，各不相让，但吵过后，两人坚持不了几个小时又和好了。后来，随着吵架次数的增加，这好像成了家常便饭，小 A 和小 B 谁也不愿再理睬对方，他们经历了一个冷漠的阶段。

但这也不是办法，小 A 和小 B 还要面对家人和朋友，为了不让别人看出来，他们逐渐过渡到有别人在场的时候，彼此显得关系还不错、很恩爱，而一旦只有他们独处时，家里则静悄悄的，互不打扰。渐渐地，没人在的时候他们也开始说话了，但这并不是尽弃前嫌，只是有时候有一些不得不说的话而已。

当彼此间的不可调和发展到极端时，不快乐的表情反而逐渐消失，他们的脸上反而呈现一种微笑，态度也显得卑屈而又亲切。

怪不得一位经常办理离婚案的法官说，当夫妇间任何一方表现这种态度时，就表明夫妻关系已到了不可调和的地步了。

由此可见，察言观色也会产生误差，满天乌云不见得就会下雨，笑着的人未必就是高兴。很多时候，人们苦水往肚里咽着，脸上却是一副甜甜的样子。反之，脸拉沉下来时，说不定心里在笑。

3. 手势

人们在讲话时常配以手势表意表情。比如高兴时，手舞足蹈；愤怒时，握紧双拳或拍案而起；表示敢做敢当时，用手拍胸脯；表示懊悔时，拍大腿；手指轻敲桌面是由于内心烦躁不安；手指发颤是内心不安、吃惊的表现；手臂交叉可能是一定程度的警觉、对抗的表示。

在社会生活中，人们还常常用一些约定俗成的手势代替语言行为，比如招手表示让对方过来；摆手表示不要或禁止；挥手表示再见或致意；竖大拇指表示第一或称赞；伸小指表示最小或厌恶；摊开双手表示无能为力；鼓掌表示赞扬或欢迎等。若男性喜欢夹杂着手势说话，说明这个人多少有点骄傲。若是女性喜欢用手势表达，则意味着她个性活泼，喜欢照顾别人。

握手是人们经常用到的一种手势，由于交际背景不同，彼此关系的性质不同，同样是握手却传递着不同的信息。美国著名盲人女作家海伦·凯勒曾写道："我所接触过的手，虽然无音，却极有表现性。有的人握手能拒人千里，我握着他们冷冰冰的指尖，就像和凛冽的北风握手一样。也有些人的手充满阳光，他们握住你的手，使你感到温暖。"海伦·凯勒对握手带给人的感觉表述得很精彩。事实的确如此，握手的力量、姿势、时间长短能够表达出握手人的不同态度和思想感情。

在交际中主动伸出手，显得热情大方，是性格外向的人，可以认为他不仅有丰富的社交经验和交际能力，而且有较强的自信心。相反慢慢伸出手则表示不情愿、冷漠或者害羞。紧握对方的手，眼睛看着他的脸，对方会感到你从心底里尊敬他、欢迎他；相反，如果轻轻握着对方的手，眼睛又看着其他人，如此漫不经心的握手显得轻狂、不真诚，对方会感到难受、不满。握手十分用力，而且时间较长，表明对对方感情很深或者是有某种需要。

通过握手传递某种微妙的信息，有时甚至胜过有声的语言，具有很强的感染力。比如，朋友的亲属去世了，你前去探望，虽然彼此相对无言，但两手相握（有时甚至是两双手紧紧地握在一起），彼此心照不宣，你对于死者的怀念，对朋友的安慰之情，你心底的感情激流，对方已经心领神会了。再如与好友离别时，彼此握住对方的手，叮咛、话别，直到列车开动了才依依不舍地松手，这样很自然地就把自己惜别的深情注入了对方的心田，留下了永难忘却的美好回忆。

触摸是指通过皮肤的接触进行沟通的一种方式。研究表明，皮肤接触与心理状态有密切关系，接触对方身体可以起到巨大的心理沟通作用。如婴幼儿与母体的皮肤接触能使婴幼儿有十足的安全感；恋人之间的皮肤接触产生亲密与爱意感；多年不见的好友不期而遇，双方紧紧地拥抱在一起，充分表达了多年不见的思念，往日的情感，相见的兴奋与激动。

人体触摸表达的情感归纳起来主要有以下三点。

(1) 表示亲近、关系密切。

(2) 表明一种关怀和服务，如医患之间的触摸。

(3) 表明爱意。

当朋友或同事的亲属去世时，如何安慰对方？此时大多通过触摸的方式来进行沟通。大多情况下，都是默默地站在朋友的身旁，紧紧地握住对方的手或双手搭在对方的肩上。这种触摸能使失去亲人的人感受到同情、安慰和关切。一个病人来到门诊部，医生如果在询问病情时用手轻轻地触摸一下病人的额头，既了解了患者的体温，又会使病人感到关切和良好的服务。

案例

李扬是某单位的经理，有一天，他被邀请参加一场晚宴，此次晚宴规模巨大，聚集了职场上的成功人士。在宴会上，李扬被朋友介绍给一位曹女士。为了表示自己的友好，他先把手伸出去了，可是那位曹女士居然没有反应，还在与一旁的朋友说说笑笑。

李扬觉得非常的尴尬，觉得手不能再缩回去了，撑了大概 20 多秒，那位女士还是不配合，后来他一着急说："蚊子！"转手去打莫须有的蚊子。这种场面让周围的人都不禁捏了把冷汗。李扬也是满脸通红地离开了。

案例中李扬不懂得握手礼仪常识而让自己陷入了尴尬的境地，李扬不明白男士和女士握手时要女士先伸手，男士再与之握手；如果女士不主动出手，男士也不要冒昧地伸手。同时在长辈和领导面前也一样，只要长辈和领导不伸手就不要提前伸手，但是如果女士、长辈或者领导伸出手要立刻伸出右手与之握手。

正确的握手顺序一般是"尊者决定"，即待女士、长辈、已婚者、职位高者伸出手之后，男士、晚辈、未婚者、职位低者方可伸手去呼应。平辈之间，应主动握手。若一个人要与许多人握手,顺序是:先长辈后晚辈,先主人后客人,先上级后下级,先女士后男士。握手时要用右手,目视对方,表示尊重。男士同女士握手时,一般只轻握对方的手指部分,不宜握得太紧太久。右手握住后,左手又搭在其手上,是我国常用的礼节,表示更为亲切,更加尊重对方。

4. 坐姿、站姿与步态

俗话说:"站如松,坐如钟,行如风。"意思是站着要像松树那样挺拔,坐着要像座钟那样端正,行走要像风那样快而有力,不拖泥带水。这其实就是对一个人坐姿、站姿与步态最基本的要求。

在与人交谈时,坐的姿势要端正、自然、大方。不论坐在椅子上还是沙发上,最好只坐一半,上身挺直。坐的时间长了,可靠在座椅上,但不可双脚一伸,半躺半坐,更不可歪斜地靠着。坐时,两腿要并拢或稍分开。男性可跷二郎腿,但脚不可抖动;女性小腿可交叉,但不可伸直。落座要轻要稳,落座后两眼要平视,注意你的交谈者或发言者。

对于一个人的坐姿而言,若他的身体略微倾向交谈的对方,并伴随着微笑、注视等,是在表示热情和兴趣;微微欠身表示谦恭有礼;身体后仰表示若无其事与轻慢;侧转身子表示厌恶和轻蔑;背朝别人表示不屑理睬。

正确的站立姿势应该是表情自然,闭嘴,颈部挺直,收下颏,挺胸,收小腹,臀部略突出,两臂自然下垂,上臂稍向后,双手自然放松,两腿并拢,足跟靠拢,足间夹角为 45°～60°,身体重心在两足中间脚弓前端的位置上。站的时间长了,腿及手臂的动作可以有所变化,如允许两腿略微分开或呈丁字步,重心可以在两条腿上,也可以放在一条腿上,手臂可弯曲在体前交叉,也可以自然下垂在体前交叉,但头部及上体要始终保持正确的姿势。

步态,即走路的姿态。无论男女,手插进口袋或裤袋都不雅观。脚步要干净利索,有鲜明的节奏感,拖泥带水、重敲如锤都不宜。几个人一起走时,力求步伐协调,过快或过慢显得与大家格格不入。走路步伐要分场合,脚步的轻重、快慢、幅度及姿势,必须同出入的场合相宜。

上下楼梯时,上身均应保持挺直,且靠右侧行走,勿低头看楼梯,眼睛应平视前方,落脚要轻,并且要用眼睛的余光找好每一步落脚位置。不要弯腰驼背,不要手扶楼梯,注意在楼梯行走时与他人的距离。上下楼梯要保持头正、背直、收腹、胸微挺、膝部自然弯曲的姿态。

以上列举了一些常见的肢体动作及其象征意义。人的体态语言并不神秘,其实在日常生活中,有许多体态语言是我们所熟知的,只不过我们很多人只是无意识地做出反应而没有认真想过。如果大家有兴趣,建议进一步去阅读有关非语言沟通方面的专门著述,当然,更重要的是,我们应在实际生活中加以用心观察和把握。

小贴士

准备就绪的坐姿

在一个谈判会议上,你提出了一个建议,对方听完你的陈述后换了一个坐姿:对方身体前倾,将两腿自然分开,两只手自然地搭在腿上,两脚一前一后,后面的脚甚至踮起脚尖,好像有随时起身握手言欢的准备。当看到这个坐姿时,我们可以肯定对方将会给你的建议以认可,所以此时你可以大胆地询问对方的看法。

准备就绪的姿势是职场人士最该学会辨认的姿势之一,因为在日常商业交往中,当你说完一段话或者陈述完一个观点时,对方是否准备好作答以及是否会给出肯定的回答,是你应该提前从他的肢体语言上解读出来的,只有这样,你才能在实际情况发生时,灵活、恰当地应对。

试想你是一个演讲者,在演讲过程中,你讲到一个地方时,突然叫台下的听众来回答问题,如果你叫了一个正在望着窗外的听众,他很可能茫然地站起来还不知所云,因为他没有在认真倾听,而且没有准备好回答你的问题;如果你看见某个听众改变了刚才的坐姿,变成了准备就绪的坐姿,显示出跃跃欲试回答问题的姿势,这时你叫这个听众来发表意见,现场气氛一定会互动起来,因为他准备好了发表自己对相关问题的意见,他的意见可能会让你的演讲生动起来。但是,听众做出准备就绪准备回答问题的姿势,并不意味着对方会对你的意见表示肯定,很多情况下他们给出的意见是否定意见,需要在和你的争执过程中消灭异议,达成共识。

从坐姿判断这笔生意成功与否。

如果对方在进行考虑(抚摸下巴)之后做出我们前面所说的准备就绪的坐姿,而且对方的情绪明显有点激动,那么可以肯定这笔生意马上就可以拍板通过了。此时对方准备就绪的坐姿是对方准备发言表示认同或者起身和你握手表示合作愉快之意。

假如对方在思考之后,变换了坐姿,将后背靠在椅子上,眼睛盯着某个地方陷入思考,而且下意识地交叉了双臂。注意,情况不妙,对方正在考虑如何反驳你,他显然对你提出的双方的合作方式或合作细节存在异议。此时,应当就对方可能产生反对意见的地方提出更有说服力的论据,或者提出有余地的新方案,否则,对方很可能在放下交叉双臂的同时说:“对不起,我不同意合作!”

不能忽略搓腿这个小动作。

当人们两腿分开自然地坐着时,常常会出现搓腿的小动作。这个动作不易被发现,因为它常常是在桌子下方完成的。人们将一只手(或双手)放在一条腿(或双腿)上,然后反复地摩擦、搓揉腿部。当出现这个小动作时,虽然其他腿部动作可能和我们前面所说的准备就绪的腿部动作一样,但是此时对方并不是准备逃跑或者准备给出回答,此时对方很焦虑,他正在通过搓腿的动作进行自我安慰,反复搓腿可能是因为对方紧张到手心出汗,他这样做是想通过擦干手心的汗来消除紧张感。

我们经常可以从荧幕上看到这样的场景,警察在审问嫌疑人时总会仔细观察他是否有不断搓腿的动作,如果有,就说明他非常紧张和焦虑,他说的话有可能是谎言,或者他对目前这个问题感到忧虑,而这些都能成为断案的重要线索。

袁军去参加一个面试,面试过程中他和面试官交谈得非常顺利。快要结束时,袁军提到了工作习惯的重要性,然后随口提起很多人利用上班时间上“开心网”“天涯论坛”等网站,这是非常不好的习惯。面试官问袁军:“那你有上这些网站的习惯吗?”袁军忙摇头否定。但是面试官发现袁军在回答这个问题时双手不停地搓腿,袁军的安慰行动引起了面试官的怀疑,后来面试官在“开心网”等几个实名制网站上看到了袁军的资料,而且显然袁军还是这些网站的忠实粉丝。结果是肯定的,袁军未被这家公司录用。

（二）人际空间

从生物学的角度看，每一个生命都有自己的领空，人们叫它“生物圈”。一旦异物侵入这个范围，就会使其感到不安并处于防备状态，美国心理学家罗伯特·索默经过观察与实验认为，人人都具有一个把自己圈住的心理上的个体空间，它像生物的“安全圈”一样，是属于个人的空间。一般情况下每个人都不想侵犯他人空间，但也不愿意他人侵犯自己的空间。双方关系越亲密，人际距离就越短。

在非语言符号系统中，交际空间是一种特殊的无声语言，对人们传达情感和思想、建立关系具有重要的作用。若想与他人顺利交往，懂得对方的空间语言是十分必要的。缺乏对他人空间语言的了解，势必会引起误会和争执。比如在图书馆里，当你发现某个座位上放着一本书或一个水杯时，你就会自动地寻找另一个座位，因为那个座位上的东西无声地暗示了已有人占用了这个座位，如果你视而不见硬去强占，定会引起物主的反感与恼怒。

交际距离的远近受文化背景的影响。一般而言，在个人要求的空间范围方面，中国人和日本人(以至大多数亚洲人)要比西方人小得多。中国人在与西方人交往时，总认为西方人与他们的身体距离拉得过大，使人感到不好接受，不那么友善。

交际距离的远近因性别而异。男人需要的“安全圈”要比女人大一些，特别是同性之间更是如此。相形之下，女人的“戒心”不强，在大街上她们更喜欢拉手搭肩而行，甚至是陌生人之间，都可以表现得亲亲热热。若干男人处于一间小屋里，会令他们焦躁不安，情绪易于冲动，而同等数目的女性，依然在那间屋子里，却反而会使她们的关系更加亲密融洽。女性往往靠在她喜欢的人的旁边，而男性则选择在他喜欢的人对面坐着。女性最反感陌生人坐在自己旁边，男性则最不喜欢陌生人占据自己对面的位置。

交际距离的远近受到场所的制约。在非常拥挤的公共汽车上或繁华的闹市中，人们已不存在私有和公有空间，素不相识的人挤挨在一起(请注意：此时人们常常会把视线转移到别的地方，一般不会四目相对，从而达到自己心理上自我意识的空间)。

最主要的，人与人之间的交际距离远近因双方关系亲疏不同而各异。两个陌生人之间的交际距离比两个熟人之间的交际距离远；一般关系中的人交往比好朋友会站得远；一般朋友关系的人交往会比情人幽会站得远。此外，两个人的关系不同，选择的方位也不一样。两个人如果是合作办事，往往会站在一边；相反，两个竞争者往往是面对面的。在谈判中，双方代表总是分别坐在桌子的两边。

美国心理学家霍尔教授把一般人常用距离划分为亲密的距离、私人的距离、礼貌的距离、一般的距离四种不同情况。

(1) 亲密的距离，即亲昵区，在 0～0.45 米，这种距离通常是在极亲密的亲人和朋友之间。

(2) 私人的距离，即亲近区，在 0.45～1.20 米，朋友间非正式接触，两个熟人在街上遇到停下来聊聊天，常采用这种距离。

(3) 社会的距离，即社会区，在 1.20～3.60 米，这种距离通常是人们处理非个人事务时采用的。例如接见外来的并不很熟的客人，家庭主妇礼貌地见店员或送货员；这种距离也用于较正式的社交和业务往来，一个公司经理常用一张大办公桌子与职员保持这种距离，表示高人一等。在办公室中接待来宾也常保持这种距离。

(4) 一般的距离，即公众区，一般为3.6米以上的距离，是正式场合公开讲话的距离，比如老师对学生讲话，或者领导人对部下讲话，常采用这种距离。

案例

一位心理学家做过这样一个实验。在一个刚刚开门的大阅览室里，当里面只有一位读者时，心理学家就进去拿椅子坐在他或她的旁边。实验进行了整整80个人次。结果证明，在一个只有两位读者的空旷的阅览室里，没有一个被试者能够忍受一个陌生人紧挨自己坐下。在心理学家坐在他们身边后，被试验者不知道这是在做实验，更多的人很快就默默地远离，到别处坐下，有人则干脆明确表示："你想干什么？"

这个实验说明了人与人之间需要保持一定的空间距离。任何一个人，都需要在自己的周围有一个自己把握的自我空间，它就像一个无形的"气泡"一样为自己"割据"了一定的"领域"。而当这个自我空间被人触犯就会感到不舒服，不安全，甚至恼怒。

（三）辅助语言和类语言

1. 辅助语言

辅助语言也称副语言，是指言语的非词语方面，它包括发声系统的各个要素：音质、音量、音调、语速、节奏等。它所关心的是事物如何被说出来，而不是说什么。它是言语表达的一部分，不是言语的词语本身。在人际沟通中，辅助语言对于提高语言表述的意义和艺术性具有十分明显的作用，它可以表达语言本身所不能表达的说话者的情绪状态和态度。

在日常生活中，有时我们要形成对于一个人的印象，在很大程度上是根据对他的讲话声音的感知，特别是在缺乏视觉信息时，恰当的语气、音调和语速可以完整正确地传递人与人之间的信息和情感，加深沟通的程度。打电话就是很典型的情境。打电话时，对方的声音是决定我们对他印象的关键。

这时，对方说什么固然重要，但是他怎么说，如他的音调、节奏、音量大小以及语气等，同样具有很大影响。可以从他的声音中判断出他的性别、年龄、当时的情绪状态，甚至判断出他的才能、兴趣、外貌和人格特质。虽然这种判断常常不够准确，但是，当我们接触陌生人时，我们还是会不由自主地从他的声音来评价这个人。

一般来讲，人们会放大声音谈话，以便在远处或吵闹场合能被听到；在生气时人们会大声讲话；在充满爱意时则轻声低语，在悲哀时音调低沉、吐字慢；在快乐、害怕或紧张时可能语速比较快；而在不确定或强调重点时，语速比较慢。

一个人在想掩饰什么时，有时会不由自主地降低声音或故意说得含糊不清；有时则故作镇静，反而提高声音。刺耳、严厉的声音往往意味着生气；柔和的、带有气音的音质往往意味着善意和邀请；嗡嗡的鼻音常与抱怨和哀怨连在一起。

在什么场合，同什么人谈话，应采用什么语调，是快是慢，是高是低，是缓和是犀利，产生的效果会很不相同。请看下面几句话，其中画线处表示重音。

我知道你会跳舞。意为别人不知道你会跳舞。

我知道你会跳舞。意为你不要瞒着我了。

我知道你会跳舞。意为别人会不会跳舞我不知道。

我知道你会跳舞。意为你怎么说不会呢。

我知道你会跳舞。意为会不会唱歌我不知道。

由上述可见,不同的重音表达不同的含义。

2. 类语言

类语言是指无固定意义的发音,是人体发音器官发出的类似语言的非语言符号,如说话中的停顿、咳嗽、哭声、笑声、叹息、呻吟以及各种叫声。类语言对于语言意义的表达和情感意义的表露影响很大。

(四)装饰性符号系统

装饰性符号系统主要包括个人的服饰、化妆以及颜色、气味等方面。俗话说:"人靠衣装马靠鞍。"在现代生活中,人们的着装打扮已远远超越了最基本的遮羞避寒的功能,其更重要的功能是能向别人传递属于个人风格的信息。针对自己的身材、年龄、性别、身份等特点精心选择适度的服饰,会使人平添几分风采,在交往中造成良好的第一印象。

服装的选择会传达某种信息,在人际沟通中,人们会根据一个人穿着的方式来辨别一个人的社会地位、职业、出身、家境,而且还通过衣着来判断对方的性格、人品、情绪和作风。过去,人们往往以为穿西装、佩领带的人很风流,穿牛仔裤的人十分开放,穿奇装异服的人必定不正经。而饰物在人的整体装饰中也较重要,一件使用得当的饰物好似画龙点睛,能使你气质出众。

当然,衣着确实具有一定的心理学与美学意义。一般来说,深沉、稳重的人,穿戴比较庄重、大方;活泼开放的人,穿戴往往新颖别致。但是没有绝对的标准,人们根据自己所处的文化背景、生活条件、个人的审美价值定向和爱好做出不同的选择。无论如何,衣着都在一定程度上反映人的心理特征和社会特征,在一定程度上影响人际沟通。

在人际沟通中的自我修饰也是必要的,庄重得体、适合时宜的化妆修饰既显示自尊自爱,也是对对方友好尊重的表示。

"爱美之心,人皆有之"。人际沟通活动中,美感是第一吸引因素。每一个沟通者大概都希望对方是完美的,无论是容貌服饰、言谈举止,还是个人道德修养。然而事实并非如此,世上才高八斗貌若潘安的人毕竟是少而又少,大多数人都是普通人。要符合大众审美标准,被别人接受和欢迎,就要加强自我修饰,不断完善自己。

容貌修饰一般有两种方法:一种是整容;另一种是化妆。整容效果显著,一劳永逸,但是风险大,费用高,个人不能完成。化妆则简单易行,成本较低,又无毁容风险,是广大女士喜欢采用的一种自我修饰方法。

化妆的目的是为了使自己容貌更美丽,所以要扬长避短,突出优点,修饰不足。化妆的基本原则是和谐自然,整洁雅致,要符合自己的年龄、身份、职业。要考虑妆后参与的场合。如果是日妆或者是工作妆,宜淡不宜浓,宜自然不宜夸张。不能浓妆艳抹,弄得面目全非。唐人“却嫌脂粉污颜色，淡扫蛾眉朝至尊”之说就是对淡妆的肯定。化妆的最高境界就是了无痕迹，也就是今人所谓的“裸妆”。

颜色在人际沟通中也有一定的作用。颜色包括人的肤色、装饰物的色泽和环境的色调。在种族歧视的社会里，肤色是影响人际沟通的一个重要因素。不同肤色的人种沟通的效果与同一肤色的人种沟通的效果很不相同。即使在同一种族，肤色好看的人更令人喜爱，往往被认为修养更好、地位更高贵。

不仅如此，由于受社会文化和个人理解的影响，人们还对不同颜色赋予不同的含义。比如在我国，红色是吉庆、热情的象征，同时，因为血是红色的，红色意味着流血，引申为革命。绿色一般是生长中的植物的主色，因此绿色代表着活力、生长、宁静、青春。蓝色是天空和深水的颜色，能给人静止、平缓、安定、忧郁等感觉，同时因为冰雪常给人以浅蓝的错觉，蓝色也有冰凉的意思。而黑色来自黑暗体验，使人感到神秘、恐怖、空虚、绝望，有精神压抑感。同时一直以来人类对黑暗有所敬畏，所以黑色有庄重肃穆感。

与颜色相联系的光线，对人际沟通也有一定的影响，在不同的色泽、光强度下，人们的心理反应是不同的，沟通行为和效果也就不同。一般而言，选择在光线柔和之处并配有优美轻松的音乐，其沟通效果最佳。

在人际沟通中，交际者身上的气味对于对方的心理感受也有很大影响。人们往往对狐臭者、口臭者、汗味重者，或者口中散发大蒜、生葱味道的人敬而远之。而西方人喜欢用香水让自己身上的气味更吸引人，但是在香水的选择上、场合的使用上也要注意一定的礼仪。

三、非语言沟通的运用

美国的伯德惠斯特尔在一系列研究之后曾断言：在绝大多数的情况下，语言交流仅仅表达了思想的30%～35%，而65%以上的信息是由非语言的形式传递的。由此可见非语言沟通在人际交往中所占比例较大，同时也表明非语言行为比语言本身传递的信息量更大，而且更可信、更有效。那么在实际交往中，准确解读和运用好非语言行为以达到最佳的沟通效果就显得十分重要。

（一）眼睛的表情达意

在人际沟通过程中，语言传递的信息、思想、情感所占的比例是不同的，更多的信息、情感是通过肢体语言传递给对方的。肢体语言中最先让对方感受到的就是眼神。

眼睛是心灵的窗户，是内心的透视镜。人际沟通中肯定要有目光的接触和交流，如何运用眼睛表情达意进行沟通呢？应根据沟通对象和沟通场合的不同，决定沟通时用什么方式注视对方的恰当部位。

1. 商务式

商务式沟通一般都很正规，故此目光要注视对方的双眼以上到额头的三角区域内。这样表明了既在认真听，又不失威严。

2. 社交式

社交式沟通大多发生在礼仪式场合。这种场合下的沟通，目光一般应注视对方的嘴与双眼之间的三角区域。这种目光给人一种平和的姿态，很容易被对方接受。

3. 亲密式

亲密式沟通主要发生在感情亲密的人之间。这时的沟通目光大多停留在眼睛至胸部的区域内，过高或过低都会使对方不好意思或不知所措。

（二）面部表情的运用

运用好面部表情有助于沟通的顺利进行，达到预期的沟通目的。通常的面部表情主要有喜、怒、哀、乐四种。一般情况下，把握好这四种面部表情基本能应对大多数的沟通场合。

1. 喜的面部表情的运用

喜的面部表情是极易在面部表现出来的。俗话说，人逢喜事精神爽。说的就是当人遇有喜事时，面部显现出的轻松、愉快、精神十足。在实际沟通中，要想表现欢喜的内心，首先要放松面部肌肉，舒展额头，眉毛轻轻上扬，眼睛微眯，嘴角微微上翘。当然，这几种面部动作的运用有一个幅度问题，一般情况下幅度越大，表情越丰富，表现出的内心喜悦情绪越强烈，具体应该用多大的幅度来表现内心的喜悦应根据情景来确定。

2. 怒的面部表情的运用

喜、怒、哀、乐是人之常情。生气时，人们常常会表现愤怒的面部表情。像面部肌肉紧张、额眉紧锁，怒目圆睁、嘴微微张开、喘息急促、嘴角微微颤动等都属于发怒的面部表情。在实际沟通中，我们应尽可能地降低怒的幅度，以实现顺利沟通。

3. 哀的面部表情的运用

当人们遇到悲痛、伤心之事或遇有挫折时，人心好像背上了十分沉重的负担。这时，在其脸部就会自然而然地表现出一种悲哀的面部表情，如眉毛、眼角、嘴角都微微下垂，面部肌肉也呈松懈状态。实际沟通中遇有这类场景时，要根据沟通的目的，灵活运用哀的面部表情。

4. 乐的面部表情的运用

喜到了一定的程度就会成为乐。当遇到特别高兴开心的事，仅用喜很难表现这种激动心情时，脸部就会“喜笑颜开”，肌肉会更加放松，额眉更加舒展，双眼会眯成一道细缝，嘴半张，嘴角也会上扬。实际沟通中，也要根据沟通实际情况，适度运用乐的面部表情。

（三）手的动作语言的运用

在沟通中，手的动作运用十分普遍。要恰当地运用好各种手势以达到顺利沟通的目的，必须掌握以下几点。

1. 了解手掌行为沟通的作用

手掌的行为是一种沟通作用很强的肢体语言，一般表现为掌心向上、掌心向下和手掌合拢伸出食指三种情况。

(1) 掌心向上，表示坦诚、服从，不会给沟通对方以任何压力和威胁感。

(2) 掌心向下，表示一种优越感和控制欲，易给沟通对方造成高高在上或命令的感觉。

(3) 手掌合拢伸出食指,代表指责、压制或者命令。这种手掌行为易使对方自尊心受到伤害,沟通中慎用。

以上三种手掌行为的运用要根据不同的沟通对象和沟通目的来选择。

2. 正确运用大拇指

(1) 手臂交叉于胸前,大拇指朝上,表示既有防卫意识,又有高傲的感觉,易给对方造成保持较大距离的感觉。

(2) 双手插兜,拇指外露,表示有主见,不会轻易被对方所左右,并且有支配和操纵他人的欲望。

(3) 拇指指向身旁或身后的人或物时,含有嘲弄的意味,有时有人谈到自己高兴的事情时,也会以此姿势来表示个人的荣耀。

(4) 拇指和食指相捻,并且不断地摩擦,是谈论金钱时常见的一种信号。一般情况下,很少使用这种盲目的语言。

3. 掌握握手的技巧

握手是最常见的非语言沟通方式,不同的握手方式表示了不同的沟通目的。沟通中要依据不同情况和对象,选择与之相应的、恰当的握手方式。

4. 其他手部姿势的灵活运用

(1) 摩拳擦掌,表示一种急切的心情,是一种积极期待的肢体语言。

(2) 双手交叉相握,掌心相扣,是克服负面影响的一种非语言信号。两手相抵呈塔形,是一种自信的心理暗示。塔形向上,一般用于发表意见时,塔形向下,一般用于倾听时。

(3) 倒背双手:双手在背后交叉相握,一般表现为自信、狂妄。一只手握住另一只手的腕、肘、臂部,表示自己极力克制着某种感情。握的部位越高,表示心情越紧张。

(4) 双手抱头:双手交叉放于脑后,显示某种强烈的优越感或者自信。

(四) 说话语气及音色的运用

在人际沟通过程中,语言传递的信息、思想、情感所占的比例是不同的,更多的信息、情感是通过非语言形式传递给对方的。非语言沟通的形式不仅包括动作、表情等,还反映在你说话的音色和音量及必要的抑扬顿挫上。

不同的声音会产生不同的沟通效果。音色、音量给对方留下的是一种思想感情,而不是简单的信息。这就要求沟通双方要依据谈话的内容及沟通对象来确定所用的音色和语气,注意听觉效果上的和谐和沟通对象的接受程度。

说话时要注意抑扬顿挫,如一句话中想突出某一地方或某一内容,就应强调其中的一个字,加重其语气,可以把这个字说得时间长些,如“她不会这样做的”,把“她”读的时间长些并重读,表达的意思是她不会这样做,别人有可能这样做。

(五) 服饰妆容的恰当运用

一个人的礼仪形象，服饰妆容有着十分重要的意义。在人际交往中，服饰妆容一定程度上反映一个人的个性、爱好、文化品位和审美情趣，也体现社会风尚和民族风俗。它是个人礼仪形象的重要体现。要根据场合、身份、环境等选择合适的服饰妆容。

案例

丘吉尔的手势

第二次世界大战，英国首相温斯顿·丘吉尔曾做了一个手势，引起了轰动。他出席一个场面盛大而又重要的集会，一露面，群众对他鼓掌欢呼。丘吉尔做了一个表示 victory（胜利）的 V 形手势——用食指和中指构成 V 形。做这个手势时，手心要对着观众。不知丘吉尔是不知道还是一时失误，把手背对着观众了。群众当中，有人鼓掌喝倒彩，有人发愣，有人忍不住哈哈大笑。

案例中的观众为什么会对丘吉尔的手势做出如此反应呢？原来丘吉尔所做的手势表示的并非他所希望的意思。那不是表示“胜利”的 V 形，而是一个下流的动作。由此可见打手势时，动作稍有不同，就会与原来的意图有所区别，因此我们在运用非语言沟通时，一定要注意正确运用这些非语言沟通手段。

【本章小结】

本章内容主要涉及人际交往中主要的沟通方式——语言沟通与非语言沟通。

语言作为沟通的工具，主要分为口头沟通和书面沟通。而语言沟通具有社会性、个体性、双向性等特点，在人际交往时需注意语言沟通的目的性、情境性、正确性、得体性原则，正确掌握语言沟通的艺术。

非语言沟通主要是指肢体动作、人际空间距离、超语言和类语言，同时也包括衣着、灯光、颜色、气味等，作为人际沟通的媒介和渠道，非语言沟通具有不同于语言沟通的特点，在人际沟通中发挥着重要的作用。我们在人际沟通中应正确运用非语言沟通。

【复习思考题】

1. 举例说明语言沟通的形式。
2. 非语言沟通有哪些类型？
3. 如何用眼睛传情达意？如何恰当地选用空间和距离进行沟通？
4. 辅助语言指的是什么？举例说明在不同的场合下针对不同的沟通对象应采取怎样的辅助语言进行沟通。

【案例分析】

小王问小杨：“人家都说沉默是金，你说，沉默真的是金吗？”

小杨说：“不一定。那次我和小白一起带团在西安，我们向客人推荐‘贵妃宴’。介绍完了，问客人吃不吃的时候，二十多位客人都一声不吭——沉默！我一看苗头不对就溜了。小白看在地陪的面子上，又去问客人吃不吃。结果呀，被客人骂了一顿。客人说：‘让我们掏钱的事，你们怎么这么积极！’你看，沉默是什么？”

小王说：“照这么说，沉默有时不是金，而是暴风雨来临前的宁静啊！可是，如果客人把话说出来你就一定能明白他的意思吗？”

小杨说：“那要看客人怎么说。比如，他对你说‘你真好’，你知道这是什么意思吗？如果他把重音放在‘你’字上，我想他是真的说我好。如果他把重音放在‘好’字上，那就不好说了，可真可假。如果他把重音放在‘真’字上，而且把声音拖长，说成‘你真——好’，那就基本上可以肯定他是在讽刺了。”

小王说：“我也注意到了，客人要强调什么的时候，是会用重音来强调的。比如，你问他要不要增加某一个景点，他如果明确表态，就会在说‘我们不去’的时候，把‘不’字说得重一点，或者干脆一字一顿的回答：‘我—们—不—去’！”

小杨说：“是啊，恐怕有时候客人哼一声、出口长气，你都要想想那是什么意思！”小王问：“这哼哼声到底是什么意思呢？”

小杨说：“那就要看具体情况了。比如说，客人走着走着，突然‘哎哟’一声，你又看到他一个踉跄，那大概是把脚扭了。如果客人在‘哎哟’的同时，还拍着脑门，那多半是忽然想起了什么或者是发现自己遗忘了什么。”

小王问道：“如果客人出一口长气呢？”

小杨说：“那也得具体分析，那次登上长城，远眺北国，风光无限，我就听到一位老华侨长叹了一口气，再看他那一脸的自豪。那意思肯定是：‘啊——，祖国真美啊！’不过也有相反的。去年股票大跌，我团里的一位上海客人不停地长吁短叹。后来一问，果然他已经损失了将近一半。”

小王感慨道：“看来我们做导游的要想当一个好导游，首先应该当一名好观众，要善于通过观、听、悟，来把握客人的各种心理啊！”

问题：

(1) 这一案例中包含了哪些语言沟通形式？

(2) 这一案例中包含了哪些非语言沟通形式？

(3) 结合案例谈谈，正确掌握语言沟通、非语言沟通的作用。

【实践课堂】

训练一　肢体语言

参与人数：2人一组。

时间：10分钟。

场地：不限。

道具：无。

游戏规则和程序。

(1) 将学生分为2人一组,让他们进行2～3分钟的交流,交谈的内容不限。

(2) 当大家停下以后,请学生彼此说一下对方有什么非语言表现,包括肢体语言或者表情,比如有人老爱眨眼,有人会不时地撩一下自己的头发。问这些做出无意识动作的人是否注意到了这些行为。

(3) 让大家继续讨论2～3分钟,但这次注意不要有任何肢体语言,看看与前次有什么不同。

相关讨论。

(1) 在第一次交谈中,有多少人注意到了自己的肢体语言?

(2) 对方有没有什么动作或表情让你觉得极不舒服,你是否告诉了他你的这种情绪?

(3) 当你不能用你的动作或表情辅助你的谈话的时候,有什么样的感觉?是否会觉得很不舒服?

训练二　表达练习

参与人数:6人。

材料:“我们今天没有一场考试”。

这句话可能表达6种意义。

(1) 表示惊讶。

(2) 陈述客观事实。

(3) 表示我们今天要做别的事情了,不考试了。

(4) 表示别的组今天考试,我们不考试。

(5) 表示我们今天绝对不考试。

(6) 表示我们今天的考试不止一场。

要求:请每位学生各自选择一种意义,然后结合语言沟通和非语言沟通方式(语调、眼神、表情等)恰当地表示这个意思。

讨论:请大家讨论一下以上6位同学采用的沟通方式,尤其是非语言沟通方式。

第三章

人际沟通的基本原则

学习目标

知识要点：

1. 了解人际沟通的基本原则，并能在日常交往中用心体验；
2. 领会在日常交往过程中遵循人际沟通原则的重要性。

技能要求：

1. 在人际交往中，能熟练运用人际沟通的基本原则；
2. 客观地分析自己的做人原则，并能逐渐加以改善。

引导案例

礼貌的力量

安德鲁·霍纳梦想有一天能拥有一家属于自己的公司。然而在19世纪20年代的达拉斯，他却难以找到一份工作。作为家中13个孩子中最小的一个，霍纳出生在北爱尔兰的贝尔法斯特。他与妻子琼近来刚从加拿大移民到了美国。在经过几次不成功的求职面试后，霍纳无意中听到有人说起，约翰逊父子公司想招一个人。唯一的问题是该岗位要求有大学学历，而霍纳在16岁时就从高中辍学了。

霍纳毫不畏惧，驱车到约翰逊公司，拜访了地区经理兰斯福德先生。后者说他正在考虑一个具有大学学历的求职者，不过霍纳还可以保持联系。"我知道我能胜任这份工作。"霍纳写道，"在我离开大楼时，我向办公室里所有的女士作了自我介绍。每天我都去看一看兰斯福德先生是否已经雇用了别人。在那里，我会停下来与女士们交谈，了解她们的家庭，与她们逐渐熟悉起来。这样做了一周之后，兰斯福德先生下定了决心，要让办公室的女士们决定谁来做她们的老板。女士们异口同声地说，就是那个从加拿大来的可爱的小伙子。就这样，我被雇用了。"

霍纳说他之所以喜欢讲这个故事，是因为这个故事表现了构建人际关系的力量。他虽不具备公司要求的经历和学历，但他关注人，关心她们的生活，而且对她们彬彬有礼。

霍纳构建人际关系的努力，成为他拥有的每份工作的一部分。1985年，他和妻子在德克萨斯州欧文市创建了Premier设计公司。该公司的经营之道，即建立在霍纳早就践行过的原则上：人人都有自己的价值。现在，这家全国性的珠宝销售公司拥有超过250名雇员，每年的销售收入超过2亿美元。如果没有礼貌的态度，这家公司可能就不存在。

资料来源：奥里森·马登. 正能量修习[M]. 悦生，编译. 苏州：古吴轩出版社，2012.

第一节 人际沟通基本原则的内涵和意义

人际交往，其实并不困难，只要大家都能够遵守一个共同的原则。人际沟通的原则是我们沟通的前提，我们很难想象沟通双方彼此所遵循的原则不同还能进行顺畅的沟通，并能达成沟通的效果。因此，要想成功地建立良好的人际关系，成功地进行人际交流与沟通，就要在社会生活中了解、遵循和掌握人际沟通的基本原则。

一、人际沟通基本原则的内涵

1. 人际沟通原则应遵循一定的行为准则或行为规范

原则是指经过长期检验整理的合理化现象，是说话或行事所依据的法则或标准。沟通原则是指在沟通过程中，沟通双方或多方应当遵循的行为准则或行为规范。

在现实生活中，人们可能有不同的世界观、人生观和价值观，在不同的生活环境甚至不同的文化背景下成长，可能会养成不同的生活习惯，造成不同的性格特点，具有不同的行为倾向。尽管如此，在沟通过程中评价沟通对象时，大多数人还是有着共同的评价标准，那些多数人都认可的、经得住实践检验的沟通行为准则就形成了沟通的原则。

2. 人际沟通原则应根据一定的伦理道德观念形成

中国汉族的伦理观念比其他民族发展得早，而且比较完善。孟子说："使契为司徒，教以人伦：父子有亲，君臣有义，夫妇有别，长幼有叙，朋友有信。"就是说，父子之间有骨肉之亲，君臣之间有礼义之道，夫妻之间挚爱而内外有别，老少之间有尊卑之序，朋友之间有诚信之德，这些观念成为某一特定时期人际沟通的行为准则。

孔子讲的"仁义道德"都是从自身做起，自我修身，"反求诸己""己所不欲，勿施于人"。不仅严于律己，也不去伤害别人。而且它还有一个其他文化没有的特点，就是没有宗教色彩。在天道下修身养性，正己为人，它强调的是以德治人。这种宽容文化，任何社会、宗教、国家、民族都可以接受。如此来说，儒家文化，作为天下文化当之无愧，它是可以担当对话沟通的平台的。

时至今日，中国的"孔孟之道"还深深地影响人们的日常交往，成为指导人们交际行为的准则。理解别人，为他人着想，这是营造良好的人际关系的关键。无论何事，你希望别人怎样待你，你也要怎样待人，像你期望别人对待你的方式一样对待别人。

3. 人际沟通原则具有时代特点

值得注意的是，人际沟通的原则是与时俱进的，具有时代性的特点。不同的社会有不同的社会价值观，也就有不同的社会认知。随着社会的发展，人们的观念也在不断地更新，人们的需求也也有不同程度的变化。在不同的社会背景下，法律和道德等会有所不同，一个时期内这样做是对的，而同样的做法放到另外一个时期就可能是错误的，甚至是违法的。

人际沟通的原则要随变化的社会有所调整。例如，封建社会遵循的"君臣等级""妇随夫使"的伦理关系，在现代社会中是领导与下级之间、夫妻之间相互尊重、互为平等的沟通原则。

4. 人际沟通原则具有文化性的特点

中西方的伦理观念具有很大的差异性，因此在处理人际关系上也会有所不同。例如，中国人特别注重“长幼有序”，而西方人更看重“自由、平等、独立”，因此父子之间常常直呼其名，子女满 18 岁便自谋生路，父母也不再干涉其行为，这是他们遵循的沟通原则。但是，随着国际交往的日趋频繁，东方人和西方人对家庭内部的沟通原则也相互融合。现在，一些中国的家庭内对子女的教育反而学习了一些西方人的沟通原则。

5. 人际沟通原则还具有民族性、地域性特点

“一方水土养一方人”，中国是一个多民族国家，每个区域都有不尽相同的民族习惯。例如，处于雪域高原的藏民族几乎全民族信教，一些教义教规无形当中影响他们的沟通原则，所以在处理不同民族、不同地域的人际关系中也要尊重本民族、本地区的沟通原则。再如，不同的民族都有自己的语言，即使是同一个民族，由于地域的不同，语音也有很大差异。所以当不同民族，不同地域的人们进行交流时，由于语言或语音上的差异，肯定会对沟通造成一定的影响。因此，沟通过程中要注意民族和地域的差异性。

案例

日本企业在国际市场竞争中，常占有优势地位，这与日本企业充分重视文化的差异性密切相关。日本企业在制定国际营销决策时，充分考虑目标市场上的文化特点，根据各国文化的差异性设定自己的营销策略。比如日本的两则汽车广告“有朋自远方来，喜乘三菱车”“车到山前必有路，有路必有丰田车”，由此可以看出日本企业营销人员对中国文化理解之深刻。

对异国文化的高度敏感性，使得日本企业能够更深入地了解各国顾客的需求特点和购买心理，从而为他们更好地满足顾客需求、在国际营销中扩大市场份额奠定了基础。

二、坚持人际沟通原则的意义

《孙子兵法》云：“上兵伐谋，其次伐交，其次伐兵，其下攻城。”此“交”即为谈判、沟通，可见古人对沟通的重视。人际沟通原则如同人生的风向标，引导我们为人处事的方向。掌握了这些沟通原则有利于我们在沟通过程中规范自己的行为，完善自己的人格，更有利于我们鉴别沟通对象、选择合适的朋友。我们应该在沟通中运用这些原则、审视自己的行为、指导自己的沟通实践，以实现有效的人际沟通。

需要注意的是，沟通的各个原则之间并不是相互独立的，有些原则之间是辩证统一的关系。比如人际沟通基本原则中讲到的“主动沟通”“互利共赢”与“适度距离”看起来似乎是矛盾的，但是仔细分析发现三者是辩证统一的。所以，我们在人际沟通中，使用单一原则不一定会奏效，只有综合地理解和运用这些原则，才能真正实现有效沟通。

第二节 人际沟通的基本原则

在社会组织中，有的领导人际关系好，与群众交往密切；有的领导性情高傲，与群众疏远。在家庭中，有些婆媳亲密，全家和睦；有的夫妻不和，婆媳争斗。在日常交往中，有的人朋友遍及五湖四海，有的却孤家寡人。为什么不同的人有截然不同的人际关系呢？因为人际交往是一门艺术，有原则、有方法、有技巧。一个人原则用得好，方法用得恰当，技巧用得灵活，就会有好的人际关系；相反，就会人情淡薄，关系疏远。

本章所有原则都是基于这一基础思想。在人际交往中，以己之心，度人之心，以人之所欲给予满足。这样，为自己架起人际之桥就会发现，保持自己自尊的同时，维护别人的自尊；喜欢自己的同时，也用心地去爱护别人；听取别人的意见，适时地赞赏别人，你的付出必有丰厚的回报。

人际关系是一种错综复杂的社会现象，其存在和发展受多种规律所支配。原则也是多种多样的，重点介绍几种主要原则。

一、互相尊重原则

尊重是一缕春风，一泓清泉，一颗给人温暖的舒心丸，一剂催人奋进的强心针。它常常与真诚、谦逊、宽容、赞赏、善良、友爱相得益彰，与虚伪、狂妄、苛刻、嘲讽、凶恶、势利水火不容。给成功的人以尊重，表明自己对别人成功的敬佩、赞美与追求；给失败的人以尊重，表明自己对别人失败后的东山再起充满信心。

尊重是一种修养，一种品格，一种对人不卑不亢、不俯不仰的平等相待，对他人人格与价值的充分肯定。任何人不可能尽善尽美，完美无缺，我们没有理由以高高在上的目光去审视别人，也没有资格用不屑一顾的神情去嘲笑他人。假如别人某些方面不如自己，我们不要用傲慢和不敬的话去伤害别人的自尊；假如自己某些方面不如别人，我们也不必以自卑或嫉妒去代替应有的尊重。一个真心懂得尊重别人的人，一定能赢得别人的尊重。

俗话说，种瓜得瓜，种豆得豆。尊重别人就会得到别人的尊重，瞧不起别人也会被别人瞧不起。不管是什么人，我们都应都尊重他们。尊重上级是一种天职。下级服从上级，全党服从中央，令行禁止，这是现代管理的基本要求。尊重同事是一种本分。现代社会强调团队精神，合作艺术。一项任务、一件事情的完成，往往靠的是集体的智慧、大家的力量。尊重下级是一种美德。红花需要绿叶辅佐。尊重所有人是一种教养。尊重所有人有助于人际关系的安全，有助于交际沟通。

尊重是人的基本需要。美国心理学家马斯洛在对人类的千差万别、纷繁复杂的需要进行仔细研究后提出了著名的“马斯洛需求层次理论”。他认为人有五种需要，并按照人的发展需要，由低级到高级排列是生理需要—安全需要—社会需要—尊重需要—自我超越的需要，如图 3-1 所示。在马斯洛看来，人的尊重需要是人的一种高级需要，其地位仅次于自我超越的需要。

心理学认为，人们对尊重的需要分为两类，即自尊和来自他人的尊重。尊重自己就是

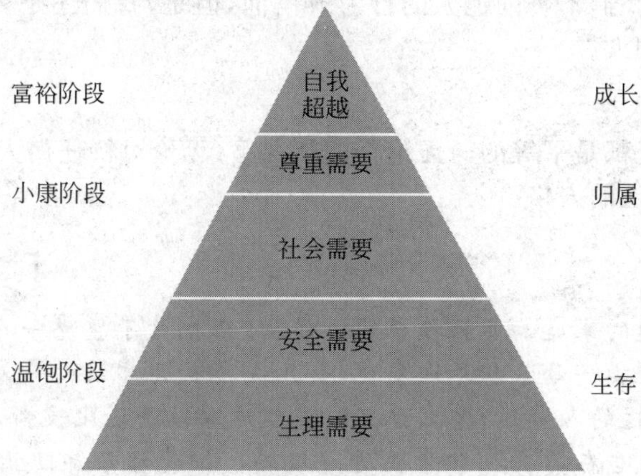

图 3-1 马斯洛的需求层次

维护人格的尊严。自尊包括对获得信心、能力、本领、成就、独立和自由的愿望。尊重他人就是尊重他人的选择,不强求他人按自己的爱好、习惯去生活、行事。尊重是交往双方的互动行为。古人说过:“敬人者,人恒敬之。”俗话说得好:“你敬我一尺,我敬你一丈。”

马斯洛认为尊重需要得到满足,能够使人对自己充满信心,对社会充满热情,进而体验到生活的价值和意义。

案例

尊重的力量

一位商人看到一个衣衫褴褛的铅笔推销员,顿生一股怜悯之情。他不假思索地将10元钱塞到卖铅笔人的手中,然后头也不回地走开了。走了没几步,他忽然觉得这样做不妥,于是连忙返回来,抱歉地解释说自己忘了取笔,希望不要介意。最后,他郑重其事地说:“你和我一样,都是商人。”

一年之后,在一个商贸云集、热烈隆重的社交场合,一位西装革履、风度翩翩的推销商走到这位商人面前,不无感激地自我介绍道:“您可能早已忘记我了,而我也不知道您的名字,但我永远不会忘记您。您就是那位重新给了我自尊和自信的人。我一直觉得自己是个推销铅笔的乞丐,直到您亲口对我说,我和您一样都是商人为止。”没想到这么一句简简单单的话,竟使一个自卑的人顿然树立了自尊,使一个处境窘迫的人重新找回了自信。正是有了这种自尊与自信,才使他看到了自己的价值和优势,最终通过努力获得了成功。

不难想象,倘若当初没有那么一句尊重鼓励的话,纵然给他几千元也无济于事,断不会出现从自认乞丐到自信自强的巨变。这就是尊重的力量!

人际沟通中,损害他人自尊心往往会导致沟通失败。如果我们在沟通中伤害了某人的自我意识,那么就别指望能够与他进行良好的沟通,甚至可能会因此付出惨重的代价。

为了做到对他人的尊重,我们在人际沟通中应该做到以下几点。

1. 尊重他人的价值观念

为了表示对他人的欣赏,我们必须依照他人的价值观念去接受他人,不要总想着去改变任何人，尽管可能我们不赞同他人的行为或信仰，但是，我们还是要学会接纳与自己观念或观点不尽相同的人。

2. 尊重他人的人格

每个人在人格上都是平等的。无论任何情况下，无论对待任何人，即使对方有很多不足，我们都应该尊重他的人格。

案例

在一个极其普通的家庭。冬春换季的时候，母亲把放了整整一个冬天的生活用品拿了出来，进行整理、归类。母亲意外地发现，女儿去年秋天才买的一双鞋子已经穿着不合脚了，但是又没有合适的人可送，怎么办呢？虽然这双鞋子还比较新，也很漂亮，最后也只好决定丢掉。女儿自告奋勇去把鞋子丢进垃圾箱。但是母亲却阻止说："别忙。"一边说着一边接过这双鞋子，拿出鞋油和鞋刷，细细地擦拭、上油。女儿不解地问："不是要丢掉吗？"

"是的，"母亲头也不抬地回答，"但这是一双还能穿的鞋子，捡垃圾的人或者别的人也许会穿的。我们要把鞋子擦得干干净净的，这样做是对受施者的尊重。"

鞋子擦好了，亮得几乎让人舍不得丢掉。母亲把鞋子递给女儿："现在你可以把鞋放在垃圾桶旁边了。"

"你直接把鞋子送给那个捡垃圾的人不是更好吗？"女儿又问。

"不，"母亲摇摇头，"捡垃圾的人自食其力，他们并不是乞食者。当面给他们东西，会使他们觉得难堪。放在那里让他们高高兴兴地捡走，才是真正的善行——不让他们有被施舍的感觉。"

女儿照做了。

后来，母女二人在阳台上，隔着透明的玻璃窗，看到那个捡垃圾的人快乐地、小心翼翼地收起那双鞋子，迈着比以前轻快得多的步子踏上归路。也许，他是等不及要把这双又新又漂亮的礼物送给自己疼爱的女儿？他会不会把拿鞋子的手放在背后让女儿猜自己给她带回了什么好东西，然后绘声绘色地给她讲述自己意外得到这件宝贝的经过？母女二人你一言我一语地讨论着，心中充满了欢乐。

丢掉一双已经不能穿的鞋子是一件太细小也太寻常的生活琐事，然而，故事中的母亲却把它演绎成了一个如此温馨的故事。而这种转变的产生，只是源于母亲拥有一颗对他人的尊重之心。

3. 尊重他人的个性差异

不同的人有不同的性格特征，各种性格都有各自的优势，都会有适合自己的岗位和领域。比如，追求完美、做事认真仔细的人会在科研、教师、会计、医疗等方面做出不俗的业绩；性格活泼、开朗的人适合市场营销、娱乐等领域有所成就。尊重他人的个性差异就要接纳不同个性的人，对他人不同的性格给予认可和理解，这样才能够和谐相处，才能有利于彼此的生活和工作。

案例

在一次巡回表演的过程中，卓别林通过朋友的介绍，认识了一个对他仰慕已久的观众。卓别林和对方很谈得来，很快就成了关系不错的朋友。

在表演结束之后，这个新朋友请卓别林到家里做客。在用餐前，这个身为棒球迷的朋友带着卓别林观看了自己收藏的各种各样和棒球有关的收藏片，并且和卓别林兴致勃勃地谈起了心爱的棒球比赛。

朋友对棒球爱到了痴迷的境界，一旦打开话匣子之后就收不住了，滔滔不绝地和卓别林谈起了棒球运动。从对方谈起棒球开始，卓别林的话就少了很多，大多数的时候都是朋友在讲，他则微笑注视着对方并认真地听着。

朋友说到高兴的地方，两只手兴奋异常地比划了起来，他说起自己亲自体验到的一场精彩比赛时，仿佛已经置身于万人瞩目激动人心的棒球场上了，完全沉浸在了对那场比赛的回味之中。卓别林仍旧微笑着看着对方，偶尔插上几句，让朋友更详细地介绍当时的场景。朋友越说越兴奋，只是对一直没能得到那场比赛里明星人物的签名有些沮丧。不过，这种沮丧的情绪很快就被他对那场比赛的兴奋所冲淡了。

那天中午，沉浸在兴奋之中的朋友说得兴起，差点把午饭都忘记了，直到他夫人嗔怪着让他快点带客人来吃饭的时候，他才不好意思地笑着拉起卓别林来到了餐桌前。那天的午餐，大家的兴致都非常高，尤其是卓别林和这位新认识不久的朋友，彼此之间相谈甚欢。

在当地的演出结束之后，这位新朋友非常舍不得卓别林，一直将他送出了很远，才恋恋不舍地道别。

不久之后，这次巡回演出也告一段落。回到家里，卓别林通过各种关系费尽周折找到了朋友说起的那个棒球明星，请他在一个棒球帽上签了名之后，卓别林亲自把这个棒球帽寄给了远方那个对棒球极度痴迷的朋友。

卓别林的举动让他身边的人非常不解，因为大家都知道，喜欢安静的卓别林对棒球从来就没什么兴趣，他们简直就无法想象一个对棒球丝毫不感兴趣的人只是为了朋友的一句话，就费了这么大的精力去要一个签名。尤其是当大家知道了对棒球一无所知的卓别林居然和朋友聊了大半天的棒球比赛，大家更加想不明白了——要知道，在那么长的时间里听朋友讲一个自己完全不感兴趣的事情，那种滋味儿可是非常难受的。

卓别林倒是很洒脱，他告诉身边的人："我是对棒球不感兴趣，可我的朋友对棒球感兴趣，只有尊重他人所尊重的事物，别人才能感受到自己被理解被尊敬，这是一切友谊的基础。"

后来，当朋友听到了卓别林这段话之后，拿着他送来的棒球帽，感慨良久。两个人的友谊整整延续了一生。很多年之后，已经白发苍苍的他说起这段往事仍旧慨叹不已："我今生能够成为卓别林的朋友，是我最大的荣幸。是他让我明白了什么叫作真正的尊重和真正的友谊。他的人格光芒，照亮了我的一生。"

4. 尊重他人的劳动成果

人们对辛勤劳动所获的成果都有一种成就感，因而会倍加珍惜。比如，老师讲课、同学发言时，我们要注意倾听；在公共场所注意爱护卫生就是对环卫工人的劳动成果的尊重；爱护庄稼、节约粮食就是对农民劳动成果的尊重。

5. 尊重他人的权利

对待沟通对象，无论长幼、亲疏、地位高低，我们都应该尊重对方的权利，包括知情权、隐私权、自主权。在对待子女方面，西方人的一些原则值得我们借鉴，他们充分尊重子女的自主选择，充分尊重子女的隐私。

6. 尊重他人的感情

在沟通中，无论说话做事都要考虑到对方的情绪感受，避免激起强烈的情绪反应。遇到事情应该换位思考，正所谓“己所不欲，勿施于人”就是这个道理。尊重他人要学会“见什么人说什么话”，也就是要了解对方的年龄、身份、语言习惯等。假如对方是位年长者，在称呼上要礼貌，在语气上要委婉，在语速上要舒缓，在话题上要“投其所好”。

只有在心理上有尊重别人的想法，才可能做出尊重别人的行动。所以，我们必须牢记“每个人在人格上都是平等的”，不因自己家境好、成绩好就自傲、轻视他人。

总之，互相尊重是人与人有效沟通的最基本的原则。在人际沟通过程中，尊重友好的态度能够给人留下良好的印象，有利于沟通目标的实现。尊重就像一个善解人意的小姑娘，她透明的微笑叫理解，她淳朴的心灵叫高尚；尊重又像一位德高望重的学者，饱含待人处世的智慧，尽显人格操守的高贵。

二、诚实守信原则

中国是一个历史悠久的文明古国，中华民族一向重视诚实信用这一伦理标准。“忠厚传家久，诗书继世长”，是中国人民自古以来沿袭下来的一个道德信条。在人际沟通中，我们更要遵守诚实守信这一原则。

（一）什么是诚实守信

诚实，即忠诚老实，是真实表达主体所拥有信息的行为（指好的一方面），也就是行为忠于良善的心。“诚实”是褒义词，用于赞美一个人的好品质，它具有“善”的特质，它不等同于准确传达客观事实这样的意思。比如一个如实交代自己行凶过程的罪犯，我们不会用诚实来称赞他，而一个为保护无辜的人被迫说谎的人，我们也不能用不诚实来责备他。诚实才能带来信任，谎言带来的是背叛。

守信，是讲信用，讲信誉，信守承诺，忠实于自己承担的义务，答应了别人的事一定要去做。忠诚地履行自己承担的义务是每一个现代公民应有的职业品质。

诚信是一个道德范畴，即待人处事真诚、老实、讲信誉，言必信、行必果，一言九鼎，一诺千金。在《说文解字》中的解释是：“诚，信也”“信，诚也”。可见，诚信的本义就是要诚实、诚恳、守信、有信，反对隐瞒欺诈、反对伪劣假冒、反对弄虚作假。

以诚待人，以信取人，是我们中华民族最为优秀的传统之一。孔子云：“诚者，乃做人之本，人无信，不知其可。”韩非子曰：“巧诈不如拙诚。”陶行知先生也曾说过：“不做假秀才，宁为真白丁。”季布一诺胜过千金，商鞅变法立木求信，君子一言驷马难追……类似的故事和典故不胜枚举。虽然时代变化了，但是对于历史上的精华我们依然要继承和发扬！

诚，是要实事求是，不扩大，不缩小；信，是要一言九鼎，说到做到，不朝秦暮楚，不朝令夕改。诚信是立业之本，做人的准则，是企业和人的第二张身份证，其中道理不言而喻。一个企业、一个部门甚至于一个人，如果张口就是谎话、说话不算数，不守信义，谁还会相信他。那个站在山头上大喊“狼来了”的小男孩，不就是因为一再说谎，导致说话无人信，最后被狼吃了吗？其实，吃他的并非是狼，严格地说是他不诚信的品质。

案例

一个关于诚信的真实故事

哈里斯是美国纽约市一家知名广告公司的高级职员。2010 年 8 月的一天中午，她和朋友在一家餐厅吃饭，中途朋友想出去抽支烟，于是两人一起走出餐厅，站在外边的大街上。

一名流浪汉走近她，嗫嚅地对她自我介绍："我叫瓦伦丁，今年 32 岁，失业三年了，只靠乞讨度日。我想说的是，不知您是否愿意帮助我，比如给我一点零钱，让我买点生活必需品。"

瓦伦丁说完后，用期盼的眼神望着哈里斯。看着眼前这名年轻的黑人流浪汉，哈里斯动了恻隐之心，她微笑着对瓦伦丁说："没问题，我十分愿意帮助你。"就伸进口袋去掏钱，遗憾的是，她身上没有带现金，只带着一张信用卡，这让她有点尴尬，她拿着信用卡，不知接下来该怎么办。

瓦伦丁看出了她的难为情，小声说："如果您相信我，能将这张信用卡借我用吗?"心地善良的哈里斯同意了，将信用卡递给瓦伦丁。

拿到信用卡后，瓦伦丁并没有马上离开，又小声问哈里斯："我除了买些生活必需品外，还能用它再买瓶水吗?"

哈里斯未加思索地说："完全可以，如果你还需要什么，都可以用卡上的钱去买。"瓦伦丁拿着那张信用卡离开之后，哈里斯和朋友重新回到了餐厅。但当坐下来后不久，哈里斯开始怀疑和后悔，她懊丧地对朋友说："我的信用卡不仅没有设置密码，里面还有十万美金，那个人一定拿着信用卡跑掉，这下我要倒大霉了。"

朋友也埋怨她说："你怎么随随便便相信一个陌生人。你呀，就是太善良太天真了!"

哈里斯再也没心思吃饭了，在朋友付完账后，两人默默走出了餐厅。

令他们意外的是，刚走出餐厅大门，就发现流浪汉瓦伦丁已经等候在外面，他双手将信用卡递给哈里斯，恭敬地将自己消费的数额一一报上："我一共用卡消费了 25 美元，买了一些洗漱用品和两瓶水，请您核查一下。"

"无诚则有失，无信则招祸。"那些践踏诚信的人也许能得益于一时，但终将作茧自缚，自食其果；那些制假售假者，或专靠欺蒙诈骗者，则往往在得手一两次后，便会陷入绝境，导致人财两空，有些甚至锒铛入狱。

在现代经济社会，即使一个企业拥有雄厚的资本实力和现代化的机器设备，有誉满全球的品牌优势，建立了很好的采购和销售网络，并且有一支高素质的员工队伍和高学历的管理者队伍，但如果它在财务报表、商品、服务上做假，欺骗商户和投资者，丢掉了信用资本，就没有银行愿意给他贷款，企业的股票、债券和商品就没有人买，合作者和客户没有了，所有物力资本和人力资本就失去了它的意义，企业必然会陷入困境，并最终在市场中消失。因此，诚信确确实实是做人立业之本。

我们每个人都有义务从自身做起，恪守诚信，让诚信成为我们为人做事的准则；只有这样，我们的生活才能绚丽多彩，我们的社会才能不断进步。

职场无小事，轻诺必寡信，重视你所说的每一句话，因为那是在积累你的品质大厦，有一块砖头质量不过关，就可能会导致大厦将倾。人在职场，七分做人，三分做事，人际关系是职场的根基。否则即使你是靠技术求生存的家伙，没有和团队的精诚合作，孤军奋战，在现代职场想成功是很困难的。

大家知道微软的几乎所有的软件和系统都不是某个人的独立作品，都是团队的力量，尽管大家作用不尽相同。没有和谐的人际关系，任何本领都是空中楼阁，无法真正创造财富和价值。

从哲学的意义上说，“诚信”既是一种世界观，又是一种社会价值观和道德观，无论对于社会抑或个人，都具有重要的意义和作用。

对于一个国家、一个社会而言，“诚信”可以说是立国之本。国家的主体是人民，国家的主权也归于人民。中国自古就有“民唯邦本，本固邦宁”“得民心者得天下，失民心者失天下”的明训，这些话至今仍然是至理名言。但国家的领导者依靠什么去团结人民呢？靠的是明智的政策和精神信念，“诚信”就是取信于民、团结人民的人文精神和道德信念。

对于一个社会单位（如一个企业）、一项社会事业（如一个行业、一项职业）而言，“诚信”可以说是立业之本。“诚信”作为一项普遍适用的道德规范和行为准则，是建立行业之间、单位之间以及人与人之间互信、互利的良性互动关系的道德杠杆。很难设想，一个不讲诚信、不守信用的单位或企业，在现代法治社会能有长期立足之地。一项社会事业也只有依靠诚信立业，才能顺利发展。

对于每个社会成员而言，“诚信”是立身之本，处世之宝。人生立于世间数十年，必须不断学习，以获得知识、增进知识，知识既是个人谋生的工具，也是个人为社会服务的工具。但是，要真正做个对社会有所贡献的人，光靠“知识”工具是不够的，还必须有正确的价值观指导，否则，知识也可能成为滋生罪恶的工具。

“诚信”精神就是培养人的高尚道德情操、指引人们正确处理各种关系的重要道德准则。个人以诚立身，就会做到公正无私、不偏不倚，讲究信用，就能守法、受约、取信于人，就能妥善处理好人与人、个人与社会的关系。

可以说，“诚信”的原则和精神是促进社会主义市场经济健康发展的道德基石；它不仅对促进社会稳定繁荣、导正社会风俗、医治社会精神疾病具有重要作用，而且对加强社会成员的个人道德涵养，提升全民族的文明素质，培养有知识、有作为、讲道德、守法纪的一代公民具有重要作用；它是立国、立业之本，也是个人安身立命的精神法宝。

（二）怎样做到恪守诚信

如何才能恪守诚信？

要做到恪守诚信，首先要对自己诚实，因为对自己诚实的人才能对他人诚实。同时要对自己讲的话承担责任和义务，言必有信，一诺千金。答应他人的事，一定要做到。同他人约定见面，一定要准时赴约。上学或参加各种活动，一定要准时赶到。要知道，许诺是非常慎重的行为，对不应办或办不到的事情，不能轻易许诺，一旦许诺，就要努力兑现。如果我们失信于人，就等于贬低了自己。

如果我们在履行诺言过程中情况有变，以致无法兑现自己的诺言，就要向对方如实说明情况并表示歉意。这与言而无信是完全不同的两件事，所以说树立诚信要从点点滴滴做起。

我们要继承和发扬恪守诚信的传统美德，还要把“江湖义气”与恪守诚信区别开来，认清“江湖义气”的实质和危害，不被这种旧社会遗留下来的坏习俗所污染。

（三）诚信的现实意义

诚信是做人处事的基本原则，又是治理国家必须遵守的规范，调节着人与人之间的关系，维系社会秩序。做人需要诚信，诚信赢得尊严；经商同样需要诚信，诚信赢得市场。

1. 诚信是支撑社会道德的支点

诚信是我国传统道德文化的重要内容之一，“诚信者，天下之结也”是说讲诚信，是天下行为准则的关键。在我国传统儒家伦理中，诚信被视为治国平天下的条件和必须遵守的重要道德规范。古代圣贤哲人对诚信有诸多阐述。

比如孔子的“信则人任焉”“自古皆有死，民无信不立”“人而无信，不知其可也”“民以诚而立”。孟子论诚信“至诚而不动者，未之有也；不诚，未有能动者也”。荀子认为“养心莫善于诚”。墨子曰“志不强者智不达，言不信者行不果”。老子把诚信作为人生行为的重要准则，“轻诺必寡信，多易必多难”。庄子也极重诚信，认为“真者，精诚之至也。不精不诚，不能动人”。

庄子把“本真”看作是精诚之极至，不精不诚，就不能感动人，这就把诚信提高到一个新的境界；韩非子则认为“巧诈不如拙诚”。

总之，古代的圣贤哲人把诚信作为一项崇高的美德加以颂扬，生动显示了诚信在中国人心目中的价值和地位。从古到今，人们这么重视诚信原则，其原因就是诚实和信用都是人与人发生关系所要遵循的基本道德规范，没有诚信，也就不可能有道德。所以诚信是支撑社会的道德的支点。

2. 诚信是法律规范的道德

诚信原则逐步上升为一种法律原则始自罗马法，后来被法制史中重要的民法所继承和发展，比如法国民法、德国民法、瑞士民法等，如《瑞士民法典》总则中的第二条规定：“任何人都必须诚实地行使其权利并履行其义务。”

诚实信用也是我国现行法律一个重要的基本原则，在《民法通则》《合同法》《消费者权益保护法》中有明确规定。由于其适用范围广，对其他法律原则具有指导和统领的作用，因此又被称为“帝王规则”，可见“诚实信用”是并非一般的道德准则。

在诚实信用成为法律规范的时候，违反它所承受的将是一种法律上的责任或者不利于自己的法律后果，这种法律后果可以是财产性的，也可以是人身性的；可以是民事的、行政的，甚至可以是刑罚。因此，诚实信用又是支撑社会的法律的支点，是法律规范的道德。

3. 诚信是治国之计

诚信为政，可以取信于民，从而政通人和。倘若言而无信、掩人耳目、弄虚作假，社会就无从安定。古有“欺君之罪”，“欺君”不仅是冒犯尊严，而且会误导决策，祸国殃民。亦不可“欺民”，所以有“水可载舟亦可覆舟”之说。

中国古代有商鞅立木树信的佳话，也有不讲诚信而自食恶果的烽火戏诸侯。中国古代思想家更是把“诚信”作为统治天下的主要手段之一。唐代魏征把诚信说成是“国之大纲”，可见“诚信”的重要。

当前，党和国家提出的“回归传统文化，以德治国”，是诚信为政的体现，也是对我国优秀政治思想的继承和发扬。落实"以德治国",贯彻《公民道德建设实施纲要》,在全社会倡导诚实守信的精神品质,是对优良传统的继承,也是时代的要求。

4. 诚信是行业立身之本

诚信是为人之道,是立身处事之本,是人与人相互信任的基础。讲信誉、守信用是我们对自身的一种约束和要求,也是外人对我们的一种希望和要求。如果一个从业人员不能诚实守信,那么他所代表的社会团体或是经济实体就得不到人们的信任,无法与社会进行经济交往,或是对社会缺乏号召力和响应力。因此,诚实守信不仅是社会公德,而且也是任何一个从业人员应遵守的职业道德。

诚实守信作为职业道德,对于一个行业来说,其基本作用是树立良好的信誉,树立起值得他人信赖的行业形象。它体现了社会承认一个行业在以往职业活动中的价值,从而影响到该行业在未来活动中的地位和作用。"人无信不立",对一个行业来说,同样只有守信用、讲品德,才能从根本上做好行业品牌、树立良好的行业形象。

在现代社会里,人际关系发生了很大的变化,但是,诚实守信仍是人际交往行为的重要原则,如果说"时间就是金钱",与此同时出现的"信誉就是金钱",也被更多的人接受。

案例

老干妈陶碧华的故事:诚信做人,诚实做生意

"做生意要诚信",这谁都知道。但事实上,很多人还是做不到。陶华碧以前没提听过文绉绉的"诚信",但她以一个农民的朴实本质,做到了诚信也做大了生意。"老干妈"最看重的就是自己的名声。刚刚开始卖豆豉辣椒时,她就用上了公平秤。

2001 年,有一家玻璃制品厂给"老干妈"公司提供了 800 件(每件 32 瓶)包装瓶。不料,使用这批包装瓶产品封口不严,漏油。一些对手企业马上利用这事攻击"老干妈"。一些管理人员建议:"可能只是个别瓶子封口不严,把货追回重新封口就行了,不然损失太大。"陶华碧却果断决定追回后全部当众销毁。自从创办公司后,老干妈产品合格率一直保持 100%。

"老干妈"企业最被人称道的是纳税。有人问,很多企业抱怨税太重。您为什么每次主动纳税?陶华碧说:"早交晚交都要交,从来不拖欠国家一分一厘,这才是做企业,也是我们的能力,你拖欠或者偷漏人家是很不好的。我们没有国债,不欠国家税收,也没有贷款,干干净净,一身清白,该赚的钱我就赚,不干净的钱我不要。"

陶华碧所创造的"老干妈"品牌能多年屹立不倒,除了口味得到大众好评外,诚实守信是其生意长久的经营之道。

三、平等待人原则

(一)什么是平等待人

平等是人和人之间的一种关系、人对人的一种态度,是人类的终极理想之一。人和人之间的平等,不是指物质上的"相等"或"平均",而是在精神上互相理解,互相尊重,把对方当成和自己一样的人看待。现代社会的进步,就是人和人之间从不平等走向平等的过程,是平等逐渐实现的过程。

在人际交往中，平等待人是建立良好的人际关系的前提。没有平等待人的观念，就不能与人建立密切的人际关系。心理学家研究表明，人都有友爱和受人尊敬的需要。特别是青年人，交友和受尊敬的希望都非常强烈，他们渴望独立于父母，成为家庭中和社会中真正的一员，他们希望社会、家庭和他人把他们看作成人，而不是小孩，人的这种需要就是平等需要。可以说，只要是正常人，都是希望得到别人的平等对待的。

世界著名的文学家萧伯纳一次到苏联访问，在街头遇见一位聪明伶俐的小姑娘，就和她一起玩耍。离别时对小姑娘说："回去告诉你妈妈，今天和你玩的是世界著名的萧伯纳。"不料那位小姑娘竟学着萧伯纳的语气说："你回去告诉你妈妈，今天和你玩的是苏联小姑娘卡嘉。"这件事给萧伯纳很大的震动，他感慨地说，一个人无论他有多大的成就，他在人格上和任何人都是平等的。

（二）如何做到平等待人

交往必须平等，平等才能交友。这是人际交往中的重要原则。在人际交往中，平等交往的方法很多，这里只谈主要的几种。

1. 对等法

对等法包括情感对等法、价值对等法、地位对等法等。

2. 谈心法

谈心重在"心"字，就是实实在在说心里话，用一种兄弟、朋友般的商量口气交换意见、传递信息和讨论问题。这种商量的口气，蕴涵亲密的情感以及对对方的尊重等。

3. 求同法

求同法是一种通过各类活动，特别是兴趣活动，寻求相互认识、相互理解的方法。求同法对于社会地位有差距的人之间达到平等交往是特别有效的。对于一般的人际交往，求同法也是实用的。

4. 交友法

交友法是平等交往中一种常用的方法。在人际关系中，交友法是指像对待朋友那样平等地对待交往对象，要关心他人，帮助他人，体谅他人，理解他人，尊敬他人，真诚地对待他人，并能与他人讲心里话。

平等历来是我们向往、追求和奋斗的目标，我们把平等视为每个人不可剥夺的天赋权利，但现实却提醒我们，每个人拥有的发展机会与权利不一样，至少说明在现阶段实现真正的平等是很不容易的，我们应该平等，应该学会平等。

平等的基础是仁爱，平等使我们公正地评价一个人、一种现象，评价标准不是根据某个人的特殊身份而定，不能随大流，不能盲从，而是要根据社会契约，根据社会的道德标准而定，平等使我们克服世俗的偏见，不会根据一己之好恶待人接物。

案例

俄国作家屠格涅夫有一次在街上散步，一个乞丐跪倒在地求道："先生，给我一点食物吧。"屠格涅夫寻遍全身无一点可充饥之物。只好说："兄弟啊！对不起！我没带吃的！"

这时，那乞丐站起身，脸上挂着泪花，紧握作家的手说："谢谢你！我本已走投无路，打算讨点吃的后就离开这个世界。您的一声'兄弟'让我感到这世间还有真情在，它给了我活下去的勇气。"

这个故事告诉我们，平等待人是一件美妙的事情，它让人平易近人，不居功自傲；它让人有勇气与自信去面对一切！平等的力量是惊人的，它会使一切变得比以前美好。

四、宽容谦让原则

（一）什么是宽容

宽容是一种修养，是一种品质，是一种处变不惊的气度，更是一种美德。宽容不是胆小无能，而是一种海纳百川的大度，我们每个人都应学会宽容。

宽容别人，其实就是宽容我们自己。多一点对别人的宽容，我们生命中就多了一点空间。有朋友的人生路上，才会有关爱和扶持，才不会寂寞和孤独；有朋友的生活，才会少一点风雨，多一点温暖和阳光。其实，宽容永远都是一片晴天。

宽容是忘却。人人都有痛苦，都有伤疤，动辄去揭，便添新创，旧痕新伤难愈合。忘记昨日的是非，忘记别人先前对自己的指责和谩骂，时间是良好的止痛剂。学会忘却，生活才有阳光，才有欢乐。

宽容是不计较，事情过去了就算了。每个人都有错误，如果执着于其过去的错误，就会形成思想包袱，不信任、耿耿于怀、放不开，限制了自己的思维，也限制了对方的发展。即使是背叛，也并非不可容忍。能够承受背叛的人才是最坚强的人，也将以他坚强的心志折服周围的人，以其威严更能够给人以信心、动力，因而更能够防止或减少背叛。

宽容是潇洒。"处处绿杨堪系马，家家有路到长安。"宽厚待人，容纳非议，乃事业成功、家庭幸福美满之道。事事斤斤计较、患得患失，活得也累，难得人世走一遭，潇洒最重要。

宽容是忍耐。同伴的批评、朋友的误解，过多的争辩和"反击"实不足取，唯有冷静、忍耐、谅解最重要。相信这句名言："宽容是在荆棘丛中长出来的谷粒。"能退一步，天地自然宽。

宽容是一种坚强，而不是软弱。宽容要以退为进、积极地防御。宽容所体现出来的退让是有目的、有计划的，主动权掌握在自己的手中。无奈和迫不得已不能算宽容。宽容的最高境界是对众生的怜悯。

宽容也需要技巧。给一次机会并不是纵容，不是免除对方应该承担的责任。任何人都需要为自己的行为负责；任何人都要承担各种各样的后果。否则，对方会一而再、再而三地犯禁（错），显示出软弱。

宽容是修养、是品德、是内涵、是心态。在宽容面前，争吵和计较大可不必，即使你拥抱着真理，也不妨温柔一些，因为，有朝一日，说不定你也会犯不可挽回的错误；相容原则告诉我们，要想让别人原谅自己的错误与过失，自己首先要做一个大度之人，容忍别人的错误与过失。邵逸夫曾说："宽容和做善事是一把健康钥匙，是生活幸福的良药。"

案例

林肯与道格拉斯

1861年3月4日，林肯在白宫东门口发表总统就职演说。当他缓慢地走上演讲台时，台下人头攒动，掌声四起，人们向他表示热烈的欢迎。然而，事先没有预料到的一个细节却让林肯有些局促，甚至是无比尴尬：演讲台上没有桌子，让他不知道该把手杖和硕大的帽子放在哪里才好。他向四周望了望，终于看到一处栅栏，便将手杖挂在上面，而帽子呢，栅栏太高，挂不上去。放在地上吧？显然不合适；戴着吗？他也不能这么做。面对全国民众演讲，脱帽是必需的礼仪。正在他尴尬之际，联邦议员道格拉斯走上前来，伸手接过林肯的帽子，捧在手里，直到所有仪式都结束了，林肯友好地向道格拉斯点头示意，道格拉斯才把帽子递了回去。其实，道格拉斯与林肯从年轻时就有许多恩怨纠葛。

道格拉斯出身名门，年轻时是美国政坛的一颗明星，而林肯出身贫寒，两人同在春田市时，都曾追求过玛丽，玛丽最终成了林肯的夫人，道格拉斯为此一直耿耿于怀。两个人的政见分歧也很大，特别是在对待美国黑奴问题上，更是针锋相对，互不相让。

道格拉斯代表民主党跟代表共和党的林肯竞选国会议员时，林肯向道格拉斯发起论战邀约，两人就在伊利诺伊州针锋相对开展多次辩论。一年前，两人又分别作为两党的总统候选人展开激烈角逐。竞选议员，道格拉斯胜出；竞选总统，林肯获胜。而道格拉斯虽败犹荣，因为他的失败是由于民主党的分裂，林肯只以微弱的优势胜出。

道格拉斯有很多理由不服气，甚至可以看林肯当众出丑，发泄一下心中的积怨。然而，他选择了伸出援手。举手之间，彰显了道格拉斯的修养和气度，每个人的理念见解可以不同，但是宽容的气度和修养却是超越一切纷争的人生境界。

（二）什么是谦让

谦让是指谦虚地礼让、退让。谦让是一种胸怀，一种风度，一种智慧，它是一种适合大家的素养，更是一种修养。在我们这个年龄我们需要有谦让精神，也应该具备谦让精神。谦让能让人快乐，使人舒心；谦让能让人增长见识，使人见多识广；谦让能让人有好心情，使人时时快乐。谦让能铸造一个人的灵魂，谦让能使人修身养性，谦让能带来人与人之间的信任。

谦让是一种美德。谦让他人，会让你的人生多姿多彩，会让你赢得别人的尊重，会让你享受生活，获得友情，获得财富，更能获得逆境中伸出的援手。多一份谦让，让天空中多一份阳光，少一份黑暗；多一份谦让，让生活中多一份欢乐，少一份悲伤；多一分谦让，让人与人之间不再有隔阂，让人与人之间充满爱，和谐相处。

案例

梅兰芳拜师

京剧大师梅兰芳，不仅在京剧艺术上有很深的造诣，而且还是丹青妙手。他拜名画家齐白石为师，虚心求教，总是执弟子之礼，经常为白石老人磨墨铺纸，全不因为自己是位名演员而自傲。有一次齐白石和梅兰芳同到一家人家作客，白石老人先到，他布衣布鞋，其他宾朋皆社会名流或西装革履或长袍马褂，齐白石显得有些寒酸，不引人注意。不久，梅兰芳到，主人高兴相迎，其余宾客也都蜂拥而上，一一同他握手。

可梅兰芳知道齐白石也来赴宴，便四下环顾，寻找老师。忽然，他看到了冷落在一旁的白石老人，他就让开别人一只只伸过来的手，挤出人群向画家恭恭敬敬地叫了一声"老师"，向他致意问安。在座的人见状很惊讶，齐白石深受感动。几天后特向梅兰芳馈赠《雪中送炭图》并题诗道："记得前朝享太平，布衣尊贵动公卿。如今沦落长安市，幸有梅郎识姓名。"

梅兰芳不仅拜画家为师，他也拜普通人为师。他有一次在演出京剧《杀惜》时，在众多喝彩叫好声中，他听到有个老年观众说"不好"。梅兰芳来不及卸装更衣就用专车把这位老人接到家中。恭恭敬敬地对老人说："说我不好的人，是我的老师。先生说我不好，必有高见，定请赐教，学生决心亡羊补牢。"老人指出："阎惜姣上楼和下楼的台步，按梨园规定，应是上七下八，博士为何八上八下？"梅兰芳恍然大悟，连声称谢。以后梅兰芳经常请这位老先生观看他演戏，请他指正，称他"老师"。

案例中梅兰芳能谦虚礼让，尊敬师长，不以自己为名角而自傲，而是广泛拜师学艺，谦虚待人，因而成为一代梨园之翘楚。

（三）怎样培养宽容谦让的心态

具体说来，相互宽容的培养方法有如下几种。

1. 将心比心

将心比心，主要就是指理解他人、体谅他人。孔子说："己所不欲，勿施于人。"基督教义主张："己所欲，施于人。"这是从正反两个方面说明同一方法。

有一位中年妇女去医院输液。年轻的小护士为她扎了两次针也没能把针扎进血管里，眼见着针眼处泛起了青包。疼痛之时她正想抱怨几句，却抬头看到了小护士额头上布满了密密的汗珠，她微笑着安慰她说："不要紧，再来一次！"第三针果然成功了。小护士终于叹了口气，她连声说："阿姨，对不起，我真该感谢您让我扎了三次。我是来实习的，这是我第一次给病人扎针，太紧张了，要不是您的鼓励，我真不敢给您扎针了。"

中年妇女告诉她："我也有个和你差不多大的女儿，正在医科大学读书，她也将有她的第一位患者，真希望女儿的第一次扎针也能得到患者的宽容和鼓励。"这位中年妇女能将心比心，因而能给予年轻护士以宽容和鼓励。

2. 大事清楚，小事糊涂

清代杰出画家、文学家郑板桥说"难得糊涂"。其实，他是大事清楚，小事糊涂。据历史记载，北宋时有个宰相叫吕端，有人在皇帝面前说他马虎、糊涂。但宋太宗肯定地说："吕端大事不糊涂。"我们所说的大事就是大的目标、事业，或一些原则性的问题。所谓小事，就是日常一些琐事、小的摩擦、次要的问题。

一个人心中有了大目标，有了自己的原则，就不因小失大，不计较小的得失，不因日常的小摩擦而发怒。像民族英雄林则徐所说的那样"海纳百川 ，有容乃大"。

3. 严于律己

唐代文学家韩愈说"古之君子，其责己也重以周，其待人也轻以约"，即是说，古代有修养的人，待人很宽厚，要求自己则十分严格和全面。严于律己，在工作上身先士卒，一丝不苟，兢兢业业；在日常交往中以礼待人，守信用，与他人产生摩擦，先检查自己；在家庭生活中体谅家人，自己多干少说，生摩擦时主动退让。

一般说来，人际交往中，严于律己的人容易做到宽以待人。宽以待人的人往往更多地看别人优点，有“三人行，必有吾师”谦虚态度，而不是“看己一朵花，看人豆腐渣”，即使发现明显是对方错时，也能用“金无足赤，人无完人”的辩证观点对待。

五、主动沟通原则

（一）坚持主动沟通

沟通是一个信息交流过程，有效的人际沟通可以实现信息的准确传递，达到与其他人建立良好的人际关系，借助外界的力量和信息解决问题的目的。但是由于沟通主客体和外部环境等因素，沟通过程中会出现各种各样的沟通障碍，如倾听障碍、情绪噪声、信息超载等。因此，为了达到沟通的目的，我们必须首先认识到沟通中可能存在的障碍，然后采取适当的措施以避免障碍，从而实现有效的沟通。

沟通，本身就具备一个主动的行为，具备一种积极向上的气质，“沟通，无处不在”“沟通，从心开始”等，无不给人一种激越而温馨的感觉，这正是沟通的魅力所在。而更能体现沟通的独特魅力与巨大影响力，正是我们主动出击所进行的沟通实践行为。

人和人之间的沟通是互动的、对应的。在沟通中，我们总是期待别人承认自己、接纳自己、喜欢自己，从而满足自己的需求。你要别人爱你，你就要给别人爱你的理由。我们周围的人都是普通人，不是圣贤，人家为什么要喜欢你？为什么要做你的朋友？不可能没有原因。

坚持主动原则，给别人爱你的理由，就是先去爱别人。无论是情感定向的沟通，还是功利定向的沟通，要使沟通顺利的进行和延续就应该先从自己开始。当你成为别人的朋友时，你也就拥有了好朋友。你肯播撒爱的种子才能收获爱的果实。

“主动沟通”是一种积极而健康的心态，是人们在生活、工作、学习过程中形成的一种良好的思维习惯和行为方式。树立较强的沟通主体意识，不仅能够解决越来越难控制的心理问题引发的极端行为，而且对于我们每个人的身心健康都有积极的意义。

树立一种主动的意识，把沟通的观念深入内心，主导我们的思维活动，这样就会积极主动的面对生活中的风风雨雨、喜怒哀乐，进而不断地取得成功。

因此，无论是身居要职的政府人员，还是普通的公司员工都应该把自己作为沟通的第一发起人，有意识地、主动地去与人沟通。如果自视清高、孤芳自赏，不仅不能与人合作，还容易被人疏远，在工作和生活中很难得到别人积极主动的帮助和配合。

案例

在 MOTO 手机事业部有一个管理培训生，人很聪明，沟通能力也很强，通过层层筛选被确定为管理培训生，在日常工作中是被作为销售主管培养的。最初一段时间他的表现也得到公司的充分认可，他本人也信心满满。但是后来因为手机销售的周期性特点以及公司策略调整的因素，这个培训生所带的团队没有完成公司确定的月度销售目标，结果自然是被老板批评。

批评过后，这个培训生对自己的老板产生了成见：你就是不喜欢我，你对我的批评根本就不是有凭有据的，周期性特点大家都知道，公司战略调整我也没办法，我销售任务完不成，是必然的。

从表面上看，培训生的观点没有错：我很努力了，但是因为外界的客观原因造成我没有办法完成公司的目标，我有责任，但是至少没有功劳也有苦劳，你不应该这样批评我。但是我们想一想，为什么他会被批评？难道因为他老板真的不喜欢他？显然不是，如果我们是他老板，也一样会批评他。

为什么？

答案很简单：你做不到的时候为什么不和我说？你不说就一定是心存侥幸认为自己是可以做到的。批评的就是这样的心态。那么怎么去改正这样的心态呢？不要心存侥幸，要仔细分析目标达成的可能性，一旦发现有困难，就一定要和自己的老板做积极主动的有效沟通，让自己的老板明白，按照现在既有的资源和自身的能力，自己所承担的销售任务可能会完不成，要么老板调整业绩目标，要么老板需要提供更多的资源和支持。这个时候，是不是问题容易解决了？这是什么？这就是积极主动的沟通。

（二）不愿意主动沟通的症结

有趣的是，人都有“惰性、怯懦性”，都习惯于待在一个“舒适区”，而疏于主动的结交朋友、也不主动的与朋友联系。每个人都渴望认识好朋友，却吝于“先给予、先付出、先主动”伸出友谊之手。不愿意主动沟通通常出于以下几种原因。

1. 缺乏应有的自信

有些人自尊心很强，自己有什么要求、想法或建议很少主动告诉别人，怕别人不理解、不答应而伤害自尊。实际上，恰恰相反。自尊心过强是不自信的表现。工作生活中，想出一些新点子，自信的人马上会说出来与朋友分享或者马上付诸实施，而不自信的人反而左顾右盼、犹豫不前，从而失去很好的机会。

2. 过于孤傲自负

孤傲自负的人自以为是、孤芳自赏、不可一世，把自己看得高人一等，因而与他人交往时都不会采取主动的态度。

3. 性格内向甚至孤僻

这种性格类型的人不愿意与他人接触、待人冷漠，对周围的人有戒备心理。具有这种个性的人往往猜忌心较强，容易神经过敏。

4. 害怕承担责任

害怕承担责任，不愿意主动表态，以致于自己的想法不被领导或朋友所知。

5. 存在误解

对人际沟通存在部分误解，如先打招呼就会降低自己的身份，麻烦别人会使别人讨厌等。因此，在与别人交往中往往采取被动的方式。

（三）怎样培养主动沟通的习惯

实际上，主动沟通是一种生活习惯，只要我们在生活中有意识地培养自己的主动意识，就可以让自己走出这道“藩篱”。

1. 主动提供帮助

沟通良好的人首先是一个有爱心的人。“种瓜得瓜、种豆得豆”。生活中，每个人都难免遇上这样那样的困难，当别人遇上困难时，你能伸出热情的援助之手，你就会得到别人的信任。一个小小的帮助，并不需要我们有多少金钱、多大才能，也许就是一个会心的微笑，就能使人感到温暖。

2. 主动取得联系

建立“关系”的基本原则是不要和别人失去联络。现代人生活节奏加快，没有时间梳理自己的友情、亲情，时间久了，许多原本亲密的关系变得松懈，朋友关系逐渐淡漠，这是很可惜的。或许你曾经有过这样的经历，当自己遇上困难时，认为某人能帮助你，本来可以马上找到他，但转念一想好久没有联系了，冒昧求助可能会遭到拒绝。俗话说“平时多烧香，难时有人帮”，不要等到需要人时才想起他人。

3. 主动询问他人

对不清楚的事情要虚心向别人请教，不要自作主张、自以为是。

4. 主动反馈信息

沟通中经常存在信息不对称的问题，并不是所有人会向你主动提供信息和帮助，你必须积极主动地向对方反馈信息和解决问题的方法，对方得到你的有效信息后，才会乐意将他掌握的信息反馈给你。

5. 主动承担责任

要善于说出自己的想法，不要怕承担责任而束缚了自己的手脚。

总之，积极主动的沟通会让误会、怀疑、猜忌和敌意远离，让共识、理解、信任和友谊走近，从而能够共同分享工作、生活和学习带来的充实和愉悦。

六、互利双赢原则

人际关系应遵循互利双赢原则。互利双赢原则应该理解为人际交往中的相互支持、相互帮助、相互爱护的根本原则。这里面既包含了物质上的相互扶持，也包含了心理及情感上的相互慰藉和满足。

人与人之间的交往，靠语言说服别人与自己达成共识还是不够的，需有互惠观念，在互惠式的交流中，进一步加深双方的感情。

美国人际关系学专家 W. F. 吉格勒曾说：“你把自己最好的给予别人，就会从别人那里获得最好的。”在人际交往中，只有交往的双方都能从中获得某种需要的满足，这样才能建立和维系良好、健康的人际关系。

（一）互利双赢的方法

互惠原则告诉我们：要想别人对你友好，你先要向别人友好。投桃报李也是一种友好的表示，而且是自古流传下来的友谊原则。

要达到互利双赢的结果，方法很多，概括起来，主要有以下几种。

1. 合作法

合作法也称互助法，是交往双方为了满足各自的利益，在一定物质或精神上进行的相互协作。它能使合作的双方都得到利益。但是，合作也会产生内耗。协同论认为，内耗是事物处在某种无序或不协调状态下，其系统内部各组成部分之间的相互抑制和相互冲突，从而使各种有用力量相互抵消的一种现象。

减少内耗的根本途径是增强协调，协调好各方面的关系。在人际关系处理中，就是要做到人际间相互理解，形成相互之间的稳定性。

2. 竞争法

竞争法是指通过竞争，给竞争者们带来一定的压力或危机感，从而促进竞争者不断地努力进取，以取得经济、技术、文化等方面的进步。例如，几个员工为了争得最后的销售冠军，他们都必须认真、努力地工作，虽然最后只有一个人得到冠军，但平时的努力定能给其他竞争者带来进步。

3. 交换法

交换法是交往双方通过相互的交换，获得利益或好处的一种方法。交换包括物质交换、非物质交换，以及物质与非物质交换三种类型。物质交换在市场上是最为明显的，例如，我国南方人喜欢吃大米，北方人喜欢吃面粉，于是双方相互交换；非物质交换可以是情感传递、思想交流、信息沟通等，甲对乙笑，乙还之以笑，就是一种情感传递，使双方得到一种精神满足。学术讨论是一种思想交流。

物质与非物质的交换在个人之间不像前两种形式那样普遍，但是也时常发生。例如，甲送给乙一份生日礼物，乙致以谢意等。这种交换，双方互利的实际内容是不同的，一方是精神的满足，另一方是物质上的满足。

（二）互利双赢应注意的问题

1. 付出不图回报

人们常说：滴水之恩应当涌泉相报，那是指每个人都应该感激别人的帮助。当你帮助了别人，就不能只图感激、图回报，更不能为了得到回报而去帮助别人。所以，一定不要对每一个事都要求回报。哲学中讲有因必有果，但不一定有你所希望的果。

一位古代智者指出："送人银钱，随人用情之厚薄。一言之轻重，父不能代子谋，兄不能代弟谋。譬如饮水，冷暖自知而已。"这段话的含义是，给人家银钱，随便人家用情多少，不要去费心思细琢磨。这就像说话分量的轻重一样，做父亲的不能代替儿子思考，做哥哥的也不能代替弟弟掂量。它又如同饮水的时候，水的冷热就只有自己试探一样。

这位智者的话很有道理，因为在做人方面我们只要投入感情，就一定不要求回报。但如果一味地去计较别人回报的多少，那反而使本来很有意义的事情，变成以追求名分为目的的功利主义了。不图回报，反倒可享受到回报时的惊喜；图回报，只是多了回报不至或至而不足的忧虑与烦恼，孰是孰非，诸君自择。

2. 彼此互相扶助

帮助别人，也要接受别人的帮助。“投桃报李”是相互的，即双方互惠式的，不但要向别人付出，也要让别人有机会回报你。特别是当你受困时，如果朋友要帮助你，这时便不要拒绝，因为这或许是获得友谊的契机。让朋友帮助你，往往反映了你对朋友的挚诚态度，有的人就是因为不懂得这一点，所以失去自己的朋友。

接受别人的帮助，让别人首先获得“投桃”快乐，这也不失为一种交友之道。先接受帮助，再去回报他，这样还能使友谊更加牢固，达到情越结越浓，友越交越铁的效果。

案例

鳄鱼和牙签鸟的故事

鳄鱼是凶残可怕的动物，但它也会遇到困难。有一天，鳄鱼正吃“大餐”的时候，牙缝塞进了东西，难受得它马上没有了食欲，很长时间它都感觉牙齿不舒服，隐隐作痛。

这时飞来了一只小鸟，它有小巧的身子，尖利的嘴，此时正饥肠辘辘寻找着食物。可它身体太小，发现的食物总是被别的动物先抢走。鳄鱼齿缝间的食物残渣，在它眼里，如同上等的美食。

于是小鸟对鳄鱼说：“我叫牙签鸟，可以帮你把牙齿里的东西啄出来，但是我害怕你会把我吃掉。”鳄鱼想了想，回答道：“如果你能答应我以后定期帮我清理牙缝里的东西，我可以保证不吃你！”就这样，牙签鸟和鳄鱼达成了“和平协议”，随着时间的推移，它们变成了密不可分的“好朋友”。

人类是社会性的群居动物，没有一个人可以不依靠别人而独立生活，这本是一个需要互相扶持的社会，先主动伸出友谊的手，你会发现原来四周有这么多的朋友。在生命的道路上，我们更需要和其他的肢体互相扶持，一起共同成长。

七、适度距离原则

人际关系最理想的效果是既要密切，又要新鲜，彼此具有长久吸引的魅力。在现实生活中，若要使各种人际关系都能保持较好的状态，那就需要双方有一个恰到好处的距离。古人最早感悟到人际交往需要保持一种若即若离的距离，庄子曰：“君子之交淡如水，小人之交甘若醴。君子淡以亲，小人甘以绝。”君子之交，是指朋友之间有个适当的距离，但心灵相通、心心相印。

现代管理学中有著名的“刺猬理论”，说的就是两个相互取暖的刺猬，若靠得太近会相互刺伤对方，太远又起不到取暖的效果。运用到管理学中，指的就是上下级之间、同事朋友之间应该保持一定的距离，给对方一定的私密空间。

1. 与朋友保持适当距离

好朋友是需要距离的。人从小到大，都会交一些朋友，这些朋友有的只是普通朋友，但有的则是可称为“死党”的好朋友。但是我们也常发现，一些“死党”到后来还是散了，有的是“缘尽情了”，有的则是“不欢而散”，无论怎么散，就是散了。人能有“死党”是很不容易的，可是散了，多可惜啊！而“死党”一散，尤其那种“不欢而散”，要再重新组“党”是相当不容易的，有的甚至根本再无见面的可能。

人一辈子都不断在结交新的朋友，但新朋友未必比老朋友好，失去友情更是人生的一种损失，因此我们强调好朋友要“保持距离”。人之所以会有“一见如故”“相见恨晚”的感觉，之所以会有“死党”的产生，是因为彼此的气质互相吸引，一下子就越过鸿沟成为好朋友，这个现象无论是异性还是同性都一样。

但是，再怎么相互吸引，双方还是会有差异的，因为彼此来自不同的环境，受不同的教育，人生观、价值观不可能完全相同。当二人的“蜜月期”一过，不可避免地会出现摩擦，于是从尊重对方开始变成容忍对方，到最后成为要求对方。当要求不能如愿，便开始挑剔、批评，然后感情结束。

所以，如果有了“好朋友”，与其太接近而彼此伤害，不如保持距离，以免伤害！

2. 与领导保持恰当距离

关系学表明，保持适当的自由空间，可以使关系融洽、长久。一旦人与人之间越过了那道本能的安全防线，为了各自利益，相互摩擦就会接踵而至，矛盾会被激化，危险系数会越来越高。和领导保持适当距离，是为了明哲保身。

领导是受人关注的对象，一旦你在领导身边，你就会自然而然地成为关注对象，有羡慕的、有嫉妒的，也有通过你打通领导关节捞取好处的。这样一来，你就会把自己逼近死角，左右为难、郁郁寡欢，成为争权夺利的牺牲品。所以，要和领导保持适当距离，不要为贪图一时的便利，逞一时的威风，最终为自己带来无穷无尽的烦恼。

3. 与下属保持适当距离

有不少管理者喜欢同自己的下属保持很密切的关系，这本来是好事，但是需要注意把握程度，保持适当的距离。由于人与人之间的距离越近，彼此对对方的要求就越高，一旦要求高到一定程度，你就会做不到，对方也会做不到。做不到，就会形成伤害，这时，你反而得不到下属的拥戴了。

那么与下属之间的距离该怎么把握？这是无法度量、不好把握的。但是，只要不要突破这两大底线，领导与部下之间的距离应该就是合适的。

第一条底线，不占下属一分便宜。管理者同属下之间不可能不发生经济往来，一起餐饮消费，到员工家里坐坐，吃吃饭、聊聊天，都是免不了的。需要注意的是，在这类情况下不能占部下一分便宜，员工往往希望你不分你我，但是管理者不能这样，经济上不占下属便宜，其他的便宜也同样不能占。

第二条底线，控制好倾诉的欲望。每个人都有倾诉的欲望，作为管理者也一样，有了高兴的事情，有了烦恼、郁闷，也需要向人倾诉，把快乐加倍，把痛苦减半。管理者可以向家人、朋友、上级倾诉，唯独不可以对下属倾诉。一旦你进行这样的倾诉，你同属下之间的距离就太近了。从我们成为管理者的那一天起，我们就要有思想准备。什么准备？“高处不胜寒”，这个“寒”指的就是孤独，管理职务越高，可倾诉的对象，就越少，越孤独。

案例

王欣和琳娜是好姐妹，两人是同乡，年纪喜好非常接近，但都喜欢吃湘菜，喜欢看电影。更巧的是，两人又同时应聘到同一家公司工作。两人中午一块去吃饭，周末一块逛街。两个人的关系越来越亲密，彼此也成了对方的心理依靠。

几个月后，王欣的销售业绩很好，职位也有所提升，作为好友的琳娜也很高兴。随着职位的升高，王欣的烦心事越来越多。吃午饭的时候，王欣开始谈论一些同事的话题，有时候，王欣会抱怨部门其他的同事，抱怨他们拖后腿，不能完成公司的销售目标。而琳娜呢？只做个忠实的听众，从不发表意见。她也从不把自己的心事说给对方。

两个关系很亲密的好姐妹，谁也没有想到她们的中间也会出现裂缝。

一次，两人因为一个客户发生了口角，她们都认为这个客户应该是自己的。刚开始的时候，她们还能心平气和地说，到后来两个人都抑制不住心中的怒火，竟然吵了起来。让王欣没有想到的是，琳娜把以前王欣给她说的那些抱怨全抖搂出来。

王欣愣住了，她怎么也没想到自己最好的朋友，此刻会拿自己的秘密作为撒手锏。又羞又愤的王欣，只得把客户给了琳娜。后来，王欣听大家说琳娜在背后说自己的是非，不愿意再和她来往，最后王欣不得不选择辞职离开。

想做办公室的赢家，一定要守口如瓶，不可轻易与人推心置腹，即使是最好的朋友，也不能口无遮拦。

古人云，君子之交淡如水。在今天，同事之间也应该做到“同事之交淡如水”。与人相交，不可投入过多的感情，在他情绪低落的时候，可以在身边安慰，在他生病的时候，可以照顾关心，给予真诚的问候，但推心置腹是不可取的。保持适当的距离，这才是职场的中庸之道。

八、择善而交原则

择善原则是指在建立和发展人际关系时，不能盲目从事，而要有所选择地进行。初入社会的年轻人应该多与比自己强的人交往。这并不是说，你应当去和比你有钱的人交往，而是说你应当和那些人格、品行、学问、道德都胜过你的人交往，使你能尽量吸收到种种对你生命有益的东西。这样可以提高你自己的理想，激发出你对事业的更大渴望来。

在和一个人格伟大、意志坚强的人互相交往接触的时候，他会挖掘你身上存在的许多潜能，你会不知不觉地感到自己的力量突然增加，自己的智慧突然提高，自己的机能突然锐利，仿佛自己以前意想不到的隐藏生命中的力量都释放出来。你的个人生活或职业生涯中，与你交往的人无论从认识还是行为方式上，都能对你造成深远的影响。

仔细在内心分析每一个与你交往的人，认真思考你的每一段友谊、工作中的人际交往，以及你在任何其他场合产生的人际关系，那些同你有关系的人都会对你的思想产生意义重大的影响和冲击。

在发展人际关系上，成功人士总是尽力避免同那些可能阻碍他们成功的人打交道。其中包括那些缺乏幽默感或心态消沉的人、那些总是试图改造别人的人、那些苛刻挑剔的人、那些浪费他们太多时间的人。同时，他们也拒绝那些不守承诺的人，那些猥琐、不诚实或自私自利的人，以及那些总是作威作福的不可一世的人。

择善而交是避免祸灾和提升自己品行的最关键的法则之一。坚持择善原则是一个过程。按照择善原则建立起来的人际关系到底是否真善及其善的程度，需要一个检验的过程。有时，最初自认为建立的是善的关系，但到头来，却被证明是恶的；而且即使是善的、最佳的人际关系，由于各种原因的影响、各种条件的变化，也会变成恶的、不佳的。

在这种情况下，不得不“二次”择善。特别是在发现建立的是非善的人际关系或者由原来善的变成恶的人际关系时，更应当当机立断地抛弃。否则，当断不断反受其乱。

【本章小结】

本章内容主要讲述人际沟通的基本原则。人际关系是一种错综复杂的社会现象，其存在和发展受多种规律所支配。原则也是多种多样的，本章重点介绍了以下几种原则：互相尊重原则、诚实守信原则、平等待人原则、宽容谦让原则、主动沟通原则、互利双赢原则、适度距离原则、择善而交原则。

人际交往是一门艺术，有原则、有方法、有技巧。一个人原则用得好，方法用得恰当，技巧用得灵活，会有好的人际关系；反之将一塌糊涂。因此我们在人际交往中要学会遵循这些基本的原则。

【复习思考题】

1. 人际交往的基本原则有哪些？
2. 怎样理解与人交往中坚持诚信的原则？
3. 如何理解互利双赢原则？

【案例分析】

案例一

小王在一家公司工作了几年，他喜欢跟别人沟通，你给他一份真诚，他会加倍还你。一碰到跟他掏心窝子的人，他会把内心的边边角角都翻出来晒个痛快。可是前段时间他很烦恼，情绪低落。起因是公司新来一人跟他坐在一起，就直述自己的悲惨遭遇，小王好像是他在这个世界的唯一一个倾诉人，是前世注定的缘分。几天的形影不离，一个孤独无助的人等待帮助。小王哪里架得住这个阵势，一下子没有了距离感，把公司上上下下的关系给那人说了个遍。

跟知己聊天，会掺进自己的主观感受，小王把自己跟所有人的细微距离，也跟这个人全部抖搂出来。不想过了一段时间，有些同事开始用异样的眼光看他，尤其是那些平时就有点疙瘩的人。接着他看到跟他形影不离的那个新人，开始跟他有了距离，常常跟他相处不太和谐的人搅和在一起，嘻嘻哈哈。渐渐地他先前跟那人说过的话，开始在公司里流传，有些人还来跟他对质。一种不友好的氛围让小王心灰意冷。

案例二

孔子最得意的弟子当属颜回，而墨子最得意的是耕柱。两者不同的是，颜回经常受到孔子的褒扬，而耕柱却时时遭到墨子的责难。这也许也反映了孔墨两人在教育方式上的不同之处。

一次，当墨子正对耕柱发火时，耕柱实在无法忍受了，他对墨子说："老师，你总是经常对我发火，难道我真的就一无是处吗？"墨子没有直接回答他的问题，而是举了一个例子。他问耕柱："假设我要去太行山，用良马驾车好还是用羊驾车好？"耕柱回答："当然是用良马驾车啊？"墨子问其故，耕柱回答："良马可以担当这样的重任，值得驱遣。"墨子微微一笑："我之所以一直责骂匡正你，就是因为你是一个值得担当重任的人啊！"

问题：

(1) 案例一体现了人际沟通的什么原则？请结合案例分析一下。

(2) 案例二体现了人际沟通的哪些原则？请结合案例分析一下。

(3) 案例一、案例二对你有何启示？

【实践课堂】

连点游戏

目标：

(1) 说明大多数人是具有竞争性的。

(2) 训练团队协作。

(3) 寻求问题的解决方式。

游戏过程：

告知所有学员他们要做的是个小游戏，让每人选择一位同伴组成小组，分发给每个小组一张带有许多黑点的图片和笔。讲述任务：每组中第一位组员首先将两个横向或竖向的黑点相连，小组中第二位成员依样连点，但必须接着前一位所连线的任一段。然后再由第一位组员继续完成相同的动作。

在游戏过程中，整个线条的首尾不能相连。如有必要，可以出示样图。游戏时间限定于 2 分钟左右。当所有人完成游戏，看看哪个小组的哪位成员连的点最多。一些人在描述中会提到诸如输、赢这类的问题，而这些在游戏开始时并没有提及。然后讨论，为什么他们会将一个简单的游戏看作是一个竞赛。还可以进一步探讨如假设、团队合作等问题。

讨论：

(1) 为什么人们会假设这是一个竞赛？

(2) 我们能否得到双赢的结果？

(3) 在工作中有类似情况吗？

第四章

人际沟通障碍与沟通技巧

学习目标

知识要点：

1. 了解影响人际沟通的主要障碍有哪些；
2. 掌握人际沟通的主要技巧。

技能要求：

1. 在了解沟通障碍的基础上，理性分析有可能出现的沟通障碍情况；
2. 能灵活运用沟通技巧，并不断总结经验，提升自身沟通能力。

引导案例

小丽今年31岁，大学文化，公务员，未婚。从小性格较内向，听话，在大人眼中是个乖孩子，让父母放心。但父母对她要求较严格，特别是上中学后，除了对学习要求很严，还很在意她与男孩子的交往，经常告诫她不要与男孩子来往，偶尔有男同学打电话来，总是盘问半天，假期里的活动如果有男同学参加，一般都不会让她参加。事实上她与男孩子的交往并不多，大约从上初中开始，看见了男孩子就脸红，紧张，不知说什么好，有些手足无措。

上高中时，暗恋年轻的英语老师，见了该老师，尤其紧张，害怕与该老师眼神接触，后来英语成绩也下降了许多。上中学和大学时，都有男同学明确表示喜欢她，但都因为紧张、恐惧而不敢与他们交往。工作后这种情况更为严重，见了年轻的异性就紧张、恐惧，很少参加单位里的活动。

近几年来，不断有人为她介绍男朋友，一般情况是不见，实在推托不了，勉强见了也往往弄得别人很尴尬。近半年来，甚至见了人都觉得害怕，不愿意与人交往，下班后就自己在宿舍看书、看电视。吃不好，睡不好，自己也对自己的这种状况不满，多次想寻求心理咨询师的帮助，但又很害怕，后来在父母的再三鼓励下，自己前去咨询。

心理咨询师了解到：上小学前的那个夏天，父母带她回山东老家，一次在与堂哥、堂弟的玩耍中，堂弟要求看看她与男孩子有什么不同，她不知道为什么就同意了，结果她让堂哥、堂弟看了自己的下身，自己也看了他们的生殖器，甚至还好奇地互相摸了摸。当天晚上母亲知道了，责备她怎么那么坏，还狠狠地打了她的屁股。后来她就忘了这件事，初中讲生理卫生课时，突然想起此事，觉得自己不纯洁、下流，自己很坏。并且从此经常想此事，害怕别人知道。上高中时暗恋男老师，觉得自己不纯洁，不敢看老师，不敢与老师交往。上高中和大学时，症状有所加重，主要是担心和害怕。

工作后上述症状没有减轻，反而越来越重，以至于最后连同性都害怕了。这种担心与害怕严重地影响了她的工作和生活，工作岗位调整了多次，领导和同事都很有意见，多次批评过她。她为此也很苦恼，30 多岁了还没有结婚，出现这种情况根本没法找男朋友，本意上她也愿意与他人交往，可就是害怕他人知道那件事，害怕他人从自己的目光中看出自己的不纯洁，看出自己很坏，所以就特别害怕与他人目光接触，害怕与他人交往。

案例中的小丽在人际沟通中陷入困境，沟通障碍严重影响了小丽的生活和工作，到底该如何让小丽从这种沟通困境中走出来呢？

从主观上讲，谁不想有一个好的人际关系环境，可是，到头来总是不尽人意，回想每段人生的历程，总是“欲说当年好困惑”。为什么？影响人际关系的“障碍物”在作怪。影响人际关系的“障碍物”种类很多，主要有心理障碍、语言障碍、情绪障碍等，要想前进，就要学会“跨越障碍”，掌握沟通技巧，这样你就是一个成功的交往者。

通过本章内容的学习，我们应明确沟通过程中可能出现哪些障碍，以及如何排除这些障碍来，从而提高沟通效果，更要掌握一定的沟通技巧，从而提升自己的沟通能力。

第一节 人际沟通障碍及克服技巧

人际沟通是指两个或两个以上的人之间的信息沟通。由于受沟通者自身素质或外在因素影响，造成沟通失败或误解是常有的事，要有效地沟通就要克服这些障碍。造成人际沟通障碍既有有形的也有无形的，包括生理、心理、语言、环境等多方面的因素。

一、心理障碍

人际关系是一种建立在心理接触基础上的社会关系。所以，在影响人际关系的因素中，心理障碍产生的影响较大，也更加直接。

我们在这里使用的心理障碍一词，与变态心理学中的心理障碍是有区别的，在变态心理学中，心理障碍指的是一种病态心理，如人格分裂、幻听、幻视等。它影响人们的正常生活和工作，这种意义上的心理障碍当然也是影响人际关系的，但我们是在正常人的范围内研究交际问题。

因此，我们假设参与交往的人都是具有正常心理的人。至于心理变态人们的交往，则是变态心理学或精神医学研究的范围，在本节内容中，我们是在更广泛的意义上使用心理障碍这个概念，即凡是影响人际交往的心理因素，都在心理障碍之列。

有很多人在人际交往时，会出现见生人脸红，与领导讲话结结巴巴的情况，有的人甚至千不怕万不怕，就怕当众讲话，这些都是心理素质差，缺乏锻炼的表现。有效的沟通很大程度上依赖于良好的心理素质。还有很多人存在某种程度的心理障碍，如嫉妒、猜疑、孤僻、自卑等，这些不但影响人际沟通，对整个人生都有严重影响。

（一）羞怯心理障碍

怕羞是人们交往中一种常见的心理障碍。这里的羞怯是指人在沟通过程中常感到紧张、脸红、语无伦次或过多地约束自己的言行，不能清楚表达自己的思想感情，以致无法充分表达自己的思想感情，阻碍了人际关系的正常发展。

1. 羞怯心理的产生

羞怯的形成主要是在后天，是在家庭、学校和工作环境中逐步形成的，一般来说，由浅入深表现为紧张、难为情、脸红、逃避。

怕羞的人或有怕羞体验的人一般都知道，遇到长者、领导或在公众场合，就会感到紧张，而且自己越是想消除紧张则越紧张。难为情就是我们通常所说的不好意思，譬如要求别人还钱，在中国人看来是相当不好意思的事情，因而总是拐弯抹角地暗示对方。

比难为情更进一层的就是脸红。羞红了脸是怕羞最常见、最引人注目的表现之一。由于脸红的表现特别明显，常常使怕羞者对此深恶痛绝，恨不得把自己的脸蒙上，甚至挖个洞钻下去，也就是产生了逃避心理。逃避是怕羞的最严重表现。

有的人害怕与人交往，于是把自己封闭起来，遇到熟人就躲开，碰到抛头露面的场合就往后缩。总之，采取逃避、不与人接触的方式，避免与人交往中尴尬场面的出现，其结果是：越逃避，社交能力越差，与人交往时也就越怕羞。

怕羞的人在思维方式上易偏颇。一般来说，对同一件事情，从这个角度看令人感到愉快、舒坦，而从那个角度看则让人觉得悲哀沉重。怕羞的人总是容易选择后一种角度。

2. 羞怯心态

在人际交往中，怕羞的人往往表现出两种心态。

（1）特别在乎别人的评价，生怕在众人面前讲话一旦讲不好被人耻笑。

（2）由于特别在乎别人的评价，导致与人交往时过分地自我关注，患得患失心理严重。

持有这两种心态的人，在人际交往时，往往虚荣心特别强，过分注意别人的评价，以别人的评价为取向。自己的行为言语依赖别人的评价，没有绝对的把握不敢付诸行动；当然也不敢冒风险，害怕自己的言行受人耻笑。时间一久，便羞于与人交往，更不敢在众人面前讲话，严重影响人际关系的和谐。

3. 如何克服害羞心理

1）树立自信心

既然害羞主要并不是天生的，它就可以克服。克服害羞心理的前提，是害羞者首先要自信。树立自信才能使害羞者鼓起勇气，迈出勇敢的第一步。

2）理性对待他人的批评

要想改变自己的害羞，必须有基本的理性态度。现实生活中，他人的批评是不可避免的。我们对于他人提出的批评不应过于在意，而是以理性的态度、开放的心情去接受，这样就不会留下阴影。

3）转移注意力

害羞者总是过多地注意自我，应知道交往并非表演，不必太在乎自己的表现，往往是越在乎，就越觉得拘谨。试着将注意的中心转移到对方，聆听对方讲话的内容。体会对方真正的含义，这不仅会避免因过度注意自我而导致害羞，还会因你的认真和专注使对方体验到被尊重的感觉，从而对你产生良好的印象。

4）预演角色

对部分害羞者，预先扮演角色，做好准备工作可能是个不错的建议。进入实际的交往情境之前，比如要与人谈话，可以提前预演角色，自己要说的话有哪些，该怎样说等事先琢磨好，而后有备而去，害羞程度自然会减轻。

5）学会放松

最后，减轻由害羞引起的焦虑。害羞者应学会训练自己放松，当放松的反应强度超过害羞引起的焦虑时，害羞的色彩便淡化了许多。

当我们如此调整心态后，在行为上就应该大大方方、不畏手畏脚了，也能正视自己在交往时可能出现的紧张状态，其实是一种正常心理状况，因而不必担心害怕，对任何事情都能泰然处之。

案例

从害羞者走向职场达人

曾经有一次，我进到一个派对会场，看到还没有一个朋友到场，那时的我并不是马上融入人群，而是为避开与陌生人的交流，一个人躲到厕所里面去自我消磨时间。说来实在羞愧，这却是我曾经做过之事。

对于一个羞涩的人来说，与陌生人的交流无非是一种能引起胃痛的不安体验。而我曾经就是这般。不过，历经多番训练，如今的我已经能掌控自己的心情，可以愉悦地和陌生人交流了。

我天生胆怯，从小都是母亲庇护下的孩子，虽后来随着年纪渐长话也见多，但与初见之人交谈会心生恐慌，直至长大成人亦是如此。原本性格胆怯也不是什么大问题，但在感觉到这已经影响到日常生活时，我是多希望自己能改掉这羞涩的性格呀。

其实并非有什么让我突然醒悟，或者有什么契机让我下定决心去跟羞涩告别。我是慢慢转变的。只是在遇见问题时学习了克服问题的方法而已。

比如，工作之初，工作中遇到了小小的会计问题，客户资料上的数目无法对上，那时我并没有去问上司该怎么做，而是想凭自己能力将那个问题处理好，那时并非对工作不安，也不是担心失败，而是害怕上司(其实是个非常优秀大气的人，现在想想真是可笑)就因为自己是个害羞者，当时什么都没说。然后，那个小小的会计问题发展成了需要数日才能解决的大问题。要是一开始就报告的话，或许只是让大家稍费点心，不过马上就能解决掉，但事实是发展到无法收拾的地步，真是让我无地自容。

在别的职场，我也是和谁都不说话。面向办公桌只专注自己的工作，希望周边的人都别在意自己。大部分时间他们也是不在意我的，不过有些活跃的同事会悄悄地说我是“装清高”。当然，这对我是打击。我并不是鄙视他人，只是害怕他们。当我询问为何要这样说我时，她回答说：“谁让你跟谁都不说话。”由于我的害羞，让同事产生了对我的误解，我认为这大大不可。

我慢慢克服害羞的方法

在这里我想告诉有同样性格的朋友，学会这几个技巧，害怕交际的情况肯定会越来越少。以下是效果明显的诀窍。

即便是害羞者，也无须压抑自己。

从本质来说我属于内向型，不过不能因此就判断我是个害羞者。这两者间区别是很大的。要是能理解可以养成克服害羞性格的习惯，也就能接受自己的社交能力可以磨炼，这算是一个大的飞跃了。

我不能做到活跃气氛，不过经过努力可以做到开展话题并讲一些自己的事情。其实我曾有个坏习惯，喜欢掰手指并发出声响，那不太像我，不过这只是个动作而已。我想若是我能将这个坏习惯改掉的话，我的害羞性格也必然能克服。

不只是自己的问题

害羞者常常会过度考虑自己的行为或回答。于是，我也曾经常考虑别人对自己的看法，或像是被什么上身似的对自己的言行全部进行反省。有没有说什么奇怪的话，当时没有说什么带攻击性的话吧，如今都还在思考着。甚至在与新朋友一起游玩过后，还经常对游玩中说的只言片语来个重复咀嚼。然后当发现了可能会让对方困扰或者误解的话时，就开始自责起来。

曾经的我经常如此，然后源于此，自己就变得更加害怕社交。不过，好朋友给了我很有冲击性的一句话："这样说虽有点失礼，不过我告诉你大部分的人，不会如你想象般在意你的哟。"他这样一说，我发现自己是有点自我沉醉了。不过，说实话，想到他人对自己的一言一行都十分在意的话，是有点以自我为中心的嫌疑了，不过事实上别人并不是那么在意自己，这样一来，我倒是非常安心了。

就算有人对我说了让自己困扰的话，我也不会因此就认定对方不好，而是认为自己或是误解了对方的意思，或是认为对方表达的意思并不是字面意思，或者就干脆一笑而过。人人都会偶尔说出一两句傻话，对此几乎所有人也都能理解。因此，开口前需要经过一番思虑，不过话出口后要是过分纠结也只是徒增烦恼而已。

概括起来，就是我学习到了一个道理虽然自己不够聪明，但是别人并不会像你自己在意的那般去看待你的缺点。着迷似的去纠结一件事只能让自己心情不爽。

直面考验，通过小事提升自己

我开始承认自己的害羞性格是一切事情的诱因。感到羞耻的话，就应该暗示自己时时在直面需要社交的考验。这样一来可以集中注意力面对那样的考验，效果很明显。

我为了克服这种害羞性格，积累了很多小事。初出校门踏入的职场，办公室满满都是人。回想当时每天早上想起要去上班就开始不安。当时，我给自己布置了每日课题。发誓每天都要神清气爽地进入办公室后跟大家说"早上好"。这样坚持一段时间后，就变得习以为常了。变得不再害怕，还因此跟身边同事都相处融洽。

以下记录的是，除此之外我还制定了一些小阶段目标。

在工作中若是有疑问，不要发些消极电子邮件或跟自己说等下次见到那个人时再问吧。我做到马上起身去询问（不过，只限对方不忙时）。

以前在休息室遇上某人时，会由于胆怯躲避对方，严重时干脆回到自己的位置上等待对方离开，不过后来我会跟他说"最近怎么样?"这样的话了。确实，对方也会毫无悬念的回答我，虽然也会冷场，不过不再如以前一样考虑那些事儿了，仅仅是一句"最近怎么样?"的招呼语就能让话题集中。

此外，我还通过学习辩论、学习聊八卦等来让自己不再害怕和人交流。现在我还在努力学习该怎样对待这些问题，尽管待在自己的壳里感觉很棒，不过通过利用这些技巧，做到能轻松钻出自己的壳来探探外面的世界也是极好的。

（二）自卑心理障碍

自卑是人们对自己的能力做出过低评价的一种心理感受，是一种消极的自我评价。如果一个人长期处于自卑心理状态，就会影响学习、生活和工作，束缚自己的创造才能和聪明才智。

不少人在办事时常有这种心理：既想找别人办事，又怕被别人拒绝；既想在别人面前谈些自己的观点，又怕被别人耻笑；事先想好了许多话，可一站在对方面前就全忘了，仿佛大脑忽然变成一片空白，一个词也没有，一句话也说不出来；事后，之前准备好的那些话却又一一再现，而且思维也开始活跃起来，这时，他们后悔刚才自己为什么如此窝囊。这种心理现象一般都是自卑感在作怪。

具有自卑感的人，常常丧失上进心，抓不住发展自我的机遇，人生不能达到应有的成功。

1. 自卑感形成的原因

自卑感形成的原因一般有以下几个方面。

1）客观原因

所谓客观原因，主要是指家庭出身贫寒，社会地位背景"卑贱"，生理上有缺陷，比如患有残疾、身材矮小、长相丑陋或智能低下等因素。

2）主观原因

这类人往往不能正确地认识自己，把自己看得太低，太在意自己的弱点和不足，认为自己处处不如别人。这种人只看到自己的缺点而忽略了自己的优点，习惯拿自己的短处与别人的长处比，久而久之就会形成自我评价的恶性循环，使自己越来越畏惧社交。

3）遭受挫折

有的人在遭受挫折后，特别是一个人在同类事情上多次经历失败，就往往变得消极悲观，就会强迫他接受自己无能的观念。尤其是性格内向者，一些微弱的挫折，就会给予他难以忍受的打击，使其变得自卑。

4）周围人的评价

人的自我评价受外部评价影响很大，如果他得到的外部评价不高，则容易有自卑感。

5）气质性格

不同气质、性格的人对同一事物有不同反应。内向特征的人对事物感受性较强，对事物带来的消极后果有夸大倾向，而且不易将消极体验及时宣泄。当遭受挫折后，倾向于把失败原因归结为自己的无能，这类人容易产生自卑感。

6）社会化过程出现了问题

任何人都不是天生就有自卑心理的，人们会不会产生自卑心理，取决于在社会化过程中能否形成正确的自我意识。人们在社会化过程中，如果受到过多的消极文化氛围的影响，就有可能形成不正常的心理。

例如，中国传统文化中的妇女观，是旧中国女子比男子容易产生自卑心理的文化根源。又如，父母对子女的养育态度与孩子自我意识的形成密切相关，过于严厉苛刻的父母容易使孩子从小就产生自卑心理；受人喜爱的孩子从小就感到自己是善良、聪明的，因此才获得别人的喜爱，于是他就尽力使自己的言行实符其名，造就自己成为自信的人。

2. 自卑心理的调适

自卑心理的调适应注意以下几点。

(1) 要树立自信心，看到自己的优点和长处，纠正过低的自我评价，多想想自己成功的经历。在潜意识中少用“不可能”“不行”“不好”“没办法”“不要”之类的词，多用“说说看”“试试看”等词句，只要你立刻按照上述方法去做了，你的生活肯定会有一百八十度的转变。“丑小鸭”终会变成“白天鹅”。

(2) 积极行动，方能成功。勇敢地迈出交往的第一步，一次有效地沟通会使你打破沟通的神秘感，增强自己对沟通的自信；多次成功的体验，会使你对沟通形成条件反射，学会自然大方地与人交往。

(3) 善于外部归因。外部归因就是把事情的成败归结为客观的、暂时的原因。善于外部归因的人，遭到失败时首先想到的不是自己的无能，而是怎样从现实中找出新的有利于问题解决的因素，再一次尝试。如此一来，是不会轻易有自卑感的。

(4) 时时激励自己。如何激励自己，介绍你一项非常有效而简单的工具，这就是日常所用的镜子。假如每天清晨醒来时，能够对着镜子重复三遍以下的话：“我是一个有用的人，我有极高的才能和天赋，这必须要感谢上天，它使我有健康的身体与坚毅的精神，对他人富有同情心，我具备如此多优点，我一定会成功的。”一股无形的力量便会激发你心底的潜能，使它充塞于你的全身。专心地对着镜子试做这样的“热身运动”，这就是克服自卑心理的秘诀。

自卑并不可怕，只要我们能正确对待，就不会给我们的沟通造成很大的障碍。拿破仑年轻时曾为自己的身材矮小和家庭贫困而自卑，后来在生活的磨砺下，他不断成长，凭着出色的沟通能力，统领法国几百万大军，终于创造了一个帝国。

林肯是美国伟大的总统，然而他出身农村，9岁失母，只有一年的学校教育，这些都曾使他自卑过，以至于他的第一次演讲没讲完就跑下了台，后来他努力实践，用他的自信征服了选民，登上了总统的宝座。这样的例子比比皆是，只要我们有心克服自卑，沟通是会成功的。

（三）恐惧心理障碍

很多时候，当我们身处恐惧时，使我们更加恐惧的并不是生活中的某些事物，而是指导我们行为的思想。

恐惧是人类的一种原始情绪，是指个人在面临困境并企图摆脱但却无能为力时所产生的情感体验，常常伴随有明显的外显行为动作，如尖叫及其他预示危险的面部表情等。

人际恐惧感系指人的心理在交往时出现的带有恐惧色彩的情感反应，如紧张、手足无措、出冷汗、声音战栗、身体发抖等。这些反应泛化到交往情境中，个人会体验到情不自禁地紧张、不安与恐惧，明显影响正常交往，竭力避免参加公共活动，回避与他人的交往，重者与他人隔离，与外界隔离，自我封闭起来。

恐惧感中的紧张、不安成分与羞怯有相似之处。但在情感强度和实际的交往情境上，二者有所差别。我们的恐惧感可能是因为我们认为对方过于强大，具备控制我们的能力，也可能是因为我们对对方抱有某方面的期望，担心自己做得不好，对方会对我们失望。在情感强度上，恐惧显然会高于害羞，在交往情境上，对于新手而言，更容易产生的是羞怯。

1. 恐惧感产生的原因

恐惧感产生的主要原因有以下几点。

第一，对安全感的过分追求。交往恐惧者往往较敏感，过分关心自己在他人心目中的形象和他人对自己的评价，这或许是引发恐惧的根本原因。

第二，挫折经历。有些人在某一次的自认为非常重要的交往中受到一次较大的刺激，产生了恐惧的情绪体验，继而形成条件反射，并逐渐泛化，形成一遇交往甚至一提交往就感到恐惧的不正常心理状态。

第三，认知偏差。许多人的交往恐惧可能是因为，把即将要做的事情看得过重，或把即将要见的人看得过高。这种对即将面对的事实的态度，使恐惧者顾虑重重，过高地估计了事情的严重性。

第四，个性品质。有些人的交往恐惧可能与自身气质特征有关。抑郁型气质的人，往往有一些自卑，举手投足不免显得畏畏缩缩，原本其交往量就不多，还会因不良的情绪反应，致使他人观察到他的恐慌等外显行为，胆战心惊的情绪体验使他慢慢放弃了与他人交往的念头。

2. 恐惧感的调适

调适恐惧感可从以下几方面努力。

1）正视恐惧

欲调节恐惧感，首先要明确造成这种恐惧的真正原因何在。恐惧者中有许多在痛苦体验着忐忑不安的特殊情绪，但实际上，他们往往很少能直面自己恐惧的内容，也就是说，不能清晰地认识到让自己恐惧的是什么东西，这时，这种恐惧感以莫名的方式笼统但实在地存在着，只要能鼓起勇气正视它，便能找到恐惧产生的最初原因。

或许实际上通常的情况是，恐惧并没有什么针对性的内容，如嘲笑、讥讽乃至暴力等，这些遭遇在每个人的社会生活中都可能出现，因而对具体的每一个人并没有什么特别的威胁。这是必须迈出的第一步，有很多人的恐惧会在第一步之后便荡然无存了。

2）改变个性中不利于人际交往的品质

在一定程度上可以说，个性的不良是交往恐惧得以存在和蔓延的前提条件，个性得不到改善，交往恐惧无法彻底根除。如前所述，抑郁型的人常常对自己的举止言行过于敏感，生怕在交往中被他人嘲笑、点评，故而在交往之前就已经受到自己构想中的外界压力的重压，当然会在交往时如临大敌，异常紧张，手足无措。

这样的表现从他人那里得到的反馈信息必然会令人失望，更糟的是，抑郁型的人对这种反馈又特别敏感，这又加重了其紧张程度，恐惧情绪就这样由交往前到交往中形成了恶性关联，最终导致躲避和封闭。

3）积极参加交往

对于恐惧者尤其应更充分地认识到交往的意义，交往是增长才智、了解社会、把握人生的有效途径，是适应现代生活的必要技能，自觉要求甚至强迫自己参加交往。对交往意义认识不足，没有掌握基本技能，使恐惧者似乎总处在失败的边缘。但交往能力的提高只有在交往实践中完成。

主动参加交往，应对外界各种刺激，应激能力和解决复杂问题的能力才能逐渐得到培训并提高，才能逐渐掌握摆脱困境的能力、方式和技巧，这时导致恐惧的威胁和危险也就不存在了，那还有什么理由恐惧呢？

4）咨询和治疗

严重的交往恐惧不能自拔，深刻影响了个人的正常生活，必须积极采取心理咨询和心理治疗的方法。咨询是前提，治疗是关键。

可以适当作一些克服人际恐惧的适应性训练，在开始交往时，不妨只简单地考虑自己的表现，自己该怎样做和该怎样说，而不去顾忌他人的反应如何，这样先从心理上占主动地位，有利于形成交往过程中的心理良性循环。

还可以在指导下采用系统脱敏法，这是一种用于消除焦虑的行为疗法，也可有效地治疗恐惧。专业人员的帮助，提供积极的心理疏导，可使恐惧者认清自己恐惧的真实原因，最终使恐惧彻底消失。

案例

王女士，财务状况一直不太理想。前段时间因为一个事件（听到有人不正常死亡的事情），引发她内心深层的巨大恐惧，严重影响生活、工作，因此，来到了心理咨询中心。

心理咨询师与她沟通时，由让她触动的这个事件入手，释放几次情绪和体觉之后，王女士回忆起了小时候的一件事：十岁左右，王女士与奶奶住在一起，一天下午，奶奶跟她讲了一个事情——村里那个开工厂的老板的妈妈被人绑架了，就是为了勒索这个老板的钱。这个老太太被绑架后由于惊吓过度气绝身亡，绑匪没办法，就把这位老人就地埋了。

王女士听到奶奶说的这些，内心非常恐惧，还听到奶奶说：你看看有钱可不是玩的，弄不好就会出事！他家要不是有钱也不会出这事啊！（无名种此时被种下）王女士在恐惧中，内心出现了一个念头：我不能有钱，有钱就会出事！我宁可没钱也得让家人平安！……在让王女士释放这“种子”作用力的时候，王女士一直出现昏沉状态，直至“清理”干净后，这种状态消失。

因为王女士是深层沟通的学员，通过《心灵基因改造班》的学习后，深知“无名种”力量的可怕！沟通完后，王女士浑身上下都感觉到前所未有的轻松，心中那种一直以来不可名状的压迫感也消失了！

王女士事后非常高兴，说：“现在我终于知道，原来就是这个事件让我内心恐惧，不敢有钱才会出现财务问题！真是太可怕了！”

（四）猜疑心理障碍

我国传统的交往观念中有这样的训示：“逢人只说三分话，不可全抛一片心”“害人之心不可有，防人之心不可无”“知人知面不知心”等，即便在现代社会中，这些训示仍不无道理。

尽管人与人之间的真情历来被全社会所称颂，但欺骗蒙蔽、虚情假意等现象依然还存在，人与人之间的提防戒备似在情理之中。这不应视为对人际猜疑的辩护，因为我们更容易看到，有些人防备心理过重，或疑虑重重，或无中生有，甚至怀疑一切，以为人人不可信，人人不可交，这就成了心理障碍。

1. 猜疑心理的危害

历史教训具体形象地向我们诉说着猜疑的弊病。《三国演义》中的曹操便是疑心极重的人，因刺杀董卓的阴谋暴露，逃至世交吕伯奢家，吕欲杀猪款待曹，可曹操因听了磨刀之声和“缚而杀之”的话，便大起疑心，不分青红皂白，拔剑刺杀八口无辜。再有，楚汉战争，刘邦采用离间计，使项羽对足智多谋的范增顿生疑心，弃而不用，使不少部属寒心离去，终成孤家寡人。这样看来，离间计据有对人际猜疑的扩大利用。

日常交往中，原本友好相处的朋友，由于听信流言蜚语，由疑生怨，继而侧目相向，乃至反目成仇，友谊破裂，知心朋友却成陌路。猜疑简直是败事之本，是害己害友的祸根。实际上，猜疑是交往中每个人都会有的一种自我保护现象，但程度却不同。

这里所讲的猜疑，是指一种由主观推测而产生的不信任的复杂情感体验。其危害之大，迫使我们要深入剖析猜疑的起因。

2. 猜疑的起因

第一，思维偏差所致。许多猜疑是在无中生有的基础上产生的，一旦猜疑者有了疑点，他对外界信息的摄取范围便缩小了一半，将所有的分析、推理和判断都建立在试图证明自己的设想上，一些无意义的琐事被赋予了个人倾向性的解释，一个偶然的手势、一句无意的话、一个无意的动作等都成了猜疑的来源，“疑邻偷斧”的典故讲的就是这样一种情境。当怀疑是邻居的儿子偷了自己的斧时，疑者发现邻居的儿子的言谈、神色、一举一动都是偷斧的样子，几乎确信无疑了。

第二，与不良的个性品质有关。猜疑之心，人皆有之，但胸怀坦荡、豁达大度的人不会轻易猜疑别人，而心胸狭隘、目光短浅、比较自私的人猜疑心重。其中，自私总与猜疑相伴，所谓“疑人者，人未必皆诈，己则先诈矣”。私欲越重，猜疑心理也越强。

第三，缺乏自信。缺乏自信的人总认为自己在某些方面不如他人，总以为他人在议论自己、算计自己，即便是他人在一起说话时不经意地瞥了自己一眼，也以为他们正在说自己的坏话，还经常将他人所说与自己毫无关联的话理解为指桑骂槐。

第四，挫折使然。猜疑可能是由挫折引起的防卫，遭受严重挫折的人容易猜疑。有些人曾经因为轻信他人，蒙受挫折和损失，便“吃一堑，长一智”，警惕重蹈覆辙，从此不再相信任何人。一般来说,被他人伤害越大,就越容易产生"一朝被蛇咬,十年怕井绳"的情绪死结。

第五,环境影响。生活在人际关系复杂、宗派纷争的社会环境中的人极易猜疑。这种环境中,人际关系紧张,宗派林立,内耗严重,人与人之间相互提防、戒备心理便大大提高了。

3. 如何克服猜疑心理

可以从以下几个方面克服猜疑心理障碍。

第一,用理智战胜冲动。当疑窦顿生时,应先问为什么自己起疑,查明自己怀疑的原因,而不是为自己的怀疑寻找证据。这时,最好选择正反两方面的信息,而不是任由冲动去进行自以为是的主观推测,要提示自己一分为二地看待被怀疑者,学会全面具体地看问题,用经验来巩固自己的理智,而不是让猜疑驾驭自己。

第二,不要让自己的思想总是停留在过去的挫折经历中,以及遭受蒙骗的痛苦回忆中,要学会节制、驾驭并最终战胜痛苦,摆脱挫折的阴影。

第三,培养自信,看到自己的长处,认识自己对他人能带来的益处,相信自己会与周围人友好相处,而不是怀疑别人挑剔、为难自己。

第四,认识他人,信任他人。古人说:"长相知,不相疑。"对并不熟悉的人而言,防备心理是很正常的,因为我们不了解他,不能预测他的行为,不能把握其人品。为避免疑神疑鬼的现象,应当在交往中认真观察,全面了解他人。而对于熟悉的朋友,信任是最重要的。遭遇蒙骗的经历,引起我们猜疑,是因为这使我们失去了对他人的信任。信任会抵制猜疑的蔓延和加重,并克服猜疑。

第五,锤炼自己的个性。改变自己患得患失的心理,不要让一己之私欲支配和折磨自己,无私则无疑。

(五)嫉妒心理障碍

小贴士

莎士比亚说:"您要留心嫉妒啊,那是一个绿眼的妖魔!谁做了它的牺牲品,就是受它的玩弄。"

1. 嫉妒心理对人际关系的危害

对人际关系危害最大的就是嫉妒心理。古往今来,世界上流传着多少因为嫉妒这个绿眼妖怪作怪而使人类互相残杀,互相陷害,害人害己的神话和故事。

嫉妒者往往看到别人强过自己、受到称赞和表扬,就气愤、难过、闹别扭,甚至暗中拆别人的台,散布谣言,诋毁别人等。嫉妒者常在暗中以诡计行事。嫉妒是最堕落、最卑劣的情欲,是魔鬼本来的特征。

人们常说:嫉贤妒能小人心,搬起石头砸自己的脚。嫉妒者不仅打击别人,给别人的成长道路设置障碍,而且会贻误自己,影响与他人的友好相处,受到周围人的鄙视与唾弃。嫉妒者是自食其果。人们从不会怜悯这种人,因为这既害人又害己。

嫉妒常产生于条件相似的人们之间，比如同龄人、同学等，如果你当了先进，而我还只是普通一员，我就可能心理不平衡，产生嫉妒之心："为什么选他当先进，怎么不选我呀？""什么先进，你们哪儿知道，他曾经……"嫉妒之心涉及社会许多方面，但只要是两个人有相比较的地方，就可能产生嫉妒之心。

如果领导看到自己的下属成绩突出，独立性越来越强，名声越来越大，在单位的作用越来越大，就会感到自己的权威和地位受到了挑战和威胁，嫉妒之心也就油然而生了。

如果丈夫看到自己的妻子成就越来越大，超过了自己，有大男子主义倾向的人就会坐不住了，认为自己受到了侮辱，于是千方百计阻挠她，使其败下阵来并寻求自己的保护时才感到安慰。

若我们仔细研究一下嫉妒者自身情况，我们很容易就会发现，存在这种心理通常是以无能为物质基础的。因为自己无能，无法超过别人，也无法阻止别人超过自己，但又是同龄人，就会产生心理不平衡。为了掩盖自己的无能，为了防止别人讥笑自己的无能，把跑在前的人绊倒或拉回来便是这种人惯用的手段。

不过，有时候嫉妒者也不完全是无能，而是懒散，游手好闲，不能全身心地投身于在工作上，因而比别人差，却又不甘心。嫉妒不仅不能帮助嫉妒者超过别人，反而吞噬着他们的生命机体，无端地耗费着他们的身心能量，使其越发不能超越他人。

2. 嫉妒心理的调节

嫉妒感严重妨碍社会交往，应自觉进行调节。

1）认清嫉妒

嫉妒的危害已经罗列了很多，但应一分为二地认识嫉妒。嫉妒源于竞争，在充满竞争的现代社会，嫉妒更应被看成是一种扭曲了的上进心，只要能控制嫉妒心理，不转化为嫉妒行为，它不会那么丑恶，相反，嫉妒可得到升华，显示其价值，所谓知耻而后勇，这是嫉妒积极的一面，所以说，对嫉妒的调节主要是看采用什么样的方式来释放心理能量，达到心理平衡。

2）宽容待人

如上所言，心胸狭窄的小心眼的人容易产生嫉妒心理。因而，必须改变气量过小的性格特点，使自己的胸襟开阔。胸怀大度在人际交往中的表现是宽厚待人，如果能以宽厚的态度对人对事，就必然能够善于容人，也就是善于与任何超过自己的人相处。

3）调节优劣对比

当我们嫉妒某人时，总是因为他在某些方面的优势吸引了自己，而自己在此方面恰处于劣势，这种对比是嫉妒产生的刺激源。这时，应有意识地调节自己的注意中心，转移到自身的优势和对方的劣势上，便会使原先失衡的心理获得新的平衡，进而稳定自己的情绪和情感。

4）客观认识自我

实际生活中，我们的嫉妒心理常常不自觉地滋生，给自己的精神生活带来烦恼。应该提高自我修养，避免和化解嫉妒心理。重要的是培养自知之明，以便客观和公正地评价自己。如果一个人不能正确估价自己，不能客观地评价别人，那么他就很难不产生嫉妒心理。因而重要的是正确认识自己，只有正确认识自己，才能正确认识他人。

5）坦然处之

最后的这一条调适建议，是写给被嫉妒者的。就像前面提到的，嫉妒这种情欲伤害的不只是嫉妒者自己，还有被嫉妒者，这也是嫉妒与其他人际情感的重要区别。当受到他人嫉妒的时候，应克制自己的消极情绪，争辩赌气是无济于事的，反而正中嫉妒者下怀，忍气吞声或收敛自己的努力，更不可取。

应该认识到，没有人愿意嫉妒一个无能之辈，被他人嫉妒，正说明自己有过人之处，这是在表明自己的价值，不仅不应悲观消极，似乎更应高兴。但显然没有必要用自己反常的、不自然的笑脸去影响嫉妒。

（六）孤僻心理障碍

小贴士

播种冷漠，你只会收获寂寞；播种温情，你才会收获友情。

正常人都有交往的需要，有合群的需要，但在我们周围却总有一些脱俗者，他们不愿与人交往，常常无话可说，厌恶与人交谈，他们不随和、不合群，将自己与外界隔开，很少或根本没有社交活动，如天马行空，独往独来，这即是孤僻。孤僻者排遣自己内心寂寞的方式是完全个人化的、与他人无关的，如写日记、吟诗作画等，他们更像是真正的孤家寡人。

1. 孤僻的类型

孤僻有不同的类型。

1）怪癖型

怪癖型的孤僻者往往有与众不同的特殊习惯，与他人格格不入，他人无法容忍，不愿接纳。

2）清高型

清高型的孤僻者自命清高，孤芳自赏，将他人都看成低级无聊、庸俗肤浅。

3）性格型

性格型的孤僻者性格过分内向，内心体验非常深刻，自甘孤独寂寞，凡事深藏心底，从不说与人知，这等于也堵塞了他人认识他们的通道，孤僻者更以为他人不可能理解自己，遂离群索居，逃避现实。

2. 造成孤僻的原因

孤僻者的不同类型提示我们，造成孤僻的原因是多样的。

第一，性格的原因。性格内向，喜好内省，乐于享受孤独。过度关注自己独立的内心世界，关心自己的内心体验，对外界事物淡薄。

第二，挫折经历。在社会生活中遭遇挫折打击，不主动疏导矫治，精神压抑愈积愈重，对周围世界变得异常敏感，为避免伤害，出现回避社会的行为。

第三，环境影响。家庭环境对孤僻者的影响不容忽视，研究表明，父母离异是威胁儿童的最严重、最复杂的精神健康危机之一,其中带来的最恶劣的后果即是儿童会形成孤僻的性格。父母的离异,使儿童过早接受了烦恼、郁闷、焦虑等不良体验,产生消极心境,诱发心理疾病,形成孤僻性格。

从孤僻者的表层行为来看,似乎他们与别人交往的动机不够强烈,甚至是没有,其实他们只是将交往的需要和动机压抑在潜意识中,严重影响着他们的正常交往,也使自身深受其害,他们的心灵常会被寂寞、孤独、无助吞噬着,但却又不能自拔。

3. 孤僻心理的矫正

第一,正确认识自我。这是矫正孤僻心理的基本前提和突破口。孤僻者多对于自我有扭曲的认识。他们自命不凡,总是夸大自己的优点和长处,同时又责人过严,不对称的对比,使其优越感膨胀,傲然独立成了他们的典型心态。

孤僻者还应通过对内心世界的反省来认识自己,反省是与自我内心进行的对话,自己既是观察主体,又是自我观察的客体和对象。但须注意,正确的反省必须遵循现行社会中的社会文化价值观念、普遍的社会文化准则和行为规范,否则反省不仅不能得出关于自己的正确认识,甚至还会有害。

第二,优化性格。前已述及,孤僻的重要内在因素是性格的过于内向、固执,应着重培养他们乐观开朗、乐于交往、善于听取他人意见的性格特征,而性格特征的塑造必须在正当、良好的交往活动中进行,在社会活动中、在与他人的相互接触中体验人际情谊,感受人际温暖,产生与他人成为朋友的愿望,树立甩掉孤僻的信心。

二、语言障碍

语言是最重要的沟通工具。但语言又是一种极复杂的工具,掌握运用语言的能力绝不是一件轻而易举的事。由于语言方面的原因而引起的沟通麻烦到处可见。

不少的误会、争吵和冲突是由于不能明确表达自己的意思而引起的。最后您会说:“您不理解我!我根本不是这么说的!”在这种情况下应抱怨的是自己,障碍很可能出现在语言表达上。

一个人语言掌握得不好,容易使自己陷入尴尬的境地。而语言障碍产生的原因如下。

第一,语音差异造成隔阂。

中国地域辽阔,是个多民族的大家庭,许多民族有自己独特的民族语言,不同民族间的交流便面临着语言的障碍。此外,现代汉语又可分北方话、吴语、湘语、赣语、客家话、闽语、粤语七大方言区。而每个地区方言下面又有很多次方言、土语。如闽南话又有厦门话、漳州话、泉州话之分。四川话“鞋子”,在北方人听来颇像“孩子”;广东人说“郊区”,北方人常常听成“娇妻”等,类似的笑话很多。

第二,语义不明造成歧义。

语义不明,就不能正确表达思想,不能成功地沟通。例如,某学生给学校领导写信:“新学期以来,王老师对自己十分关心,一有进步就表扬自己。”校领导感到纳闷,这究竟是一封表扬信还是一封批评信?因为“自己”一词不知是指“老师自己”还是“学生自己”?幸好该校领导作风扎实,马上进行询问调查,才弄清这是一封表扬信,其中的“自己”乃是学生本人。

在与孩子、外国人和非专业人员谈话时也会产生交往的语言障碍。少年儿童对名词术语知道的不多，常常把概念混淆(倔强和粗野，顽强和固执等)。与不同专业的人在一起工作也要带来困难，这已无须赘述。同一术语有不同的理解，如果事先能准确地弄清楚所用术语的含义，那么就会减少争论。有人曾这样说："能确切地弄清楚词义，就会使人类减少一半误解。"

我们可以从以下几个方面克服语言方面的障碍。

1. 克服语言不同、语音差异造成的沟通障碍

中国是一个拥有56个民族的大家庭，不同的民族都有自己的语言，即使是同一民族，由于地域的不同，语音也有很大差异。所以当不同民族，不同地域的人们进行交流时，由于语言或语音上的差异，肯定会对沟通造成一定的影响。为了克服这种沟通障碍就需要沟通双方的语言、语音一致。

例如一个汉族人和一个蒙古族人在交流时，要么统一说汉语，要么统一说蒙古语，或者统一说一种大家都听得懂的语言。同一民族不同地域的人要尽量说标准的民族语言，例如汉语中要说标准的普通话。总之语言一致是沟通顺畅的重要前提。

2. 克服语义不明造成的沟通障碍

语义不明大多为语言表达上的失误所造成的。表达中措辞不当或者内容失调都可能使对方不知所云。所以在语言表述中要注意词语搭配得当，根据场合和沟通双方地位、品位的不同而分别选用恰当的词语：在内容上要求表述完整，分清主次。

3. 克服不良的说话习惯造成的沟通障碍

如果没有养成良好的说话习惯也会对沟通造成十分不好的影响。

例如习惯用鼻音说话，声音过高或者过低，语音、语速生硬，缺少应有的变化，动作过多，过多使用口头禅等。要克服这些不良的说话习惯，需在平时说话中多加注意，多按照正确的说话方式来练习，还可以找人来监督。

案例

旧时年关，有人在家设宴招待帮助过他的人，一共请了四位客人。时近中午，还有一人未到。于是自言自语："该来的怎么还不来？"听到这话，其中一位客人心想："该来的还不来，那么我是不该来了？"于是起身告辞而去。

那人很后悔自己说错了话，说："不该走的又走了。"另一位客人心想："不该走的走了，看来我是该走的！"也告辞而去。主人见因自己言语不慎，把客人气走了，十分懊悔。妻子也埋怨他不会说话，于是他辩解道："我说的不是他们。"最后一位客人一听这话，心想："说的不是他们，那说的是我了。"于是叹了口气，也走了。

案例中的主人因为语言表达问题，造成语言歧义，因而惹怒了客人，让自己陷入了沟通的困境。因此我们在人际沟通时，一定要注意克服语言沟通的障碍。

三、环境障碍

环境障碍包括两个方面：一是小环境；二是大环境。

（一）小环境

小环境障碍包括场所的限制、噪声较大、光线黑暗、空气污浊、色彩失调、距离不当等。如何克服这些小环境障碍呢？

1. 选择合适的场所

与人谈论重要的事情，应避免在噪声比较大的地方交谈，如施工场所、十字路口，应尽量寻找安静、舒适、雅致有格调的咖啡厅、茶室等，同时力求避免电话、手机和他人干扰。如果在家中聚会，应将电视音量调小，保证室内空气清新、舒适。

2. 选择恰当的时间

公众场合都有自己的高峰期，如餐馆在中午、下午 6 点以后客人较多，应尽量避开高峰期。选择恰当的时间对沟通效果有直接的影响。

3. 保持一定的距离

说话者与听话者感情好，私下交谈时则相互挨得近，恋人更是如此。但如果是在正式场合，不论亲疏，都应保持一定距离，过远，则不容易听清对方谈话；过近，容易使说话者感到压抑。

（二）大环境

大环境是指跨地域，尤其是跨国界的环境障碍。跨国公司特别重视克服大环境所造成的沟通不畅问题，美国的麦克尼利斯集团采取的是“5-15 报告”工程程序法来加强企业内部员工之间的沟通。

其方法是每位职员每周须提交一份报告，报告必须在 15 分钟内写完，然后在 5 分钟内读完，而且每位职工都能得到全部报告，人人都可平等地获得消息。报告还成为维持员工之间私人关系的一个重要渠道，诸如孩子出生、亲属离世、同仁结婚等，它化解了大环境障碍带来的沟通难题。

当然，大环境除了自然环境外，还有政治环境。人际沟通要与当时的政治环境相适应，否则，会给自己带来麻烦。这并不是说在险要的政治环境中，就完全不能发表自己的看法，但一定要说得巧妙。

在沟通中，您可能经常会被各种障碍困扰。除了以上谈到的个人心理、沟通语言、沟通环境障碍以外，沟通中还有很多其他的障碍，如沟通双方的知识水平、身份地位的不对等，沟通媒介工具选择不当，空间距离的限制，组织机构过于庞杂，信息传递过程太长等原因，均阻碍沟通的顺利进行。

为了完成有效的沟通，我们需要在思想上引起足够的重视，尽量避免产生沟通障碍。如果确实遇到了这样或那样的麻烦，一定要依据具体情况沉着应对。

第二节 沟通技巧

所谓沟通技巧，是指人具有收集和发送信息的能力，能通过书写、口头与肢体语言的媒介，有效与明确地向他人表达自己的想法、感受与态度，也能较快、正确地解读他人的信息，从而了解他人的想法、感受与态度。

人与人之间的沟通，常常会遇到很多障碍，我们首先要认清这些沟通障碍，厘清其类型，并分析原因，最后认真克服这些障碍，但真正有效的沟通仅仅克服这些障碍还不够，还需要一些沟通技巧。只有掌握沟通技巧，才能更有效地提升沟通能力。沟通技巧涉及许多方面，如倾听、交谈的技巧，以及赞美别人、拒绝、提问、批评等技巧。

一、倾听技巧

听是一种行为、一种生理反应；倾听则是一种艺术、一种心智和一种情绪的技巧，可认为我们了解他人，甚至不需出声即可达到沟通目的。听可以说是除了呼吸之外，我们最常做的事。然而，真正懂得倾听的人不到 25%。

（一）倾听的重要性

沟通中语言的有效性并不仅仅取决于如何表达，而更多的是取决于人们如何来倾听。

有人说，人之所以长两只耳朵一张嘴，就是让我们少说多听。这种说法虽没什么科学依据，但“少说多听”还是十分有现实意义的。

“倾听”既然是一门艺术，这种艺术的首要原则就是全神贯注地听取对方发表高见。要听清楚别人讲话的内容就得全神贯注，这是对他人的尊重，对此绝不能掉以轻心。汽车推销大王乔·吉拉德说：“当你听到顾客要说什么时，你必须凑上前去，以表现出急于要听的样子；当你说话时，你通常应该双眼注视着他；而当你听他说话时，也需要表情自然，双目始终注视着他。这种眼神的对视接触是很重要的，它表明，你在真诚地仔细听他讲述。”

在现代社交中，倾听是搞好人际关系的需要。越是善于倾听的人，他的人际关系就越理想。倾听也是褒奖对方说话的一种方式，它等于告诉对方，你是一个值得我倾听你讲话的人。这无形之中提高了对方的自尊心，加深了彼此的感情。

戴尔·卡耐基认为：在沟通的各项能力中，最重要的莫过于倾听的能力。滔滔不绝的雄辩能力、察言观色的洞察力及擅长写作的才能都比不上倾听能力重要。

倾听是人际关系的基础。倾听是我们获取更多信息，正确地认识他人的重要途径。古人云：听君一席话，胜读十年书。一个人如果总是张嘴说，学到的东西会很有限，了解的真相少得可怜。相反，如果善于倾听，乐于分享别人的信息与情感，别人也会乐于给出建议。由此，你会学到很多东西，发现许多思考问题与解决问题的新办法。

曾经有一家大公司的总经理，任职初期，对该行业的独特性知道得很少。当有下属需要他的帮助时，他几乎无法告诉他们什么。但庆幸的是，这位总经理深谙倾听的技巧，所以不论下属问他什么，他总是回答："你认为你该怎么做呢？"通常，这么一问，下属们会提出各种方法。在倾听下属说话中，他了解到很多情况，这样他就可以依据自己的经验，帮助他们做出正确的选择，最后他的下属总是满意地离去，心里还对这位刚上任的老总赞叹不已。由此可见倾听有多重要。

学会倾听，是建立良好人际关系的重要方法之一。倾听确是一门值得研究的学问。

（二）倾听的技巧

有效的倾听是可以通过学习而获得的技巧。认识自己的倾听行为将有助于你成为一名高效率的倾听者。美国著名心理学家托马斯·戈登研究发现，按照影响倾听效率的行为特征，倾听可以分为三种层次。要真正学会倾听，首先要了解倾听的三种层次。

层次一：在这个层次上，听者完全没有注意说话人所说的话，假装在听其实却在考虑其他毫无关联的事情，或内心想着辩驳。他更感兴趣的不是听，而是说。这种层次上的倾听，导致的是关系的破裂、冲突的出现和拙劣决策的制定。

层次二：人际沟通实现的关键是对字词意义的理解。在第二层次上，听者主要倾听所说的字词和内容，但很多时候，还是错过了讲话者通过语调、身体姿势、手势、脸部表情和眼神所表达的意思。这将导致误解、错误的举动、时间的浪费和对消极情感的忽略。另外，因为听者是通过点头同意来表示正在倾听，而不用询问澄清问题，所以说话人可能误以为所说的话被完全听懂理解了。

层次三：处于这一层次的人表现出一个优秀倾听者的特征。这种倾听者在说话者的信息中寻找感兴趣的部分，他们认为这是获取新的有用信息的契机。高效率的倾听者清楚自己的个人喜好和态度，能够更好地避免对说话者做出武断的评价或是受过激言语的影响。好的倾听者不急于做出判断，而是感同身受对方的情感。他们能够设身处地看待事物，更多的是询问而非辩解。

据统计，约有80%的人只能做到层次一和层次二的倾听，在层次三上的倾听只有20%的人能做到。如何实现高层次的倾听呢？这就需要掌握倾听的技巧。

1. 鼓励对方先开口

首先，倾听是一种礼貌，愿意倾听别人说话表示我们乐于接受别人的观点和看法，这会让说话者有一种备受尊重的感觉，有助于我们建立和谐、融洽的人际关系。其次，鼓励对方先开口可以有效降低交谈中的竞争意味，因为倾听可以培养开放融洽的沟通气氛，有助于双方友好地交换意见。最后，鼓励对方先开口说出他的看法，我们就有机会在表达自己的意见之前，掌握双方意见一致之处。这样一来，就可以使对方更愿意接纳我们的意见，从而使沟通变得更和谐、更融洽。

2. 营造轻松、舒畅的氛围

在紧张、拘束的沟通气氛中，谁都不愿意把自己的真实心声说出来，也就自然谈不上倾听。倾听需要营造一个轻松、舒适的环境，这样，说话者才能放松心情，把内心的真实想法、困扰、烦恼等毫无顾虑地说出来。因此，在与人交谈时，最好选择一个安静的场所，不要有噪声的干扰。如果有必要，最好将手机关掉，以免干扰谈话。

3. 控制好自己的情绪

在交谈过程中，可能会涉及一些与自身利益有关的问题，或者谈到一些能引起共鸣的话题。这时要切记，对方才是交谈的主角，即使你有不同观点或很强烈的情绪体验，也不要随便表达出来，更不要与对方发生争执。否则很可能会引入很多无关的细节，从而冲淡交谈的真正主题或导致交谈中断。

4. 懂得与对方共鸣

有效的倾听还要做到设身处地，即站在说话者的立场和角度看问题。要努力领会对方所说的话中之意和言辞所要传达的情绪与感受。有时候，说话者不一定会直接把他的真实情感告诉我们，这就需要我们从他的说话内容、语调或肢体语言中获得线索。

如果无法准确判断他的情感，也可以直接问："那么你感觉如何？"询问对方的情感体验不但可以更明确地把握对方的情绪，也容易引发更多的相关话题，避免冷场。当我们真正理解了对方当时的情绪后，应该对对方给予肯定和认同："那的确很让人生气""真是太不应该了"等，让对方感觉我们能够体会他的感受并与他产生共鸣。

5. 善于引导对方

在交谈过程中，我们可以说一些简短的鼓励性的话语，如"哦""嗯""我明白了"等，以向对方表示我们正在专注地听他说话，并鼓励他继续说下去。当谈话出现冷场时，也可以通过适当的提问引导对方说下去。例如，"你对此有什么感觉""后来又发生了什么"等。

6. 与对方保持视线接触

倾听时，我们应该注视着对方的眼睛。通常情况下，对方判断我们是否在认真倾听他说话，是根据我们是否看着他来做出的。如果在对方说话时我们的眼睛盯着别处，对方就会认为我们对他的谈话不感兴趣，从而打击他谈话的积极性。

7. 给予对方真诚的赞美

对于对方说出的精辟见解、有意义的陈述，或有价值的信息，我们要及时予以真诚的赞美。例如，"你说的这个故事真棒""你这个想法真好""你的想法真有见地"等，这种良好的回应可以有效地激发对方的谈话兴致。

8. 适时提出疑问

虽然打断别人谈话是一种很不礼貌的行为，但"乒乓效应"则是例外。所谓"乒乓效应"，是指我们在倾听过程中要适时地提出一些切中要点的问题或发表一些意见和看法，来响应对方的谈话。此外，如果有听漏或不懂的地方，要在对方的谈话暂告一段落时，简短地提出自己的疑问之处。

9. 恰当运用肢体语言

在与人交谈时，即便我们还没有开口，我们内心的真实情绪和感觉就已经通过肢体语言清楚地展现在对方眼前了。如果我们在倾听时态度比较封闭或冷淡，对方自然就会特别注意自己的一言一行，比较不容易敞开心胸。反之，如果我们倾听时态度开放、充满热情，对对方的谈话内容很感兴趣，对方就会备受鼓舞，从而谈兴大发。

激发对方谈兴的肢体语言主要包括：自然微笑，不要双臂交叉抱于前胸，不要把手放在脸上，身体略微前倾，时常看对方的眼睛，微微点头等。

10. 暗中回顾，整理出重点，并提出自己的结论

倾听别人谈话时，我们通常都会有几秒钟的时间，可以在心里回顾一下对方的谈话内容，分析总结出其中的重点。在倾听过程中，我们只有删除那些无关紧要的细节，把注意力集中在对方说话内容的重点上，并且在心中牢记这些重点，才能在适当的时机给予对方清晰的反馈，以确认自己所理解的意思和对方一致，比如，“你的意思是……吗”“如果我没理解错的话，你的意思是……对吗”等。

倾听的“听”字的繁体是“聽”，字里有一个“耳”字，说明人是用耳朵去听的；听字的下面还有一个“心”字，说明倾听时要用“心”去听；听字里还有一个“目”字，说明你听时应看着别人的眼睛去听；在“耳”的旁边还有一个“王”字，“王”字代表把说话的那个人当成是帝王来对待。

从听字的繁体结构中可以看出，倾听时不仅要用“耳朵”，还要用“心”，用“眼睛”，更重要的是要把你对面的那个人当成是帝王，充分地去尊重他。当你认真理解这个“听”字的含义后，那么掌握倾听的技巧也就很容易了。

案例

一天，小珍和老公在讨论拍婚纱照的事情时发生了争执，因为拍照的费用很贵，要1万多元，她跟老公建议：“我们为什么不把这一万多块省下来，既能给你的相机换个比较好的镜头，又能用剩下的钱能给我们买些好看的以后也能穿的衣服。然后，我们可以穿着新衣服在蜜月的时候多照些相，又省钱又省事，不是很好吗？”虽然老公好像也觉得这个建议经济实惠，但他总是找各种各样的理由反对，最后对话变成了这样。

“你的衣服够多了，还要买？!”

“你宁可把钱捐给影楼也不想给我买衣服？!”

“你为什么这么俗套？! 为什么别人拍我们就一定要拍？!”

“不管怎么样，一辈子就这一回，就是要俗套！婚纱照一定要拍！”

“……”

小珍突然觉得沟通气氛不对，想到了她在沟通课上学到的“倾听”，她觉察到好像自己在谈话中一直只是在“听自己”，不停地在辩解和说服，根本没有去听老公的真实想法，以至于把一件原本很美好的事变成了争吵，想到这里，小珍决定尝试培训中学到的倾听技巧，她先停下来让双方都平静了一下，后来对话变成了这样。

“我知道了，拍婚纱照这件事好像对你来说很重要，能不能告诉我去影楼照相对你来说有什么样不同的意义？”小珍试图压低声音问老公。

“因为一辈子就一次，我想经历每个人都经历过的事情，俗也无所谓。”老公的声音也缓和了一些。

“哦……”小珍深切地看着老公，点了点头。

“还有其他理由吗？”小珍又接着问。

“而且，你知道吗，我从很久以前就幻想着有一天我美丽的老婆穿着洁白的婚纱微笑地看着我的样子。”说到这里，老公的眼睛好像湿润了。

小珍深深被老公打动了，好后悔自己刚才没有积极倾听。同时，她好像还从老公的眼神中觉察到了什么，便半开玩笑地说："你老婆这么漂亮，给别人看相册的时候一定很骄傲吧？"

"你怎么知道的！"老公瞪大眼睛，好像秘密被发现了似的。

这样的一次谈话让小珍有了很大的触动，倾听后才发现，原来老公的理由是如此的合情合理。

在日常沟通中，不管是与家人、朋友，还是公司同事，我们看上去好像是在听别人说，但脑子里转的都是自己的理由，关注的都是自己的需求，也就是"听自己"，如果双方都在"听自己"，很容易会产生冲突，使矛盾激化，就像故事开始时的小珍，只有当我们将关注点开始往对方转移时，我们才能真正了解对方的想法。

后来小珍使用了停顿，目光接触，"哦"，点头等鼓励性的表示，总结和提问等技巧，关注的是对方，让老公感受到了她的关注和说话的空间，最终说出了他真正的想法。而且在最后，小珍还用到了观察细节，利用直觉，"听出"了老公没有说出来的东西，进一步加深了双方的理解，有种心有灵犀的感觉。

二、交谈技巧

交谈是人际交往的一种重要形式。一个人的风度、气质、修养以及知识水平、认识能力，在交谈中能充分地表现出来。交谈是人与人沟通的纽带。

交谈要注意的几个问题：谈话前的准备、行之有效的开场白、引起他人的共鸣、不时调剂一下气氛。

（一）谈话前的准备

准备谈资的方法如下。

(1) 每天至少读一种报纸，每月读几本杂志，以使自己时刻掌握时事动态。当你访问一个城市时，读一读当地的报纸的确是个挺好的办法。

(2) 注意观察周围的世界。你可以谈论周围发生的事情、天气情况、文化动态等。甚至连交通堵塞、新的建筑以及展览会开幕式都可以成为你的谈资。

(3) 阅读本行业的杂志。这些杂志可为你提供有关本行业的最新消息。

(4) 坚持对有趣的故事、统计资料和情况作笔录，包括剪贴报纸杂志、收集某城市主要工业的情况、城市的口号及奋斗的目标等。在面对棘手的场合之前，不妨翻看一下记事本。

（二）行之有效的开场白

交谈过程中最困难的就是如何找出话题，等待时间越长，就越困难。开场白可以打破与某人初次见面时的可怕沉默。一段精彩的开场白，不仅可以成功地向对方介绍自己，而且还为后来的良好沟通奠定了坚实的基础。为此，我们在与人交谈前，应根据交谈目的对开场白进行一番精心设计。

案例

拉弟埃的成功之道

贝尔那·拉弟埃是“空中客车”飞机制造公司的著名推销专家，当他被推荐到“空中客车”公司中，他面临的第一项挑战就是出使印度。这是件棘手的任务，因为这笔交易已由印度政府初审，未被批准，能否重新寻找成功的机会，全看特派员的谈判本领了。

作为特派员，拉弟埃深知肩上的重任，他稍做准备就飞赴新德里。接待他的是印度主席拉尔少将。拉弟埃到印度后，对他的谈判对手讲的第一句话是：“正因为你，使我有机会在我生日这一天又回到了我的出生地。”

这是一句非常得体的开头语，它简明扼要，但内涵却极为丰富。它表达了好几层意思：感谢主人慷慨赐予的机会，让他在自己生日这个值得纪念的日子来到贵国，而且富有意义的是：贵国是他的出生地。这个开场白拉近了拉弟埃与拉尔少将的距离。不用说，拉弟埃的印度之行取得了成功。

拉弟埃靠着娴熟的行销技巧，为“空中客车”公司创下了辉煌的业绩：仅在1979年，他就创纪录地推销出230架飞机，价值420亿法郎。

（三）引起他人的共鸣

见过罗斯福的人，都认为他是一个博学多才、知识渊博的人。而罗斯福做到这点的方式很简单，就是在与人接触的前一个晚上，花一点时间研究一下客人的兴趣爱好，于是一见面，共同话题就源源不断，谈话自然让双方兴趣盎然。

戴尔·卡内基评价说：“罗斯福和其他领导者一样，都知道通向别人内心的坦然大道，便是谈论他们感兴趣的事。”对于那些成功的企业家来讲，如果他们没有从工作中找到乐趣，如痴如醉的沉迷于工作之中，他们就不可能开创自己的事业。

因此，了解别人的兴趣爱好，并表示出一种共鸣，将不仅是对对方的尊重，而且也是对对方的有效激励。如生日相同、同一个学校、同乡等。

（四）不时调剂一下气氛

在交谈过程中，为了让对方更有兴趣，在适当的时候应调剂一下气氛，而幽默是调剂气氛的有效手段，既是一种富有魅力的语言艺术，也是人的乐观精神的一种表现，它能给人以轻松有趣的感受，可以调剂沟通的气氛，还可以给人以智慧和力量。因此古今中外不少沟通高手常常自觉或不自觉地用它来达到各种不同的目的。比如，领导者对下级做思想工作，或者是领导者之间商谈问题，祥和的气氛是非常重要的。

如果气氛不和谐，存在着人际隔膜或心理障碍，工作是不会取得好的效果的。而要创造或保持祥和的气氛，幽默则是一种重要的手段。在我国古代，国君具有至高无上的权威，某些大臣向国君进谏，常采用幽默的方法，以便让国君乐于接受。

幽默不仅是调节人际关系的润滑剂和委婉说理的一种手段，而且在特定场合，它还可以成为战胜对手的一种有力武器。

当然,幽默绝不是一般的说说笑笑,而是有明确目的的一种沟通方法。要想将这种方法用得恰当、巧妙,也不是一件简单的事。这除了与人的个性有关之外,还和人的高度的思想修养、广博的文化知识、乐观的情怀以及机敏的反应能力等密切相关。只要从多方面去加强自身的修养,是可以具有这种能力的。

案例

一位朋友去祝贺主人生日,席间酒后吃饭,碗里的饭吃完了,而主人正和大家谈得热闹,没有注意到他的碗里已经空了。这里的规矩是由主人添饭以示礼节,他也不大好意思张口要饭,便心生一计说道:“我有一个朋友想卖房子。”

在座的人很感兴趣,纷纷问道:“房子怎么样?”他回答说:“房子很好,最细的檩子也有我的饭碗粗细。”这时大家都朝他的碗看去,主人见饭碗空了,马上接过去给他添上饭后又问道:“后来有人买了吗?”“后来这个人有饭吃了,不打算卖房子了。”众人顿悟,也给主人的生日带来了欢笑。

三、其他技巧

(一)赞美别人的技巧

每个人都渴望得到别人和社会的肯定和认可,我们在付出了必要的劳动和热情之后,都期待着别人的赞许,即使是一句简单的赞美之词,也会使人获得自信和不断进取的力量。那么,把自己需要的东西,首先慷慨地奉献给别人,体现我们的大方和成熟,使人振奋和鼓舞。

赞美别人的实质,是对别人的尊重和评价,也是送给别人的最好礼物和报酬,是搞好人际关系的一笔暂时看不到利润的投资。它表达的是我们的一片善心和好意,传递的是你的信任和情感,化解的是你有意无意间与人形成的隔阂和摩擦。对人表示赞许有如此多的好处,你何乐而不为呢?

赞美别人说起来容易,做起来相当困难。简单地说,“你很棒,你很厉害”这类的语句会被对方认为过于敷衍,不是真实的称赞,但对于大部分的人来说,赞美别人和安慰别人一样会词穷,那么要怎么赞美别人呢?

美国心理学家威廉詹姆斯指出:“渴望被人赏识是人最基本的天性。”赞美他人是一件好事,但绝不是一件易事,开口前我们一定要审时度势,让自己的言行成为成功交流的润滑剂。

(1) 赞美要说小细节。美国管理学家内梅罗夫博士建议,赞美他人时最好回想某一特定情况,描述出具体的行为。夸赞别人越具体越好,说一百遍“你真漂亮”,不如说一句“你今天的衣服搭配得很得体时尚”。

(2) 指出别人的变化。付出努力之后,每个人都希望能得到肯定。细心的人会留意这种小改变并及时指出,比如“你最近减肥很成功”“这个设计做得真不错”等,这会给对方一种你很在乎他的感觉。

(3) 拿自己作对比。如果把自己作为参照物,会显得格外真诚。比如告诉对方,他帮你挑选的东西比上次你自己买的要好，对方一定会感到莫大的鼓舞，增加对你的好感。

(4) 背后夸赞效果好。背后颂扬别人的优点，比当面恭维更为有效。把对别人的赞许在与朋友闲聊时提几句，这些话通过朋友传到对方耳朵里，他一定会相信你的赞美是真诚的。

案例

一个推销员走进一家银行的经理办公室推销伪钞识别器。女经理正在埋头写一份东西，从其表情可以看出女经理情绪很糟；从烟灰缸中满满的烟头和桌上的混乱程度，可以判断女经理一定忙了很久。推销员想：怎样才能使女经理放下手中的活计，高兴地接受我的推销呢？

推销员发现女经理有一头乌黑发亮的长发。于是，推销员赞美道："好漂亮的长发，我做梦都想有一头这样的长发，可惜我的头发又黄又少。"只见女经理疲惫的眼睛一亮，回答说："没有以前好看了。太忙，瞧，乱糟糟的。"推销员马上递过一把梳子，说："我刚洗过的，梳一下头发更漂亮。您太累了，应当休息一下。"这时女经理才回过神来，问道："你是？"推销员马上说明来意，女经理很有兴趣地听完介绍，很快便决定买几台。

案例中的推销员掌握了赞美的技巧，从细节入手，赞美对方的长发，从而赢得了对方的好感，因而实现了成功推销。由此可见，掌握赞美的技巧有多重要！

(二) 拒绝的技巧

拒绝是生活中常有的事，别人的请求违反你的意愿，你会拒绝；别人的要求超出你的能力范围，你会拒绝；有时，别人友好的邀请由于种种原因你不能接受，你还是会拒绝。

但是拒绝又是件尴尬的事，它会使被拒绝者不快，严重点还会使气氛变得阴冷，甚至影响彼此的友谊。有什么办法在拒绝别人时达到既拒绝又不伤感情呢？

1. 延时拒绝法

当一个好友或亲戚向你提出一些不切实际或根本办不到的事情时，如果你说："你的要求办不到。"这一定会使对方伤心。此时，你可以用缓兵之计，对他这样说："能否让我考虑考虑再答复你？"或"我个人没有意见，但我还需要同别人商量一下。"或"你的意思我明白了，请让我想想这个忙该怎么帮？"或"嗯，我来想想办法，试一下；是不是能办成，不敢肯定，你看怎样？"

延时说明你还是想帮忙，这比"一口回绝"给对方的刺激要小，你不妨试一下。但是切记不要拖延太久，痴痴等待却落空，会让人更加不愉快。

有时候，被拒绝的人耿耿于怀的往往是别人的态度，或是官腔十足，或是漫不经心。若别人已经尽心尽力，那么，即使事情最终没有办成，也不至于牢骚满腹。

2. 幽默拒绝法

任何情况下，幽默的人都是受欢迎的。学着运用适当的幽默方法委婉拒绝不切实际或不可能实现的要求，使对方从你的幽默拒绝中，一笑了之，避免尴尬，比直接拒绝要好得多。

案例

有一天，小新不小心在办公室里打翻了果汁，为了避免引来蟑螂，她赶忙清理起来。不过清理地毯是一件十分麻烦的事，小新一人做得有些吃力。这时同事文轩正好经过，小新表示希望文轩能帮她一起打扫。文轩有些为难，面对小新的请求他不忍拒绝，但自己确实有事在身，不好耽误。

文轩灵机一动，对小新说："你放心吧，蟑螂不喝鲜榨的果汁，你先大致清理一下，我把手头这点急事做完，马上就来帮你。"

一句"蟑螂不喝鲜榨的果汁"逗得小新忍俊不禁，丝毫不介意文轩对自己的拒绝，反而对他有了些好感。反过来想，如果当时文轩说："不好意思，我正在忙，没时间帮你。"小新可能会觉得十分不舒服，认为他连这点小事都不肯帮忙，实在有失风度，不值得成为朋友。

3. 先扬后抑拒绝法

如果有人邀请你去参加春游或娱乐晚会，你又无此愿望或无法同去时，可以用此法拒绝对方。"你组织这个活动太好了，真该随你去好好玩一玩，可惜我手头还有一些事情没处理完，否则，我决不会放弃这次机会。"

当对方向你推销一件不感兴趣的商品，或让你采纳他的建议而你又不愿意接受时，你可以这样说："确实不错，可惜它现在还派不上用场。"或"这是个好主意，可惜目前还用不上。"或"你讲得很有道理，不过暂时……"或"我理解你，这确实是个问题，但是……"肯定、温和的语气缓和了双方的关系，"可惜""不过""但是"的说法又给对方留有余地，不致使场面变得尴尬。

4. "请君入瓮"拒绝法

拒绝别人，但不是直接拒绝，而是让对方自己得出拒绝的理由。"请君入瓮"拒绝法是表达否定的极好手段。需要否定时，我们不妨在言语中安排一两个逻辑前提，不直接说出逻辑结论，逻辑上必然产生的否定结论留给对方自己去得出。

案例

张飞在辅佐刘备前，曾卖过肉。有一次，他的一位好朋友向他打听他从东北进的猪肉的价格。张飞神秘地向四周看了看，压低声音问道："你能保密吗？""当然能。""那么，"张飞微笑地看着他，"我也能。"

5. 引用拒绝法

在拒绝别人的时候，引用名人名言、古语、俗语或谚语等来作答，以表明自己的意思，或佐证自己的观点。这种方式的好处是很明显的，既增加了说话的权威性与可信度，又省去了许多解释和说明，还能增添口语的生动性与感染力。

案例

汉光武帝刘秀的姐姐——湖阳公主死去丈夫后，看中了朝中品貌兼优的宋弘。一次，刘秀召来宋弘，以言相探："俗话说，人地位高了，就改换自己结交的朋友；人富贵了，就改换自己的妻子，这是人之常情吗？"宋弘回答说："我听说'患难之交不可忘，糟糠之妻不下堂(意思是：人在生活贫困、地位低下时候的朋友不能忘记，最初的结发妻子不能让她离开身边)'。"

宋弘自然深知刘秀问话之意。但他进退两难。应允吧，有悖自己的人品，也对不起贫贱相扶的妻子；含糊其辞吧，还会招来麻烦；直言相告吧，既不得体，又有冒犯龙颜之患，所以他引用古语来"表态"，委婉而又直截了当地表明了自己的态度。

（三）提问的技巧

一个不懂得提问的人，他的沟通肯定是很糟糕的。提问，是你对别人感兴趣的一种表现，每个人都希望别人对自己感兴趣，同时也是你引发别人兴趣的最好方式。提问还是获取信息、协调观点的重要途径。

提问的主要方式有开放式和封闭式两种。开放式的问题指对方回答你提出的问题没有任何局限性。如你问："您为什么要到香港去发展呢？"对方可以从很多方面来回答。"您对哪方面感兴趣呢？"对方可能有很多的兴趣。如果改一下，"您是去北京还是去深圳发展呢？""您对看书还是看电影感兴趣呢？"这是封闭式提问。封闭式指对方回答你提出的问题带有一定的局限性。

开放性提问，便于了解别人，掌握信息，引发别人的兴趣。

比如，你要拜访一位成功人士。要想与对方进行沟通，你要先了解他，让他对这次谈话产生兴趣，可提类似这样的问题。"您能有今天的成就，真的是很了不起，但您以前肯定也经历过很多坎坷，能跟我讲一讲你是如何战胜一切挫折的吗？""能跟您这样的成功人士交流，我感到很荣幸，请您谈一谈您的成功之道，好吗？"

当对方听到这样的问题他会很开心，他会乐意跟你讲他过去是如何的坚强、勇敢、聪明，你再运用倾听的技巧，便会收到一种很好的沟通效果。

很多成功的记者都有一个非常好的习惯，就是身上总会带着笔记本和笔。当与人沟通时，他会提出一些能引发对方兴趣的开放性问题。当对方讲到一些很好的观点或是精彩部分，他就会迅速认真地记下来，对方看到他把所讲的话当成哲理记下来，便会更加兴奋，更加卖力地讲了。等对方讲完后，又及时地提出另一个开放性问题。

试想一下，如果你和某人在交谈时，当你讲的一句话很有道理。某人说："请等等，我要把它记下来。"你是不是感到自豪呢？

观察这些人后，你会发现他们很少提封闭式的问题，因为封闭式提问，一般是让对方做出决定或是帮他做出决定，一般会让人心情紧张。所以要想达到目的又让人心情愉快，需要很高的技巧。

小贴士

弗朗西斯·培根:“谨慎的提问等于获得了一半的智慧。”

（四）批评的技巧

“请提宝贵意见。”人们说这句话的时候,心里期待的往往是对方的赞扬。坦率提出批评意见的人,即使不因此招人怨恨,至少也难以受到欢迎。这是因为人类都有脆弱的自尊心,都希望受到表扬而排斥批评。

然而,明知别人有过失而不及时批评指正,无异于怂恿其继续犯错误;而在批评的时候将人一棍子打死,则无异于将脏水和孩子一齐泼掉。为了避免别人和自己的过错,必须进行批评。为了避免由于批评而招惹怨恨或整垮别人,必须讲求批评的艺术。

1. 私下式批评

私下式批评就是不要当众批评,而要单独批评,以免被批评者当众出丑。曾经有一名女生因早恋,成绩大幅度下降。班主任十分生气,在全班点名批评了这名女生。结果这位女生从教学楼跳楼自杀。虽然这个案例比较极端,但也启发人们思考有关批评的艺术:当着别人的面批评、嘲笑别人,是不可原谅的残忍行为。

2. 暗示式批评

老张常年住在单位职工宿舍二楼,多少年来晚上睡觉都很踏实。可是,近来晚上老是休息不好,原因是三楼新住进两个单身小青年,小王和小李。小王和小李经常很晚才回宿舍,二人回到宿舍,又是洗又是涮,叮叮当当,折腾得老张经常失眠,苦不堪言。

批评小王和小李吧,磨不开面子。不批评吧,每天晚上难以入睡。老张真是左右为难。

偶然的机会,一同事向老张介绍了暗示式批评方法。老张半信半疑用了此法,向小王和小李讲述了“一个老同志,因楼上邻居深更半夜动静太大难以入睡的故事”,小王和小李听懂了老张的意思,此后,晚归的习惯改了不少,即使偶尔晚归,也格外小心,以免响声太大。从此,老张又睡上了安稳觉。

3. 鼓励式批评

小铭是初中二年级的学生,学习很用功,可是英语成绩一直很不好。其父亲经常这样教训孩子:“你学习很用功,但是英语没学好,这可不行。”这样的教育方式效果不佳,不如鼓励式批评效果好。“你学习很用功,只要继续努力,英语成绩也会和其他科目一样好的。”这样说,孩子就有信心学好英语。

4. 关心式批评

例如某工地的工人经常不戴安全帽,若直接训斥他,可能会激起他的反抗情绪,但若改成关心式批评,讲清戴安全帽的重要性,会收到意想不到的效果。

5. 安慰式批评

例如某人犯了错误,这时苦笑着对他说:“谁都免不了会犯错,吃一堑长一智嘛。”他一定会向你投来感激的目光，保证下次不会犯同样的错误。

6. 理解式批评

很多人在第一次接触某些事物时，如第一次工作、第一次表演等，常常会犯错误。批评者要首先表示理解对方为什么会犯这种错误，然后再提出改进意见，希望今后不要再犯，这样让对方更容易接受。

【本章小结】

本章共两节，着重讨论了人际交往中可能遇到的主要障碍及一些沟通技巧。

第一节主要介绍了人际交往中影响沟通的主要障碍：心理障碍、语言障碍、环境障碍等。影响沟通的障碍很多，我们在这里只是对普遍存在的、影响比较大的一些障碍进行了介绍。同时讲述了克服这些障碍的一些技巧。

第二节主要介绍了人际交往中应掌握的一些沟通技巧。希望通过本节内容的学习，使大家了解影响人际交往中两个比较重要的、需要我们重点掌握的"倾听与交谈"技巧，之所以把它们放在很重要的位置上，有研究表明，在听、说、读、写四种沟通形式中，听话占沟通时间的40%，说话占31%。而阅读、写作各占15%、11%。因此，掌握了听和说的能力，是使人际交往顺畅的关键。第二节还介绍了在与人交往中应掌握的一些其他技巧，其中包括赞美的技巧、拒绝的技巧、发问的技巧、批评的技巧等。

希望通过本章的学习，使大家不但了解影响人际沟通都有哪些障碍，还能学会克服这些障碍的方法，并掌握一些沟通技巧，从而提升自己的沟通能力。

【复习思考题】

1. 影响人际沟通的主要障碍有哪些？
2. 根据自己的理解和经历，你认为还有哪些因素能影响人们的交往？
3. 沟通的技巧有哪些？这些沟通技巧中你认为哪一条最重要？
4. 你认为交往中还应该注意什么？

【案例分析】

被拒绝的计划

下面的谈话发生在一家大公司的两名员工之间。阅读完后，请你回答下面提出的问题。

刘伟(刘)：昨天与毛石农(注：公司市场部经理)的会谈怎样？

赵国栋(赵)：嗯——啊——这不是很重要。

刘：看起来你心情很不好。

赵：是的。这次会谈几乎是完全失败的，让我说，我希望将这件事忘了。

刘：事情往往不像我们想象的那样。

赵：对极了，对那家伙抱希望简直不可能。我认为上交的计划是非常清楚而周到的，但他全盘否定了。

刘：你说他一点都不接受。

赵：对。

刘：老赵，我们以前见过你的工作，你总是一流的。我很难想象你的计划被毛石农否决。他怎么说的？

赵：他说不现实，很难实施……

刘：真的吗？

赵：真的，当他这么说时，我觉得他是在对我进行人身攻击。但另外，我也很恼怒，因为我认为我的计划很好，要知道，我对计划中的每一个细节都花了很大精力。

刘：我能肯定。

赵：对我真是一个打击。

刘：我敢打赌，遇到这种事，我也会沮丧的。

赵：毛石农肯定有些什么事要反对我。

刘：尽管你对这些计划尽了很大努力，但还是不能分辨毛石农的行为到底是反对你，还是反对你的计划，对吗？

赵：对，你又能怎样分辨呢？

刘：我完全能理解你的困惑与迷惑，你感到毛石农的行为是不合情理的。

赵：我只是不明白他为什么他要这么做。

刘：当然。如果他说你的计划不切实际，那他到底是什么意思。我的意思是，你是如何去处理这样一个基本问题的？这也许太笼统了。他是否提了一些具体的事件？你有没有要他指出问题或要他将反对的原因说得更具体一些呢？

赵：好主意，但你知道——受到拒绝，我是多么失望，简直就像在云里雾里，你明白我的意思吗？

刘：是的，那是一次不成功的经历。你是那么的自尊，以至于想通过尽快放弃计划来挽回留下的一点自尊。

赵：对极了，我只想在我说出令人后悔的话之前，尽快逃离那里。

刘：然而，在你的思想背后，你也许想着毛石农并不会仅仅因为不喜欢你本人而让公司去冒险。但是……计划是好的！这其中的矛盾很难处理，对吗？

赵：完全这样，我知道应该让他说出更多的想法，但我站在那里是像个木偶。但我现在又能做什么呢，事情已经弄成这样了。

刘：老赵，我不认为全失败了。我的意思是你告诉我的，——他讲的与你讲的——我认为这还不是结论，也许他未理解计划，也许这天本该他休假。谁知道？有很多可能，与毛石农定个时间坐下来，一点点问他反对的理由，怎么样？你认为再与他谈谈？如何？

赵：我想我会知道更多一些。至少，我还不知道如何修正或改动计划。你是对的，我真的不知道毛石农是怎样看待我或我的工作的。经常，我只做出反应，而很少进行回答与解释。

刘：也许该安排另一次会谈。

赵：好吧，我想我应该与他在下星期安排一个新的会面，我很想搞清楚问题究竟在我还是在计划。谢谢。

问题：

(1) 赵国栋与毛石农之间的沟通存在哪些障碍？

(2) 刘伟与赵国栋的谈话成功吗？原因何在？

(3) 赵国栋的问题在哪里？

(4) 如果要解决赵国栋的问题，应运用哪些沟通技巧？请你作一回刘伟，用你的方式和赵国栋谈话。

【实践课堂】

训练一　狗仔队

游戏规则：

(1) 将所有人进行分组，每组两人。

(2) 教师提问：在小组里谁愿意作为A？

(3) 剩下的人为B。

(4) 教师说：选A的人代表八卦杂志的记者，俗称"狗仔队"，代表B的是被采访的明星，A可以问B任何问题，B必须说真话，可以不回答，时间三分钟，不可以用笔记。

(5) 三分钟后角色互换。

游戏讨论：

(1) 该游戏可用于沟通游戏当中，主要说明的是与陌生人进行交往的一些知识，主要似乎如何掌握交谈的技巧。

例如，我们将谈话的内容分为几个层次，第一层的谈话是对客观环境的交谈，比如谈天气，谈股市，因此比较容易交谈；第二层就是一些谈话者自身的一些话题，比如交谈社会角色的话题，例如你的家庭状况如何呀？你是哪里人呀等问题；第三层就更深一层，会到个人隐私部分等比较敏感的话题，比如性、金钱的态度、个人能力的判断等，第四层则是个人内心的真实世界，比如道德观、价值观等。不同层次的话题适合不同的场合和谈话对象，层次越高，双方的沟通和相互信任越能体现出来。

(2) 对于直接面向客户式的销售人员的沟通能力很重要，就是要懂得循序渐进的将顾客心理的保护屏障一层层剥掉，从而使顾客达到内心的信任，促使销售成功。

(3) 此游戏还可以进行改编，即将原先的分组重新组合，每6人一个组，原来的搭档必须仍在同一组，可由A扮演B的角色，以B的身份说出刚刚说掌握的B的情况，并告诉其他队员；做完之后互换角色，达到小组成员能够迅速地认识同伴并建立关系。

训练二　商店打烊时

以下是一个简单的倾听测试。旨在检测人们的倾听能力。

(1) 先将习题一的内容发给学员，讲师说一个情节(情节内容见习题二)，让学员去回答下面的12个判断题。

(2) 做完习题一之后，将习题二发给学员，让学员看刚刚说的情节进行判断，提醒学员不要受习题一答案的影响。

(3) 最后公布答案。

习题一：商店打烊时。做答时请不要耽搁时间。

	正确	错误	不知道
(1) 店主将店堂内的灯关掉后，一男子到达。	T	F	?
(2) 抢劫者是一男子。	T	F	?
(3) 来的那个男子没有索要钱款。	T	F	?
(4) 打开收银机的那个男子是店主。	T	F	?
(5) 店主倒出收银机中的东西后逃离。	T	F	?
(6) 故事中提到了收银机，但没说里面具体有多少钱。	T	F	?
(7) 抢劫者向店主索要钱款。	T	F	?
(8) 索要钱款的男子倒出收银机中的东西后，急忙离开。	T	F	?
(9) 抢劫者打开了收银机。	T	F	?
(10) 店堂灯关掉后，一个男子来了。	T	F	?
(11) 抢劫者没有把钱随身带走。	T	F	?
(12) 故事涉及三个人物：店主、一个索要钱款的男子以及一个警察。	T	F	?

习题二：商店打烊时。

某商人刚关上店里的灯，一男子来到店堂并索要钱款，店主打开收银机，收银机内的东西被倒了出来而那个男子逃走了，一位警察很快接到报案。

仔细阅读下列有关故事的提问，并在“正确”“错误”或“不知道”中做出选择，划圈。

做答时请不要耽搁时间。

	正确	错误	不知道
(1) 店主将店堂内的灯关掉后，一男子到达。	T	F	?
(2) 抢劫者是一男子。	T	F	?
(3) 来的那个男子没有索要钱款。	T	F	?
(4) 打开收银机的那个男子是店主。	T	F	?
(5) 店主倒出收银机中的东西后逃离。	T	F	?
(6) 故事中提到了收银机，但没说里面具体有多少钱。	T	F	?
(7) 抢劫者向店主索要钱款。	T	F	?
(8) 索要钱款的男子倒出收银机中的东西后，急忙离开。	T	F	?
(9) 抢劫者打开了收银机。	T	F	?
(10) 店堂灯关掉后，一个男子来了。	T	F	?
(11) 抢劫者没有把钱随身带走。	T	F	?
(12) 故事涉及三个人物：店主、一个索要钱款的男子以及一个警察。	T	F	?

第五章

沟通礼仪

学习目标

知识要点：

1. 了解礼仪的起源、概念及发展历程，明确礼仪的原则和作用；
2. 理解礼貌、仪表、仪容的含义，了解服饰礼仪；
3. 掌握人际交往过程中的各种礼仪。

技能要求：

1. 学会纠正日常生活中的不良姿势，掌握各种场合服饰穿戴的基本要求；
2. 在人际交往中领会各项礼仪要领。

引导案例

（张小姐　26岁　杂志社记者）

说起穿衣礼仪，有一段至今让我无法忘记的尴尬经历，从某种程度上来讲甚至是一种屈辱。记得我刚进杂志社不久，领导安排我去采访一位某民营企业的老总，女性。听说这是一个既能干又极有魅力的女性，对工作一丝不苟，对生活却是极其享受，最关键的是，即使再忙，她也不会忽视身边美好的东西，尤其是对时尚非常敏感，对自己的穿着及礼仪要求极高。

这样的女性，会让很多人产生兴趣，还未见到她，仅仅是介绍，我已经开始崇拜她了，所以我非常高兴能由我来做这个专访。事先我做了大量的准备工作，采访纲要修改了多次，内心被莫名的激动驱使着。那几天，我始终处于兴奋状态。到了采访当天，穿什么衣服却让我犯愁。要面对这样一位重量级的人物，尤其是位时尚女性，当然不能太落伍了。

说实在的，我从来就不是个会打扮的女孩，因为工作和性格关系，平时穿衣都是怎么舒服、方便就怎么穿。时尚杂志倒也看，但也只是凑热闹而已。现在，还真不知道应该穿什么衣服才能让我在这样一位女性面前显得更时尚些。终于在杂志上看到女孩穿吊带装，那清纯可人的形象打动了我，于是迫不及待地开始模仿起来。

那天采访，我穿了一件紧身小可爱，热裤（虽然我的腿看起来有点粗壮），打了个在家乡极其流行的发髻，兴冲冲地直奔采访目的地。当我站在该公司前台说明自己的身份和来意时，我明显看到了前台小姐那不屑的眼神。我再三说明身份，并拿出工作证来，她才勉强地带我进了老总的办公室。

眼前的这位女性，高挑的身材，优雅的举止，得体的穿着，让我怎么看怎么舒服。虽然我不是很精通衣着，但在这样的场合，面对这样的对象，我突然感觉自己的穿着就像个小丑，来时的兴奋和自信全没了。还好，因为采访纲要准备还算充分，整个采访过程还比较顺利。结束前，我问她，日常生活中，她是如何理解和诠释时尚、品位和魅力的。她告诉我，女人的品位和魅力是来自内心，没有内涵的女人，是散发不出个人魅力，也无法突显品位的。而时尚不等同于名牌、昂贵和时髦，那是一种适合与得体。

说完这话，她微笑地看着我。此时我的眼睛看到的只有眼前自己那两条粗壮的双腿，心里纳闷：这腿为什么会长得如此结实，做热裤的老板一定很赚钱，因为太省布料了……我感觉自己无法正视她，采访一结束，我逃离似地奔离了她的办公室。

问题：案例中的这位记者在人际沟通中出现了什么问题？

第一节 礼仪概述

人类活动在受自然规律影响和制约的同时，还受社会规律以及由社会规律决定的各种社会规范的影响和制约。在这些社会规范中，除了道德规范和法律规范以外，还有一个很重要的方面，这就是礼仪规范。礼仪，作为人类历史发展中逐步形成并积淀下来的一种文化，始终以某种精神的约束力支配着每个人的行为。

礼仪是现代人的处世根基，礼仪是成功者的潜在资本。

礼仪是一门综合性较强的行为科学，是指在人际交往中，自始至终地以一定的、约定俗成的程序、方式来表现的律己、敬人的完整行为，是一种为时代共识的行为准则或规范，即大家认可的，可以用语言、文字和动作进行准确描述和规定的行为准则，并成为人们自觉学习和遵守的行为规范。

礼仪是一个人立足社会、成就事业、获得美好人生的基础；礼仪是人类文明进步的重要标志。学习礼仪是为了能够与他人和谐相处；宣传、推广礼仪是为了社会的祥和、稳定。在古代，人们赞美“谦谦君子，玉树临风”“翩若惊鸿，婉若游龙”；在现代西方国家，人们提倡“绅士风度”“淑女规范”“骑士精神”；在今天，对职场人员的形象要求男士仪表堂堂、精明干练，女士举止得体、典雅大方。

随着社会的进步，市场经济的发展，人们对内、对外交往的日益频繁，礼仪更成为人们社会生活中不可缺少的内容。礼仪修养，不仅是现代文明人必备的素质，而且是社会交往、商务活动和其他各项事业成功的一个重要条件。因此，学习礼仪，遵守礼仪，弘扬礼仪文化就成为社会主义精神文明建设的一个重要任务。

一、礼仪的起源与发展

（一）礼仪的起源

社交礼仪起源于原始社会和奴隶社会时期。归纳起来，大体有五种礼仪起源说：一是天神生礼仪；二是礼为天地人的统一体；三是礼产生于人的自然本性；四是礼为人性和环境矛盾的产物；五是“礼生于理，起于俗”。

“礼生于理，起于俗”说，是对礼仪起源的更深入的探讨。理，是指事物的必然性的道理。人们为了正常生存和发展，根据面临的生存条件，制定出合乎人类生存发展必然性和道理的行为规范，就是“礼”。“礼”是理性认识的结果。事物的礼落到实处，使之与世故习俗相关，所以又有了礼起源于俗的说法。荀子说：“礼以顺民心为本……顺人心者皆札也。”从理和俗上说明礼的起源。

根据上述种种说法，可以认为，“礼”先于“仪”，有了“礼”这个道德规范，才用“仪”这种形式去表现。“礼”与“仪”常常密不可分。礼仪与部落群居的形成过程同步产生，并随着社会组成形式和国家制度的变化而变化，随着人类社会生活的发展而逐步完善起来。

案例

曾子避席

“曾子避席”出自《孝经》，是一个非常著名的典故。曾子是孔子的弟子，有一次他在孔子身边侍坐，孔子就问他：“以前的圣贤之王有至高无上的德行，精巧奥妙的理论，用来教导天下之人，人们就能和睦相处，君王和臣下之间也没有不满，你知道它们是什么吗？”曾子听了，明白老师孔子是要指点他最深刻的道理，于是立刻从坐着的席子上站起来，走到席子外面，恭恭敬敬地回答道：“我不够聪明，哪里能知道，还请老师把这些道理教给我。”

在这里，“避席”是一种非常礼貌的行为，当曾子听到老师要向他传授时，他站起身来，走到席子外向老师请教，是为了表示他对老师的尊重。曾子懂礼貌的故事被后人传诵，很多人都向他学习。

（二）礼仪的发展

我国礼仪的发展大体可以划分为以下四个阶段。

1. 礼仪形成阶段（约公元前21世纪至公元前771年）

这一阶段主要是指夏商周时期。从史料上看，夏代已开始制礼，商代礼仪已渗透到社会生活中的各个方面。记载周代礼仪的书籍“三礼”的出现，标志着(周礼)已经达到了系统完备阶段。

在这一时期，礼仪的特征从单纯祭祀天地、鬼神、祖先的形式，跨入了全面制约人们行为的领域。在这一阶段中，礼的内容主要体现在《周礼》中的“王礼”部分。所谓“王礼”，就是分别用于祭祀、冠婚、宾客、军旅和丧葬的“吉礼”“嘉札”“宾礼”“军礼”和“凶礼”。这是对我国古代礼仪的总结汇编。这些礼仪内容，对后世人们的行为规范、人际交往以及社会公德的形成，都产生了极大的影响。

2. 封建礼仪阶段（公元前770年至1910年）

这一阶段主要是指从儒学的产生，到以儒学为基础的封建礼仪形成、强化和衰落时期，以孔子为祖师的儒家学派逐步形成。这一时期，礼仪成为儒家学派的核心“礼教”。

在这时期，礼仪的明显特征，就是把人们的行为纳入封建道德的轨道，把人们教化成"非礼勿视，非礼勿听，非礼勿言，非礼勿动"的精神奴隶。礼教文化是这个时期"礼"的核心和基本内容。

3. 近代礼仪阶段（1911 年至 1948 年）

辛亥革命的胜利，结束了统治中国 2000 多年的封建专制制度。新的礼仪礼俗也就随之出现。这一时期的礼仪，体现了近代自由、平等的原则，因此，资产阶级的平等思想、文化习俗和审美观点开始渗透到社会生活中的各个方面，冲击着森严的封建意识和等级观念，对当今中国社交礼仪产生了重大影响。

4. 当代礼仪阶段（1949 年以来）

新中国成立后，新型的社会关系和人际关系的确立，标志着我国礼仪进入了一个新的历史时期。这一时期，确立了同志式的合作互助关系和男女平等的新型社会关系，而尊老爱幼、讲究信义、以诚待人、先人后己、礼尚往来等中国传统礼仪中的精华则得到继承和发扬。

改革开放以来，随着国际交往日益频繁，我国又吸取了世界上一些先进的文明礼仪，融入我国当代礼仪部分，借鉴国际上一些通行的礼仪规则和惯例，为我国的社会主义现代化建设服务。

二、礼仪的概念

小贴士

君子以仁存心，以礼存心。仁者爱人，有礼者敬人。爱人者，人恒爱之；敬人者，人恒敬之。

——《孟子·离娄下》

礼仪属于道德范畴，是人类社会活动的行为规范，是人们在社交活动中应该遵守的行为准则。礼仪具体表现为礼貌、礼节、仪表、仪式等。

礼貌是指人们在相互交往过程中表示尊重、友好等谦虚恭敬的规范行为。按东汉经学家赵岐的解释："礼者，接之以礼也；貌者，颜色和顺，有乐贤之容。"司马光则进一步要求："凡待人，无贵贱贤愚，礼貌当一。"意思是说，在交往中，无论对什么人都要一视同仁，讲究礼貌，都要用言语、行动对对方表现恭敬谦虚。如果一个人在待人接物时傲气十足、出言不逊、动作粗俗或衣冠不整，就是对他人没有礼貌。

礼节是人们在日常生活中，特别是在交际场合中，相互表示尊敬、祝颂、问候、致意、哀悼、慰问以及给予必要的协助与照料的惯用形式。礼节是待人处事的规矩，但并不是某个人或某个组织制定的。而是人类在长期的社会生活中自然产生、约定俗成的行为规则。它虽然不像法律那样至高无上，但是，要得到别人的理解、社会的承认，就必须遵守人与人之间交往的规则和方式，即遵守礼节。

仪表是指人的外表，包括容貌、姿态、风度、服饰及个人卫生等，是礼仪的重要组成部分。

仪式是指特定场合举行的专门化、规范化的活动。

总之，礼貌、礼节、仪表、仪式等都是礼仪的具体表现形式，它们是互相联系的。

案例

（某货运公司财务刘女士）

我们公司的场地构造有点特殊，进门的玄关旁边有一个座位，因为我是财务，不用和他们项目组的同事坐在一起，所以玄关旁边的位子就是我的座位。我们公司前几个月新来了一个大学毕业生，每次进门首先看见我，招呼不打一声，头也不点一下不说，还直瞪瞪地看我一眼就走进去了。

我怀疑她可能以为我只是一个前台的阿姨，所以如此不屑一顾。后来过了几天，大概她终于搞清楚我并非是什么接接电话、收收快递的阿姨，而是掌管她每个月工资的"财政大臣"，猛地就开始殷勤了起来，一进门"刘老师"叫得山响。可是，我心里的感受却不一样了，即使她现在对我再怎么尊敬，毕竟是有原因的，我对她也生不出什么好感来。我就很纳闷，怎么一个堂堂大学生，刚进社会就学会了势利？如果我真的是前台阿姨，是不是她这辈子都不打算跟我打招呼？

新人刚进职场，礼貌很关键，人际关系一定要妥善处理，不能以貌取人或者想当然，要记得地位低下的员工同样也是前辈或者长辈。哪怕是打扫卫生的阿姨，如果正好清理到自己的纸篓什么的，不忘记说一声谢谢，就会平添自己很多的亲和力和人缘。刚刚毕业的大学生真的是要好好树立自己在公司的第一印象，这可不是闹着玩的。

第二节 礼仪的原则与作用

一、礼仪的基本原则

孔子说："礼仪三百，威仪三千。"虽未免言过其实，但说明礼仪名目之多。今天的礼仪细则也很纷繁，加上世界各国的礼仪习俗，更是五彩缤纷。因而，除了人类共同遵守交往的基本礼仪准则以外，还应注意以下几个方面的原则。

（一）系统整体原则

礼仪是一个完整体系，几千年来已经无所不包，因而在对外交往和人际交往中，我们一定不能忽视它的整体性，并注意采集信息应完整。因为来宾或合作对象的性别、年龄、国籍、民族、宗教、信仰、职业都决定了他适应并喜好什么样的礼仪接待，搞错一个环节都可能招来负面效果。

（二）公平对等原则

礼仪的核心点，即尊重交往对象，以礼相待。社会交往中每个人都希望得到尊重，体现自我价值。因而，对任何交往对象都必须一视同仁给予同等程度的礼遇。如果因为交往对象彼此之间存在年龄、性别、种族、文化、职业、身份、地位、财富等方面的差异，而有亲有疏，厚此薄彼，或傲慢冷落，或曲意逢迎，都会被视为不礼貌。故交往时应公平大方，不卑不亢，主动、友好、热情又有所节制。

（三）遵时守约原则

中国传统文化讲人际交往，做人要以信义为本，提倡“一诺千金”。在交际应酬之中，每一位参与者都必须自觉遵守礼仪，用礼仪去规范自己的言行举止，现代社会节奏加快，遵时守约更为重要。任何人，不论身份高低、职位大小、财富多寡都有自觉遵守、应用礼仪的义务，守法循礼，守约重诺，再正当的理由失约后也应道歉，无故失约将会受到公众的指责。

（四）和谐适度原则

古人云：“君子之交淡如水，小人之交甘如醴。”此话不无道理。在人际交往中，沟通和理解是建立良好人际关系的重要条件，但如果不善于把握沟通时的感情尺度，即人际交往中缺乏适度的距离感，结果会适得其反。

例如，在一般交往时，既要彬彬有礼，又不能低三下四；既要热情大方，又不能轻浮谄谀。在接待服务时，既要亲切友好，尊重客人；又要自尊自爱，端庄稳重。特别要注意做到把握分寸，认真得体。“礼仪使人们接近，礼仪使人们疏远。”为什么呢？在陌生人初次见面时，礼仪可以表现为有教养，可以展示内在气质与人格魅力。但不分场合、亲疏，乱用礼仪，反而会表现出不懂教养，令人难以相处，甚至会弄巧成拙。因此，应用礼仪要和谐适度，具体情况具体分析，因人、因事、因时、因地恰当处理。

（五）尊重习俗原则和风俗禁忌原则

“十里不同风，八里不同俗”“进门见礼，出门问忌”，这些劳动人民有益的格言都说明尊重各地不同风俗与禁忌的重要性。特别是在对外交往中不懂外国禁忌，不懂少数民族禁忌可能会造成不愉快的后果。因此，必须坚持入乡随俗，充分了解与交往对象相关的习俗、禁忌，才能真正做到尊重交往对象。

（六）外事礼宾顺序原则

外事礼宾顺序原则指在外事活动中，根据礼宾需要列出的排名顺序规范。这一原则几乎渗透一切外事交往中，迎来送往、衣食住行、会见、升旗等，谁先谁后都要符合礼仪规范，稍有差错就会被认为对一个国家的不尊重。因而国际上已有《维也纳外交关系公约》对此作出明文规定，所有从事涉外工作人员都应掌握这一原则。

（七）女士优先原则

“女士优先”是国际社会公认的一条重要的礼仪原则。外国人强调“女士优先”的主要原因，并非是因为妇女被视为弱者，值得同情、怜悯，最为重要的是，他们将妇女视为“人类的母亲”。因此，“女士优先”是西方的一个体现教养水平的重要标志。中国人讲“扶老携幼”，外国人可能不接受，但为女士开门、让座、引路、行走时让出安全的一边等，则都体现出懂礼貌和具有绅士风度。

案例

小李刚参加工作不久，学校举办了一次全国高校校长联席会议，要求国内很多高校校长参加。小李被安排在接待工作岗位上。接待当天，小李早早来到机场，当等到来参加会议的人时，他便开口说："您好！是来参加全国高校校长联席会议的吗？您的单位及姓名，以便我们安排好就餐与住宿问题。"小李有条不紊地做好了记录。

后来在会场，小李帮客人引路，小李一直小心翼翼，虽然自己一向走路很快，但是他放慢步伐，很注意与客人的距离不能太远，一路带着客人，电梯上下，小李也是走在前面，做好带路工作。原本心想很简单的事情，却几次被上级批评。

在该案例中，小李与客人职位和身份并不相当，他应主动向客人做出礼貌的解释。而小李没有做出任何解释，容易引起客人误会。接到客人后要主动打招呼，握手表示欢迎，同时说些寒暄辞令、礼貌用语等，而小李没有事先了解要接待客人的相关信息，张口就问，十分不礼貌。

在引导客人时，应主动配合客人步伐，保持一定距离。在出电梯时，应改为客人先走出电梯，自己在后面，以保证客人安全，而小李出电梯时，自己走在前面也是不恰当的。小李既破坏了客人的心情，也被上级批评了，因此是失败的社交事件。

二、礼仪的地位与作用

人类自从诞生以来，就从未间断过相互之间的交往，礼仪也随之产生发展，它是人类文明的重要标志。讲究礼仪、尊重他人，是一个人精神状态、文化教养和道德水平的反映。古人云："国尚礼则国昌，家尚礼则家大，身尚礼则身正，心有礼则心泰。"可见，礼在社会生活中的地位和作用何等重要。

（一）礼仪促进了社会关系的发展，同时也促进了生产力的发展

不论是女娲的子孙，还是亚当的后代，他们都渴望和平、渴望友好，以礼相待是人们从心底发出的呼声，礼仪是人类自身发展的产物。古人云："礼以安上化人。"礼仪正是维系、巩固这种人们之间联系和社会关系的纽带。礼尚往来不仅促进了社会关系的发展，同时也促进了生产力的发展。

（二）礼仪是治国之本，是民族凝聚力的体现

在孔子时代，"礼仪"被看作是治国之本，当时人们所演习的"六艺"之中，"礼"一直被当作重要的必修课，是孔子治国的理想。荀子在《修身篇》中提出："故人无礼则不生，事无礼则不成，国家无礼则不宁。"《管子》中说："礼义廉耻，国之四维。"将礼列为立国四精神要素之首，其突出的社会作用不言而喻。

习俗是一种神圣的，不可侵犯的，除环境和文化进步之外不屈服于任何权力的东西。由此可见，不论任何国家、任何民族，礼仪在现实世界中是非常重要的，是民族凝聚力的

体现。

（三）礼仪是个人道德水准和教养的重要标志

古人云："人之所以为贵者以其有信有礼。"礼仪是以对别人的尊重为基础的，是一个人的道德水准高低和有无教养的重要标志。"美德是精神上的一种宝藏，但是决定它们生出光彩的则是良好的礼仪。"

现实社会中，人们都在以各种不同的方式追求着自身的完美，寻求通向完美的道路。加强礼仪修养则是实现完美的最佳方法，它可以丰富人的内涵，从而提高自身素质与内在实力，使人们面对纷繁的社会，有勇气、有信心充分地实现自我，展示自我。

（四）礼仪是搞好改革开放，走向世界的桥梁

在世界各国人民的长期交往过程中，不论是使节往来、文化交流，还是宗教传播、通商贸易，礼仪都起着沟通与桥梁的作用。随着中国加入世界贸易组织后，社会的快速进步和文明程度的不断提高，完备的礼仪可以联络人与人之间的感情，协调上下左右的关系，加强国际合作。

小贴士

礼尚往来，往而不来，非礼也；来而不往，亦非礼也。——《礼记·曲礼上》

举止是映照每个人自身形象的镜子。——歌德《亲和力》

使一个人伟大，并不在于富裕和门第，而在于可贵的行为和高尚的品性。

——奥威《名人名言录》

第三节 仪表仪容

一、仪表与风度

（一）仪表

仪表是指人的外表，它包括人的容貌、服饰、姿态和个人卫生等方面，它是一个人精神面貌的外在表现。

仪表在人际交往的最初阶段，是最能引起对方注意的，人们常说的"第一印象"的产生大多来自一个人的仪表。这种对他人的仪表的感觉除了先入为主，很可能持续一生，其作用不可谓不大。仪表端庄穿戴整齐就显得有教养，也是尊重别人的一种表现。

注重仪表是讲究礼节、礼貌的表现，是尊重他人的一种表现，同时又是一个人自尊自爱的表现。如果一个人衣冠不整、不修边幅，会被认为是作风拖沓、生活懒散、社会责任感不强，因而难以得到人们的信任。

（二）风度

风度是指人的言谈、举止、态度。风度是一个人的性格、气质、文化水平、道德修养、审

美情趣的外在写真。

良好的风度是众人所追求的，而它则是以人的良好的素养、渊博的学识、深邃的思想和灵活的应变能力为核心的，那些金玉其外，胸无点墨的人，任其仪表怎么美丽，也不可能具有美好的风度。只有加强自身内在的素养，才能将这种内在的美转化为良好的风度。

公共关系人员在交际中要充分利用体态语言，举止落落大方，姿态合乎规范，充分展示一个人的精神力量和仪表风度美，使交际对象有一种美的感受，创造和谐的气氛，达到思想和审美共鸣的境界。

案例

杰克是一名贫穷的铁路工人，为了改变自己的命运，他只身来到了繁华的芝加哥。他想，也许靠他那点能力，并不能让他马上拥有富足的生活，而眼下最迫切的是找一份能够养活自己的工作。

几经周折，杰克终于接受了一家牛奶销售公司的雇用，他每天的工作就是向周围的居民送牛奶。同其他送牛奶的小伙子一样，杰克并没有什么突出的地方。但是令人惊奇的是，一个月下来杰克的销售成绩居然居公司第一。他取得的这一成绩马上引起了老板的注意。

后来经过耐心仔细的观察，老板发现，杰克虽然并无其他突出之处，但是他却穿衣得体，有着良好的言行举止。在送货时，他并不像其他的送奶员一样，送奶时用力敲打顾客的房门并大声叫嚷，反而他更像一名优雅的绅士，不仅轻轻敲门和耐心等待，而且和顾客们开心地交谈。

正是依靠这一点，杰克取得的成就越来越大，到后来他也有了自己的公司，而且他同样以良好举止为标准来要求自己的员工。不用提，他的命运因为良好的言行发生了改变。得体的衣着再配上良好的言行举止是人们获得成功的必备条件。

资料来源：奥里森·马登.正能量修习[M].苏州：古吴轩出版社，2012.

（三）不良姿势及纠正

1. 不良站姿及纠正

站立时，不可驼着背、弓着腰或一肩高一肩低，懒洋洋地靠在墙上或椅子上，这样将破坏自己的形象。交际场合双手不可叉在腰间，不可抱在胸前或双臂胡乱摆动，也不宜将手插在裤袋里，更不要下意识地做小动作，如摆弄打火机、香烟盒，或咬指甲、缠发辫等。这些不良姿势不但使人显得拘谨，给人以缺乏自信和经验的感觉，而且也有失仪表庄重。

小贴士

标准站立要求：上半身挺胸收腹，双肩齐平，双臂自然下垂，双手有侧放式、前腹式、后背式；下半身双腿直立，身体重心在两脚之间。女士双膝和双脚要靠紧，双脚可调整成“V”字形或“T”字形，男士的双脚可略微分开，但不宜超过肩膀。

2. 不良坐姿及纠正

入座后，切忌两腿分开过宽成八字形，或将脚伸得过远，也不要跷起二郎腿，不停地抖动;不可在椅子上前俯后仰,或将腿架在沙发扶手上、茶几上;坐时不要将双手放在两腿之间或压在臀下,女士叠腿要慎重、规范,不可程“4”字形。不规范的坐姿是不礼貌的,是缺乏教养的表现。对不雅坐姿应在平时加以纠正,养成良好的就座姿态。

小贴士

正确的坐姿要求:入座时要轻柔和缓,起座时要端庄稳重,一般从座位的左边入(左边出)只坐椅子的2/3,不要坐满或只坐一点边儿。

女子入座时,若是裙装,应用手稍微拢一下。坐定后,身体重心垂直向上,上身保持正直,可将右手搭在左手上,平放于腿面,双膝自然并拢,双腿正放或侧放,双脚并拢或交叠。男士可将双手掌心向下,自然放在膝上,也可放在椅子或沙发扶手上,双脚可略分开。在同左右客人谈话时,应有所侧重,即上身与腿同时转向一侧。

总之,优美的坐姿让人觉得安详舒适,这是体态美的重要内容。

3. 不良走姿及纠正

行走时,最忌内八字、外八字;不可弯腰驼背、摇头晃脑、扭腰摆臀;不可左顾右盼,回头张望,不要老是盯住行人乱打量,更不要一边走路一边指指点点对别人评头论足;不可无精打采,身体松松垮垮;多人一起行走,不要排成横队,勾肩搭背,说说笑笑,这都是不美的表现。

小贴士

男性应当抬头、挺胸、两眼平视、上身不动,两肩不摇,两臂自然摆动,大步向前,步态稳健有力,显示出刚强、雄健、英武、豪迈的阳刚之气。

女士应当头部端正,不宜抬得过高,两眼直视前方,上身自然挺直收腹,两手前后摆动幅度要小,步幅合适,走成直线,步态自如、匀称、轻盈,显示出女性庄重、文雅的阴柔之美。

二、仪容

仪容通常是指人的外观、外貌。其中的重点,则是指人的容貌,而容貌重点体现在面部和头部。对仪容的修饰即对人的面部与头部的修饰,通过修饰以展现或淡雅清秀或健康自然的富有个性的容颜。对个人仪容的要求,并不是鼓励人们去追求奢侈的衣着和华丽的首饰,而是提醒人们要注意基本的干净、得体。

个人卫生的每一个小的细节都很重要,包括牙齿、头发、指甲等。一个人干净整洁,衣着得体,会让他的自信和气质更加出众,还会给他人带来视觉愉悦,从而成为受欢迎的人。

对仪容的修饰,除了基本的干净、整洁之外,还包括对仪容的修饰。具体指对面部的修饰,即化妆;也包括对头发的修饰,即对发型和发式的要求。

(一)发式

头发处在人的仪表最显著的部位,整洁、大方的发型会给人留下神清气爽的印象,而头发脏乱、发型不整会给人以萎靡不振的感觉。因此,除了保持头发整洁以外,发型的选择十分重要。一个好的发型，能弥补头型、脸型的某些缺陷，使人显得神采奕奕，生机勃勃，体现出内在的艺术修养和良好的精神状态。

发型本身无所谓美丑，只要选择与自己的脸型、肤色、体型相匹配，与自己的气质、职业、身份、年龄相吻合的发式，就可以扬长避短，显现自然的美。

（二）面容

面容是人的仪表之首，也是最为动人之处。保持面部的清洁是日常最重要的工作，其中包括牙齿的清洁和口腔的清新。如果要出席比较重要的社交场合，之前不能食用蒜、葱、韭菜、腐乳等有强烈气息的食品。餐后应清洁口腔，如果有口气，可以使用漱口水或者口香糖等去除气味，保持口腔整体清洁。但在他人面前嚼口香糖是不礼貌的，特别是与人交谈时，更不应嚼口香糖。

1. 男士面容的基本要求

男士应养成每天修面剃须的良好习惯，切忌胡子拉碴就去参加各种社交活动，尤其是外事活动，因为这是对他人不敬的行为。

2. 女士面容的基本要求

女士面容的美化主要是化妆。美容化妆是生活中的一门艺术，恰到好处的容妆，可以充分展示自己容貌上的优点。不同行业、不同层面的人，有不同的化妆风格，但从礼仪角度讲，社交妆宜淡不宜浓，宜雅不宜俗。

凡是在较为正式的场合，化妆均应以“雅”为基本要求。用优雅的淡妆与得体的着装，烘托出高雅的气质。切忌蓬头垢面或“加厚面部包装”，那样有失自尊，也有失礼仪。

（三）化妆礼仪及应注意的问题

1. 化妆的浓淡要考虑时间、场合

根据参加活动的时间、场合的不同，化妆也应有相应的变化。白天，自然光下一般女士略施粉黛即可，职业女性的工作妆以淡雅、清新、自然为宜。工作中在脸上涂一层厚厚的粉底、嘴唇鲜红耀眼、夸张的眼影，会让人觉得过分招摇、举止轻浮、工作不认真，这是不懂礼仪的表现。

另外，也不要使用大量浓香型香水，把自己搞得香气四溢，这样反而容易让人厌烦。夜晚，一般是娱乐活动时间，夜色朦胧，无论浓妆淡妆都能为众人所接受。在正式场合，女士不化妆会被认为是不礼貌的。

2. 不在公共场所当众化妆

我们经常会遇见一些女士对自己的形象过分在意，不论是工作、学习、上街、社交或是赴宴，一有空闲，就会拿出化妆盒对镜修饰，旁若无人。在公共场所，众目睽睽之下修饰面容，是对他人的妨碍，也是对自己的不尊重，是没有教养的行为。特别不能当着男士化妆，以免引起误会，即便是男友或丈夫也不例外，应保持一定的距离美。如果必须化妆或补妆，一定要到无人处或洗手间去完成。

3. 不要非议他人的化妆

由于民族、文化传统的不同，个人审美情趣的不同，以及肤色上的差异，每个人的化妆会有不同，所以，切不可对他人的化妆品头论足。

4. 不要借用他人的化妆品

借用别人的化妆品，不仅不卫生，而且也不礼貌。

5. 正确美容

化妆美容，虽然能弥补个人容貌的一些缺陷，暂时增添几分妩媚，但这是消极美容。要想使容颜不衰，永葆花容月貌，并非浓妆艳抹，唯一正确的方法是采取体内调和、正本清源的积极美容法，才能使自己长久地保持青春的光彩，充满朝气与活力。

小贴士

面试化妆三大技巧

成功的面试妆可从三个要点下手。

1）肤色干净，不泛油光

夏天的炎热气候，常常会有出油问题，顶着满面油光参加面试，尴尬又留下不佳印象。

2）立体线条，奕奕有神

简单线条的彩妆，可以立即营造脸部的立体感。眉毛、睫毛膏是不能忽略的重点，眼窝处适当画上自然色眼影，甚至可选择带点淡淡的珠光色泽，就有画龙点睛之效，创造明亮有神的眼神与神采。

3）色彩淡雅自然

新人在面试时，不仅要展现年轻人的朝气与干劲，也要显出沉稳的专业态度。最好不要画太多种鲜艳或浓丽的色彩，清爽的粉彩系列最适合。

综合以上重点，拥有干净的好气色，再加上得体的仪态，礼貌的应对进退，在求职的过程中，绝对给人满分的好印象。

第四节　服装服饰

一、服饰概述

服饰是个人形体的外延，包括衣、裤、裙、帽、鞋、袜、手套及各类饰物。它们除了起着遮体御寒的作用，更重要的是起着美化人体的作用。

服饰是一种文化，它可以反映一个民族的文化素养、精神面貌和物质文明发展程度。服饰又是一种无声的语言，它显示着一个人的社会地位、思想修养、个性特征、心理状态、审美情趣等多种信息，也能表现出一个人对自己、对他人以至对生活的态度。

得体和谐的服饰有一种无形的魅力，它可以使一个人平添光彩。当服饰与穿戴者的气质、个性、身份、年龄、职业以及穿戴的环境、时间协调一致时，就能真正达到美的境界。

小贴士

文明姑娘的一大部分是她的服饰——事情原应如此。某些文明礼貌的妇女如果没有服饰就会失去一半的魅力,有些会失去全部的魅力。一个最大限度地打扮起来的现代文明的姑娘,是以精致、优美的艺术和金钱造就的奇迹。所有国家、所有地区和所有艺术都被贡献来,让她打扮自己……女人,上帝保佑她!

马克·吐温

(一) 中国的服装和西方国家的服装

1. 中国服装

我国没有严格的礼服便服之分。我国的出国人员基本上按国内服装穿着,但也应尊重当地的习惯和东道主的要求。女士在正式场合不应穿长裤,应穿旗袍或裙子。

男子的礼服中山服——这是我国的民族服装。一般为上下身同色的黑色、深蓝色或深灰色的毛料精制而成,内穿白衬衣,穿深色袜、黑色皮鞋。这种礼服在国外的礼仪场合很受尊重。现在更多的男子穿西装参加正式活动。

女子按季节和活动的性质的不同,可穿西装(在国内可配穿长裤,在国外正式场合,一般配穿裙子而不配长裤)、民族服装、中式上衣配长裙、旗袍或连衣裙。

小贴士

最具民族特色的女装——旗袍

旗袍是中华民族历史上流传下来的最具有民族特色的女装,被誉为中国国粹和女性国服,也是我国女性最高档的礼服。它能很好地表现出女性柔美的身体曲线,显得高雅、端庄、仪态万千,因而受到各国妇女的赞赏。

2. 西方国家服装

西方各国日常穿着的服装有各式外衣、衬衫和西装。参加各种隆重的典礼仪式要着礼服或深色西服。

(1) 男子的礼服分为晨礼服和大礼服。

晨礼服又称为常礼服。通常上装为灰、黑色,后摆为圆尾形,下装为深灰色底、黑条子裤,系灰色领带,穿黑皮鞋,戴黑礼帽。这种礼服在白天参加典礼、婚礼等场合穿用。

大礼服也称为燕尾服。黑色或深蓝色上装,前摆齐腰剪平,后摆剪成燕尾状,翻领上镶有缎面,下装为黑或蓝色配有缎面、裤腿外侧有黑丝带的长裤,系白领结,穿黑皮鞋,黑丝袜,戴白手套。

(2) 女子服装种类、样式繁多,礼服可分为晨礼服、小礼服和大礼服。

晨礼服又称为常礼服。通常为质料、颜色相同的上衣与裙子搭配,有的则以华丽而有光泽的面料缝制成的连衣裙,佩戴合适的帽子和薄纱短手套。这种礼服适合在白天参加庆典、婚礼时穿用。

小礼服也称为晚礼服。它是一种质地高档，长至脚背而不拖地的露背式单色连衣裙服装。根据连衣裙衣袖的长短，选配长短适当的手套，一般不戴帽子或面纱。这种礼服适合于参加晚六点以后举行的宴会、音乐会穿着。

大礼服是一种袒胸露背、拖地或不拖地的单色连衣裙式服装，并配以颜色相同的帽子、薄纱手套以及各种头饰、耳环、首饰等。适宜在晚间举行的正式宴会、交谊舞会穿着。

现在除少数国家在个别场合还有规定外，大多数国家在穿着方面越来越趋于简化。

小贴士

美国人平时的穿着打扮不太讲究。崇尚自然，偏爱宽松，讲究着装体现个性，是美国人穿着打扮的基本特征。跟美国人打交道时，应注意对方在穿着打扮上的讲究，免得让对方产生不佳印象。

德国人在穿着打扮上的总体风格，是庄重、朴素、整洁。德国人在正式场合露面时，必须要穿戴得整整齐齐，衣着一般多为深色。在商务交往中，他们讲究男士穿三件套西装，女士穿裙式服装。德国人对发型较为重视。在德国，男士不宜剃光头免得被人当作“新纳粹”份子。德国少女的发式多为短发或披肩发，烫发的妇女大半都是已婚者。

俄罗斯人大都讲究仪表，注重服饰。在俄罗斯民间，已婚妇女必须戴头巾，并以白色的为主；未婚姑娘则不戴头巾，但常戴帽子。在城市里，俄罗斯人目前多穿西装或套裙，俄罗斯妇女往往还要穿一条连衣裙。前去拜访俄罗斯人时，进门之后请立即自觉地脱下外套、手套和帽子，并且摘下墨镜。这是一种礼貌。

在正式场合，阿根廷人的着装讲究干净整齐。做不到这一点的人就会失去阿根廷人的尊重。在一般情况下，不论是进行正式访问还是外出，男士一定要穿西装套装，女士着套裙或长裙，但是，最好不要穿灰色的套装套裙。

在大中城市埃及人的打扮已与国际接轨，但是，老年人着装较为保守，奇装异服埃及人通常不问津。注意如果送礼品给埃及朋友一定记住，图案千万不要是星星、猪、狗、猫及熊猫的图案，因为有悖民族习俗。

（二）各种场合的服装选择

1. 庄重场合

庄重场合主要是指庆典仪式、正式宴会、商务谈判、会见外宾等。这种场合的服饰要以庄严、端正、整洁为主要基调。如果请柬上规定来宾一律穿礼服，那么无论男女宾客都应服从，不可别出心裁。

2. 喜庆场合

喜庆场合一般是指节日纪念、开业典礼以及其他联欢晚会等。这些场合大都气氛热烈、温馨、愉快、轻松，所以，要求人们在服饰上也相应地热烈、明快、活泼一些。

如男士除在正式的喜庆场合一般穿中山装、西装或自己民族的服装外，其他的喜庆场合可以着各种便装，如夹克、牛仔服等，但要穿得大方、整洁，千万不要穿皱皱巴巴的衣裤。

出席婚礼，鞋子必须是黑色的而不能是茶棕色的。

女士服装款式多样，套裙、连衣裙、旗袍等均可，穿得美观大方，并适当化妆，戴一些美丽、飘逸的饰物。但如出席婚礼，穿着不宜超过新郎、新娘，也不要打扮得过于怪异。

3. 悲哀场合

悲哀场合主要是指殡葬仪式、吊唁活动、扫墓等场合。这种场合的气氛比较沉痛、肃穆，所以，要求人们在服饰上应注意以黑色或其他深色、素色为主，内穿白色或暗色衬衣。丧服的原则是不露肌肤，所以不能穿大领圈、无袖的服装和超短裙。女士不宜过分打扮，不涂口红，不佩戴饰物。男士在举行追悼仪式时不要忘记脱帽，也不要敞怀袒胸。

小贴士

着装的TOP原则

TOP是三个英语单词的缩写，它们分别代表时间(Time)、场合(Occasion)和地点(Place)，即着装应该与当时的时间、所处的场合和地点相协调。

时间原则：不同时段的着装规则对女士尤其重要。男士有一套质地上乘的深色西装或中山装足以包打天下，而女士的着装则要随时间而变换。白天工作时，女士应穿着正式套装，以体现专业性；晚上出席鸡尾酒会就须多加一些修饰，如换一双高跟鞋，戴上有光泽的佩饰，围一条漂亮的丝巾；服装的选择还要适合季节气候特点，保持与潮流大势同步。

场合原则：衣着要与场合协调。与顾客会谈、参加正式会议等，衣着应庄重考究；听音乐会或看芭蕾舞，则应按惯例着正装；出席正式宴会时，则应穿中国的传统旗袍或西方的长裙晚礼服；而在朋友聚会、郊游等场合，着装应轻便舒适。试想一下，如果大家都穿便装，你却穿礼服就有欠轻松；同样的，如果以便装出席正式宴会，不但是对宴会主人的不尊重，也会令自己颇觉尴尬。

地点原则：在自己家里接待客人，可以穿着舒适但整洁的休闲服；如果是去公司或单位拜访，穿职业套装会显得专业；外出时要顾及当地的传统和风俗习惯，如去教堂或寺庙等场所，不能穿过露或过短的服装。

二、服饰穿戴的基本原则

(一) 服饰穿戴要与环境相协调

人置身于不同的环境、不同的场合时，就应该有不同的服饰穿戴，要注意所穿戴的服饰与周围环境的和谐。比如，身居家中，可以穿随意舒适的休闲服。办公上班，则需身着端庄典雅的职业装。出席婚礼，服饰的色彩可鲜亮点，而参加吊唁活动，则以凝重为宜。

(二) 服饰穿戴要与社会角色相协调

在社会生活中，每个人都扮演着不同的角色。不同的社会角色必须有不同的社会行为规范，在服饰的穿戴方面自然也有规范。例如一位女性，在家身为太太时可以自由穿戴；上街购物，作为顾客，不作精心修饰也无可厚非，然而作为“上班族”的一员出现在工作场所，面对她的同事与上司时，就不能无所顾忌，随心所欲了。

总之，无论你出现在哪里，无论你干什么，最好先弄明白自己扮演的角色是什么，然后再考虑挑选一套适合于这个角色的服饰来装扮自己，这会使自己增强自信，更会使旁人对自己多几分好感。

（三）服饰穿戴要与自身条件相协调

人们追求服饰美，就是要借服饰之美来装扮人自身，即利用服饰的质地、色彩、图案、造型和工艺等因素的变化引起他人的各种错觉，从而美化自己。在了解服饰诸因素的同时，人们必须充分了解自身的特点，挑选适合自身条件的服饰，达到扬长避短、扬己之美，避己之丑的目的。

比如，身材矮小者适宜穿着造型简洁、色彩明快、小花形图案的服饰。肤色偏黄者，最好不要选与肤色相近的或较深暗的服色，如棕色、土黄、深灰、蓝紫色等，它们容易使人显得缺乏生机。"V"形夹克衫适合双肩过窄的男性穿着，而"H"型套裙对腰粗腹大的女性来说是再合适不过了。

（四）服饰穿戴要与时节相协调

注重了环境、场合、社会角色和自身条件而不顾时节变化的服饰穿戴，自然也是不可取的。比如，寒风凛凛中身穿一条超短"迷你"裙的做法就不可取。比较理想的穿戴，不仅要考虑到服饰的保暖性和透气性，而且在其色彩的选择上也应注意与季节相适宜。

春秋季节宜选用中浅色调的服饰，如驼色、棕色、浅灰色等；冬季服饰色调以偏深色为宜，如咖啡、藏青、深褐色等；夏装可选丝棉丝物，色调以淡雅为宜。

以上是服饰穿戴最基本的原则。除此之外，还应特别注意保持服饰的清洁与整齐。

三、男士着装礼仪

男士的着装不求华丽、鲜艳，不宜有过多的色彩变化，以不超过三色为首要原则。

（一）领带

在比较正规的场合，穿西装都须系领带，既礼貌又庄重。领带必须打在硬领衬衫上，领带长度以到皮带扣处为佳，领带颜色和图纹可依西装、衬衫颜色搭配，一般以冷暖色相间为好。若内穿毛衣或背心等，领带必须置于毛衣或背心内，且衣服下端不能露出领带头。领带夹的位置不能太靠上，一般在从上往下数衬衫的第四粒纽扣处为宜。

（二）帽子与手套

在室内的交际场合不能戴帽子和手套，与人握手时，如戴着手套则会被认为是不礼貌的。向人致意时，应把帽子取下，以示对他人的尊重。

（三）衣裤

各式休闲外衣、牛仔裤等日常穿着的服装均为便装，适合一般场合穿，而参加正式、隆重、严肃的典礼或仪式，则应当穿礼服或深色西装。

西装被认作男士的脸面，要让它增彩生色的话，有“八忌”需多注意。

一忌：西裤过短。

二忌：衬衫放在西裤外。

三忌：不扣衬衫扣。

四忌：西服袖子长于衬衫袖。

五忌：西服的衣、裤袋内鼓鼓囊囊。

六忌：领带太短。

七忌：西服上装两扣都扣上。

八忌：西服配便鞋。

小贴士

领带的搭配

领带与身材的搭配：

男装的基本款式变化不太大，因此搭配相对自由的领带就成了展现个性的利器、修饰上半身身材的法宝。

除了传统的西服领带，这几年窄版的领带日渐流行。但流行的也并非人人都适合，不同身材的男士不能一味跟风，要聪明地选择适合自己的款式。

上半身比较胖的壮男，不要选择太窄的领带，否则看起来会更加虎背熊腰。

身材比较单薄的男士则要选相对窄一点的领带，能增加上半身的视觉宽度，增加身材的分量感。

要特别提醒的是，宽度小于3厘米的超细领带，只适合穿去比较时尚的场合、派对，最好不要让它出现在职场，否则会让你看上去缺乏专业感。

领带的花色：

领带的花色、图案从某种程度上决定了你整体的造型风格。

如果你想显得比较专业，最好选择领带与上衣同色调的组合，这样会给人舒服和协调的感觉，也不容易出错，比如天蓝色的衬衣就可以配上一条蓝灰色领带。

有条纹的领带会让你看上去显得更安全，值得信赖。

有圆点图案的领带，则会让你显得比较有亲和力，没有距离感。

花色特殊、颜色鲜艳的领带只适合身处广告业、传媒业等创意型行业的男士，其他人上班的时候就要慎重选择，否则会显得不太专业。

（四）鞋袜

在一切正式场合，只宜穿黑色或深棕色皮鞋。至于白色或浅色皮鞋，则适合于娱乐时穿。穿袜要注意袜子的长度、色调及其质地。袜长要高及小腿中、上部，颜色以单一色调为佳，穿礼服时最好配一双与裤色相近的袜子，无论如何不要在正式场合穿一双白色的运动袜，因为这与环境气氛是极不和谐的。

四、女士着装礼仪

俗称“男穿牌子，女穿样子”。女士比男士在穿着上有更大的随意和更多的变化。西方的“女士优先”原则在女士着装上也有充分的体现。

（一）帽子与手套

正式场合中，无论室内外，女士均可戴帽，但帽檐不能过宽，以免因遮挡别人的视线而显得失礼。与人握手寒暄时，女士可不必脱下手套。

（二）衣裙

应穿着典雅大方的套装（以上衣、下裙为宜）参加各种正式场合的活动，如会议、庆典等。传统古典的礼服或民族服装（如中国旗袍、印度纱丽、日本和服等）较适合在各类文艺娱乐场所穿着。穿着袒胸露背、露脐露肩等过于性感的服装最好不要或少在社交场合露面，工作场所、办公室里更应避免。薄纱型衣、裙、裤，因其透光性较强，穿着时应尤为慎重，需有内衬，不然会显得十分不雅。

（三）鞋袜

女士在社交场合，除凉鞋、拖鞋外，穿其他任何一种鞋子均可以随意，无统一规定，只是要注意鞋子和衣裙在色彩、款式上的协调。如穿套裙时不能穿布鞋，否则就会有不伦不类的感觉。

穿裙子时，应配穿长筒或连裤丝袜，颜色以肉色为宜，且袜口不得短于裙摆边。袜子是女性腿部的时装，要注意不能穿着挑丝、有洞或补过的袜子外出。另外袜子的大小松紧要合适，不要走不了几步就往下掉，或显得一高一低，当众整理自己的袜子是有失体统的。

小贴士

职业女性着装四讲究

整洁平整：服装并非一定要高档华贵，但须保持清洁，并熨烫平整，穿起来就能大方得体，显得精神焕发。整洁并不完全为了自己，更是尊重他人的需要，这是良好仪态的第一要务。

色彩技巧：不同色彩会给人不同的感受，如深色或冷色调的服装让人产生视觉上的收缩感，显得庄重严肃；而浅色或暖色调的服装会有扩张感，使人显得轻松活泼。因此，可以根据不同需要进行选择和搭配。

配套齐全：除了主体衣服之外，鞋袜手套等的搭配也要多加考究。如袜子以透明近似肤色或与服装颜色协调为好，带有大花纹的袜子不能登大雅之堂。正式、庄重的场合不宜穿凉鞋或靴子，黑色皮鞋是适用最广的，可以和任何服装相配。

饰物点缀：巧妙地佩戴饰品能够起到画龙点睛的作用，给女士们增添色彩。但是佩戴的饰品不宜过多，否则会分散对方的注意力。佩戴饰品时，应尽量选择同一色系。佩戴首饰最关键的就是要与你的整体服饰搭配统一起来。

总之，穿衣是“形象工程”的大事。西方的服装设计大师认为：“服装不能造出完人，但是第一印象的80%来自于着装。”因此，大家都不可以掉以轻心！

五、日常服装五忌

(1) 忌露。职场工作人员上班与公出时，着装不能露出肚脐、脊背等。

(2) 忌透。衣服再薄、天气再热，也不能使内衣、内裤等若隐若现，更不能让内衣外穿之风刮进商界。

(3) 忌紧。衣服过于紧身，追求所谓曲线美，或让内衣、内裤的轮廓显露在外，都是不文雅、不庄重的。

(4) 忌异。职场工作人员不是时装模特，穿着不能过分新奇古怪，招摇过市。

(5) 忌乱。穿着不可过于随便，卷袖子，敞扣子，颜色过杂，饰物乱配。

六、饰物

饰物的佩戴要有品位，佩戴得当，能向他人传递某种不可言传的美妙，也显现了佩戴者的爱好与修养，对此虽然不必完全循规蹈矩，但在涉外交往中不可不慎。

戒指通常应戴于左手。左手食指上的戒指代表无偶求爱；戴在中指上，表示正处在恋爱之中；戴在无名指上，表示名花有主，佩戴者业已订婚或结婚；而把戒指戴在小指上，则暗示自己是位独身主义者，将终身不嫁(娶)。

在不少西方国家里，未婚妇女的戒指是戴在右手的中指上，修女则把戒指戴在右手无名指上，这意味着将爱献给上帝。一般情况下，一只手上只戴一枚戒指，戴两枚或两枚以上均不适宜。

手镯和手链的佩戴讲究相仿。已婚者应将之佩戴在自己的左腕或左右双腕同时佩戴；仅戴于右腕者则表示自己是自由不羁的人。一只手上不能同时戴两只或两只以上的手镯或手链。

项链、耳环、胸花的佩戴因人而异。总的来说，除扬长避短外，只要不过分耀眼刺目就行了。

小贴士

首饰佩戴礼仪

(1) 数量规则：戴首饰时数量上的规则是以少为佳。在必要时，可以一件首饰也不必佩戴。若有意同时佩戴饰，其上限一般为三，即不应当在总量上超过三种。

(2) 色彩规则：戴首饰时色彩的规则是力求同色，若同时佩戴两件或两件以上首饰，应使其色彩一致。戴时，应使其主色调保持一致。千万不要使所戴的几种首饰色彩斑斓，把佩戴者打扮得像一棵“圣诞树”。

(3) 质地规则：戴首饰时质地上的规则是争取同质。若同时佩戴两件或两件以上首饰,应使其质地相同。高档饰物,尤其是珠宝首饰,多适用于隆重的社交场合,但不适合在工作、休闲时。

(4) 身份规则:戴首饰时,身份上的规则是要令其符合身份。选戴首饰时,不仅要照顾个人爱好,更应当适合本人身份,要与自己的性别、年龄、职业、工作环境保持大体一致,而不宜使之相去甚远。

(5) 体型规则:戴首饰时,体型上的规则是要使首饰为自己的体型扬长避短。选择首饰时,应充分正视自身特色,努力使首饰的佩戴为自己扬长避短。

(6) 季节规则:戴首饰时,季节上的规则是所戴首饰应与季节相吻合。一般而言,季节不同,所戴首饰也应色,深色首饰适于冷季佩戴,银色、艳色首饰则适合暖季佩戴。

(7) 搭配规则:戴首饰时,搭配的规则是要尽力与服饰协调。佩戴首饰,应视为服装整体上的一个环节。要注意穿着服装的质地、色彩、款式,并努力使之在搭配、风格上相互般配。

(8) 习俗规则:戴首饰时,习俗上的规则是遵守习俗。不同的地区,不同的民族,佩戴首饰的习惯做法多有不同。一是要了解;二是要尊重。戴首饰不讲习俗,是万万行不通的。

第五节　人际交往礼仪

一、相见时的礼仪

(一) 介绍

介绍是交流与沟通中普遍的礼节,是见面相识和发生联系的最初方式。

介绍就基本方式而言,可分为:介绍他人、被人介绍和自我介绍三种。

1. 介绍他人

当你要将某人介绍给别人时,按礼宾顺序应该是:向年长者引见年轻者,不论男女都是按这样的顺序作介绍;向女士引见男士,向职位高的引见职位低的人,同时连同双方的单位、职称一起简单作介绍。在人数众多的场合,如果其中没有职位、身份特殊的人在场,又是年龄相仿的人聚会,则可按照一定的次序一一介绍。

为他人作介绍时,应简洁清楚,不能含糊其辞。介绍时,还可简要地提供一些情况,如双方的职业、籍贯等,便于不相识的两人相互交谈。如果你是单独介绍两人相识,应该事先了解一下他们彼此是否都有想认识对方的愿望,免得造成不必要的尴尬。在向他人介绍某人时,不可用手指指指点点,而应有礼貌地以手掌示意。

2. 被人介绍

当你自己被介绍给他人时,你应该面对着对方,显示出想结识对方的诚意。等介绍完毕后,可以握一握手并说“你好!”“幸会!”“久仰!”等客气话表示友好。

如果你是一位男士,被介绍给一位女士,你应该主动点头并稍稍欠身,然后等候对方的反应。按一般规矩,男的不用先伸手,如果对方不伸手也就罢了。如果对方伸出手来,男的便应立即伸手轻轻一握。如果你是一位女士,被介绍给一位男士时,一般来说,女的微笑点头也就是合乎礼貌了。如你愿意和对方握手，则可以先伸出手来。

3. 自我介绍

当你想同某人结识，却又一时没有找到合适的介绍人时，那么不妨作自我介绍。作自我介绍时，可主动打招呼说声“你好！”来引起对方的注意，然后说出自己的姓名、身份，同时双手递上事先准备好的名片。也可一边伸手跟对方握手，一边作自我介绍。

在作介绍的过程中，介绍者与被介绍者的态度要热情得体、举止大方，在整个介绍过程应面带微笑。一般情况下，介绍时，双方应当保持站立姿势，相互热情应答。

案例

法利是一个行为举止潇洒大方的人，因此处处受到人们的欢迎。有一次，费城举办“读书和读者”联谊会，当法利先生和其他党演讲者到宾馆去吃午饭的时候，在走廊遇到了推着餐车的女服务员。那些演讲者对这个服务员视若无睹，纷纷绕过餐车走了进去，而这位女服务员也没有任何表示，仍旧推着餐车向前走。这时，法利先生却向她走了过去，微笑着对她说：“嗨，你好，我是詹姆士·法利，能告诉我你的名字吗？很高兴认识你。”说着，还把手伸了过去。

显然，这位女服务员没有料到法利先生会跟她打招呼，她很惊讶，嘴巴张得很大，随即，她意识到法利先生是在跟自己说话，于是，脸上绽开了甜美的微笑，双手紧紧地握住了法利先生伸过去的手，愉快地回答了法利先生的提问。

当他们吃完饭再出来的时候，马上有不少人围了上去，纷纷向法利先生问候，大厅里顿时充满了欢乐的气氛。不用问，一定是那个女服务员把自己的经历向伙伴们说了，所以才有这么多人问候法利先生。

这是一个成功人士在社交场合中以平易近人的方式进行的自我介绍，营造了舒适、自然、轻松的气氛，从而拥有良好人际关系的绝妙例子。

资料来源：奥里森·马登.正能量修习[M].苏州：古吴轩出版社，2012.

（二）握手

1. 握手的姿势

握手的两个人手掌相握呈垂直状态，表示平等而自然的关系，这是最稳妥的握手方式。握手时应注意两眼注视对方的眼睛，表示诚意。如要表示谦虚或恭敬，则可掌心向上同他人握手。而如果是伸出双手去捧接，就更是谦恭备至了。但切切不可掌心向下握住对方的手，这通常是傲慢无礼的表示。握手时应伸出右手，决不能伸左手与人相握。

2. 握手的顺序

在上、下级之间，应先上级伸出手后，下级才能接握；在长幼之间，应长辈先伸手后，晚辈才能接握；在男女之间，应女方先伸手后，男方才能接握。另外，在宾主之间，客人抵达时应由主人先伸手表示欢迎，客人告辞时，应由客人先伸手表示辞行。

3. 握手的力度与时间

握手的力度应当注意，一般情况，相互间握一下即可。如果是热烈握手，可以使劲摇晃几下,这是十分友好的表示。握手的时间通常以3～5秒为宜,除非关系亲近的人或遇特殊情况,一般不宜延续太长时间。

另外,与人握手时应注意双手的卫生,不要戴着手套握手,而戴着墨镜与人握手是十分不礼貌的表现。

(三)使用名片

使用名片是社交和职业的需要,它可以帮助对方认识和了解你,也可以使你掌握对方的有关信息。

名片的一般规格是:名片的正面上方印有工作单位,中间印有姓名、职务,下方印有地址、电话。名片正面印有中文,背面往往印有相应的英文。

在与人交往前,应先把名片放在易取之处,男士可以把名片放在公文包或西装上衣的口袋里,女士可放于手提包内。

交换名片的一般顺序是:地位低者、晚辈或客人先向地位高者、长辈或主人递上名片,然后再由后者回赠。

当我们向他人递送自己的名片时,应说"请多多指教",同时身体微微前倾,低头示意,最好是用双手呈上名片,将名片放置手掌中,用拇指夹住名片,其余四指托住名片的反面。请注意名片的字迹应面向对方,便于对方阅读。如果自己的姓名中有不常用的字,最好能将自己的名字读一遍,以便对方称呼。

小贴士

正确使用名片礼仪

名片是一个人身份的象征,当前已成为人们社交活动的重要工具。因此,名片的递送、接受、存放也要讲究社交礼仪。

名片的递送。在社交场合,名片是自我介绍的简便方式。交换名片的顺序一般是:"先客后主,先低后高"。当与多人交换名片时,应依照职位高低的顺序,或是由近及远,依次进行,切勿跳跃式地进行,以免对方误认为有厚此薄彼之感。递送时应将名片正面面向对方,双手奉上。眼睛应注视对方,面带微笑,并大方地说:"这是我的名片,请多多关照。"名片的递送应在介绍之后,在尚未弄清对方身份时不应急于递送名片,更不要把名片视同传单随便散发。

名片的接受。接受名片时应起身,面带微笑注视对方。接过名片时应说:"谢谢",随后有一个微笑阅读名片的过程,阅读时可将对方的姓名职衔念出声来,并抬头看看对方的脸,使对方产生一种受重视的满足感。然后,回敬一张本人的名片,如身上未带名片,应向对方表示歉意。在对方离去之前,或话题尚未结束,不必急于将对方的名片收藏起来。

名片的存放。接过别人的名片切不可随意摆弄或扔在桌子上,也不要随便地塞在口袋里或丢在包里。应放在西服左胸的内衣袋或名片夹里,以示尊重。

接受他人的名片时,也应恭敬。当对方说"请多多指教"时,可礼貌地应答一句"不敢当"或"随时请教"。接过名片,一定要看一遍,绝对不可不看一眼就收藏起来,这样会使人感到你欠诚意。看不清的地方应及时请教。

看过名片后，应将名片放好，不要随意乱置，以免使人感到不愉快。

（四）称谓

社交中的称谓会遇到多种情况。

1. 职务职称型

当知道对方的具体身份时，可称呼职务或职称，如："你好！赵董事长""你好，李教授"。对方的身份往往在名片中会显示出来，应特别注意。

2. 姓名型

当对方无特殊身份时，可称呼姓名，如："你好，张华"。或采用以性别相称的方式，如："周先生""王小姐"等。

3. 长幼型

对年长者称呼要恭敬，不可直呼其名，可称"老张""老王"。如果是有身份的人，可以将"老"字与其姓相倒置，这种称呼是一种尊称，如"张老""王老"。

对年轻人则可在其姓前加"小"相称，如"小张""小李"，抑或直呼其姓名。称呼时要注意谦和、慈爱，表达出对年轻人的喜爱和关心的态度。

称呼时态度要诚恳，表情自然，体现出你的真诚。可借助你的声调、笑容和谦恭的体态，表示尊敬。

二、交谈与聆听中的礼仪

（一）交谈

1. 交谈时的态度

交谈时尊重对方、谦虚礼让。善于理解对方，然后因势利导地谈论话题。对别人的谈话，我们应当认真倾听，并鼓励引导对方阐明自己的思想。正确的意见，应表示赞同；不同的看法，若无原则性问题，不妨姑且听之，不必细究；若是事关原则，可以婉转相告，表述自己的看法，但不要得理不让人，使别人难堪。要避免一切直接触犯他人感情的话。在自己的言谈中，要避免一切独断自是的言论。

2. 交谈时的形体动作

两人交谈时，最好目光交流持同一水平，这是相互尊重。说话时不要东张西望，也不要目不转睛地盯着对方或目光冷漠地看着对方，这些都会引起对方的不快。谈话时也可以适当运用一些手势来加强语气、强调内容。但手势不能太多和幅度过大，这会使人感到不舒服，更切忌用手指点对方，这被视作是不礼貌的行为。

交谈时要注意语速和音量总量，要尽可能吐字清晰，不快不慢。讲话时声音要适中，以对方能够听清和不妨碍他人交谈为宜。

（二）聆听

聆听时要专心致志，保持目光接触，仔细听清对方所说的话。不要三心二意，东张西望，这些都会影响我们听讲的效果。应当排除一切干扰：外界的嘈杂声音，内心不良的心境等，集中注意力去认真倾听。

聆听时，要积极鼓励对方畅所欲言，表达尽自己的思想。听与说是一个互动的过程，只有当听话者表现出聆听的兴趣时，说话才会有浓厚的谈兴，我们可以多用这种方式鼓励对方说话。

聆听的同时，我们还要注意观察，俗话讲“察言观色”，是有一定道理的。人们在表述自己的想法时，主要通过有声语言，即说话，但同时也会有意无意地透过无声语言，表达出更为隐秘的心理活动。例如谈话时的表情，兴奋或是沮丧；身体的姿势，紧张还是放松，它们同样也在透露着某种信息。我们若将说话者的言与行结合在一起作分析，有助于我们理解他人的真实想法。

聆听的过程更是一个积极思考的过程，要边听边想，努力体察对方的感觉，敏锐把握对方话语里的深层含意。人们经常会以婉转的方式表达自己的想法，这时我们就不能仅仅从字面上理解对方，而要“听话听声，锣鼓听音”。做个善解人意的人，会赢得对方的尊敬，并让人乐于与你交谈。而我们也只有准确地把握了对方的真实想法后，才能使自己做正确的判断。

小贴士

表达真诚的技巧

（1）真诚的眼睛。坦荡如水，平静地注视，不用躲躲闪闪或目光垂下不敢直视。

（2）真诚的举止。自然，大方，从容不迫，举手投足一副安然之态。

（3）真诚的微笑。如一缕温馨阳光，充满暖意。皮笑肉不笑，故意挤出的笑，都缺少真诚。

（4）真诚的称赞。称赞别人要发自内心，是心灵之语，否则就属于奉承的范畴了。

【本章小结】

本章着重讨论了人际沟通中的礼仪问题。详述了礼仪的概念、礼仪具体表现、礼仪的基本原则、人际交往礼仪以及服装服饰在社交礼仪中的作用。

【复习思考题】

1. 什么是礼仪？
2. 什么是礼貌？什么是仪表？什么是仪容？
3. 礼仪有哪些原则？

4. 礼仪有哪些作用?
5. 化妆礼仪应注意哪些问题?
6. 服饰穿戴有哪些基本原则?
7. 如何介绍他人?
8. 交谈与聆听过程中应注意什么?

【案例分析】

案例一

一次某公司招聘文秘人员,由于待遇优厚,应聘者很多。中文系毕业的小张同学前往面试,她的背景材料可能是最棒的:大学四年,在各类刊物上发表了3万字的作品,内容有小说、诗歌、散文、评论、政论等,还为六家公司策划过周年庆典,一口英语表达也极为流利,书法也堪称佳作。小张五官端正,身材高挑、匀称。

面试时,招聘者拿着她的材料等她进来。小张穿着迷你裙,露出藕段似的大腿,上身是露脐装,涂着鲜红的唇膏,轻盈地走到一位考官面前,不请自坐,随后跷起了二郎腿,笑眯眯地等着问话,孰料,三位招聘者互相交换了一下眼色,主考官说:"张小姐,请回去等通知吧。"她喜形于色:"好!"挎起小包飞跑出门。

问题:

(1) 小张能等到录用通知吗? 为什么?

(2) 假如你是小张,你在这次面试中如何表现?

案例二

某公司新建的办公大楼需要添置一系列的办公家具,价值数百万元。公司的总经理已做了决定,向A公司购买这批办公家具。

这天,A公司的销售部负责人打电话来,要上门拜访这位总经理。总经理打算,等对方来了,就在订单上盖章,定下这笔生意。

不料对方比预定的时间提前了2个小时,原来对方听说这家公司的员工宿舍也要在近期内落成,希望员工宿舍需要的家具也能向A公司购买。为了谈这件事,销售负责人还带来了一大堆的资料,摆满了台面。总经理没料到对方会提前列访,刚好手边又有事,便请秘书让对方等一会。这位销售员等了不到半小时,就开始不耐烦了,一边收拾起资料一边说:"我还是改天再来拜访吧。"

这时,总经理发现对方在收拾资料准备离去时,将自己刚才递上的名片不小心掉在了地上,对方却并没有发觉,走时还无意从名片上踩了过去。看来只是个不小心的失误,却令总经理改变了初衷,A公司不仅没有机会与对方商谈员工宿舍的设备购买,连几乎到手的数百万元办公家具的生意也告吹了。

问题:

(1) A公司的销售部负责人为什么没有谈成生意?

(2) 如果你是A公司的销售部负责人,你会怎么做呢?

【实践课堂】

训练一　打领带

道具：各种颜色、花形的领带。

目的：练习领带的不同系法，在此基础上比较不同系法的效果，并尝试搭配不同款式、不同色彩的衬衫。然后请同学们对他们的搭配效果进行评议。

要求：全班同学参与，分成几个不同的实训小组，互评打分。

训练二　模拟任务训练

有位女职员是财税专家，她有很好的学历背景，常能为客户提供很好的建议，在公司里的表现一直很出色。但当她到客户的公司提供服务时，对方主管却不太注重她的建议，她所能发挥才能的机会也就不大了。

一位时装大师发现这位财税专家在着装方面有明显的缺憾：她 26 岁，身高 147 厘米、体重 43 千克，看起来机敏可爱，喜爱着童装，像个 16 岁的小女孩，其外表与她所从事的工作相距甚远，所以客户对于她所提出的建议缺少安全感、依赖感。所以她难以实现她的创意。

问题：请你为这位女财税专家提供几套能体现她职业和身份的着装建议。

要求：全班同学分组讨论，形成书面意见，由老师统一点评。

第六章

职场人际沟通交流

学习目标

知识要点：

1. 职场沟通交流三大流动方向；
2. 职场沟通交流三大流动方向的沟通技巧。

技能要求：

1. 掌握职场沟通交流三大流动方向的沟通原则；
2. 学会职场沟通交流三大流动方向的沟通技巧，并实际加以应用。

引导案例

爹对儿子说，我想给你找个媳妇。儿子说，可我愿意自己找！爹说，但这个女孩子是比尔·盖茨的女儿！儿子说，要是这样，可以。

然后他爹找到比尔·盖茨，说，我给你女儿找了一个老公。比尔·盖茨说，不行，我女儿还小！爹说，可是这个小伙子是世界银行的副总裁！比尔·盖茨说，啊，这样，行！

最后，爹找到了世界银行的总裁，说，我给你推荐一个副总裁！总裁说，可是我有太多副总裁了，多余了！爹说，可是这个小伙子是比尔·盖茨的女婿！总裁说，这样呀，行！

这是一个虚构的故事，但却是一个成功沟通的故事，其中蕴含了极为深刻的沟通原理和技巧，值得深思。

沟通是人类集体活动的基础，是人类存在的前提。正是沟通才形成了原始人群和部落，不断进化形成了人类社会。沟通是人们生存、生产、发展和进步的基本手段和途径。沟通是人际情感的基石。良好的沟通才可以造就健康的人际关系。

沟通是现代管理的命脉。没有沟通或者说沟通不畅，管理效率就会损失甚至断送。现代组织的沟通有三种主要的流动方向，分别为与上级的沟通、与下级的沟通以及平行沟通。

对于一个组织成员而言，就算是最高领导，也有向上报告的情形。在组织中最基层的员工，当情势良好时，也可能感受到向下传达的气氛。这三种流向和身份、职位的关系，并非一成不变。同一个人，三种流向都有可能需要应用，都应该多加练习，以利沟通。

向上、向下或平行沟通，实际上是变动的，并非一成不变。主管以平行的心态来和部属沟通，部属就应该更加谨慎，以向上沟通的心态来响应。否则主管只好改采向下的心态，部属反而不好受。有些部属，主管对其稍为客气些，便得意忘形，真的和主管没大没小起来,弄得主管不得不摆出上司的样子,此时,部属会自己觉得没有面子,其实也是一种自作自受。

第一节 实现与上级的有效沟通

人际沟通中最重要的就是与上级沟通。人力资源大师皮鲁克斯说:“一个人必须要精通与领导相处的策略,才能以最完善的方式通向成功之路,因为每个人都不是孤立的,都是处在一定的等级关系之中。”在一个组织里,直接决定你命运的就是顶头上司。因此,面对上级,唯唯诺诺、唯命是从并不是最佳表现,借助沟通,展现个性,凸显才能,方可游刃有余、平步青云。

在工作场合中,上级对员工来说,是关系重大的。良好的沟通,可以使下级员工准确明白上级布置的任务指令,有效地完成工作任务。好的沟通能使你节节高升;有问题的沟通也可能给你小鞋穿,甚至炒你的鱿鱼。如果你觉得自己得罪了上司,那就需要谨慎思考是在哪些方面做的有问题,为了自己的事业有个良好的发展空间,就一定要学会如何与上级沟通,并能在沟通中让双方的关系正常、健康地发展。

要想使上司对你另眼相看,最实际的就是在工作尽责之外,还要学会沟通策略。

一、与上级沟通的十个原则

(一)了解你的上司

兵法说:知己知彼,百战不殆。应该弄清楚你领导的背景,他在公司中的历史,以及他的工作习惯、奋斗目标与个人喜好等,这对于你大有好处。

一个精明强干的上司欣赏的是能深刻了解他,并知道他的愿望和情绪的下属。不要武断地下结论,例如上司没有上过大学,你可能怀疑他会嫉妒你的学位,但事实上,他很可能认为有硕士当自己的下属而感到骄傲。

(二)积极工作

成功的领导大都希望下属和他一样,都是乐观主义者。积极的作风并非只是一种策略,更是一种态度。一位干练下属很少使用“难题”“危机”或“挫折”等字眼,而把他的困难称为“考验”“挑战”,并制定出解决的办法迎接挑战。

在跟上司谈到同事时,只说他们的长处而不要说短处。这样做既有助于你和别人的合作,也能提升你的个人形象。

(三)说话简洁

时间是上级最宝贵的东西,所以言简意赅甚为重要。办事简洁利索,是每名工作人员的基本素质。简洁,并非急急忙忙将许多事情一口气讲完,而是能选择重点,说得直截了当而又清楚明白。

如果必须提出详尽报告,而又必须让上司在较短的时间内,明白你报告的全部内容,最好附上一页摘要。文笔好不但可以展示写作能力，更能反映思考能力，所以下笔前务必深思熟虑。

（四）仔细聆听

善于倾听的人不仅能听见上司说些什么，而且能听懂他的意思。如此才能够把握重点，回答得体中肯。

要注意缓解神经紧张，凝神聆听上司说话。眼睛注视着他，必要时做一点笔记。上司说完之后，你要等待一下，用心体会他的意思。也可提出一两个问题，真正弄懂其意图。然后将上司的话扼要复述一遍。切记：上司赏识的是那些不必反复叮嘱的人。

（五）保持适度关系

不要使自己和上司的关系过度紧密，以致卷入他的私人生活之中。你与上司在机构中的地位到底是不平等的，而亲密的友谊则会产生平等化，这往往会起到有害的作用。因为不同寻常的关系，会使上司过分地要求你，也会导致同事们对你的信任度发生变化，还有可能有人暗中与你作对。

切勿因为想跟上司维持良好的关系而过分操心，以致妨害你的创造能力与生产能力，尽量做好自己的工作乃是对待上司的最佳办法。不过，良好的关系有助于增进双方的工作效率，并能使大家受惠。

（六）信守诺言

只要你的长处能够抵消短处而有余，上司便会容忍你。他最不能容忍的是言而无信的人。如果你表示能完成某项任务而结果没有做到，你的上司便会怀疑你是否能守信用。

发现自己能力未及时，应尽快向他说明。虽然他会有暂时的不快，但比起最后失望产生的不满会轻微得多。专业管理顾问狄朗尼说："宁可让人知道自己犯了无意的过错，也不要有意地去犯错。"

（七）解决好自己职责内的难题

下属解决不了自己职责内的困难而把难题上交，会浪费上司的时间，同时也会损害自己在公司的影响力。因此，如果你能解决自己面临的困难问题，不但有助于培养自己的才能和建立必要的人际关系、打开工作局面，而且还可提高你在上司心目中的地位。

（八）圆通委婉

如果想提出新建议，应尽量收集可用作支持的事实，然后将这些事实加以说明，使上司能够接受你的方案。若能提出多种方案供他参考，更是一个良策，你可以列举出各种方案的利弊，供他权衡决策。

切勿直接否定上司提出的建议。如果你认为不合适，最好用提问的方式，表示反对。例如："我们可以这样改变而不妨碍工作的进行吗？"如果你的观点基于某些他不知道的数据或情况，效果就再好不过了。不要害怕向上司报告坏消息，当然要注意时间、场合和方法。愿意优雅地向上级告诫“皇帝没穿衣服”的下属,最终会比一味奉承上司使他做出愚蠢决策的下属的命运要好得多。

(九)勤奋工作

早到而不迟退足以显示你的工作热情与对企业的忠心。想多工作一些时候,应在上班之前,而不应在下班之后。因为早上精力充沛,你不会感到疲乏。而且,早到还表示“急于着手工作”,迟退则表示“工作还没有做完”。

(十)维护上司的形象

良好的形象是上司经营管理的核心和灵魂。你应经常向他介绍新的信息,使他掌握自己工作领域的动态和现状。不过,这一切应在开会之前向他汇报,让他在会上说出来,而不是由你在开会时大声炫耀。当你上司形象好的时候,你的形象也就好了。

二、与上级沟通的几个技巧

(一)处理好与直接上司的关系

1. 为上级出谋划策

不要以为出谋划策是上级的事,员工只要听从指挥就行了。只要你的意见是可行的、有利于工作进展的,那不妨提出来,只要能对工作起到促进作用,上级就会对你另眼相看。

其实上级最需要的不是只知道唯命是从的员工,而是富于创新精神、有谋略的好助手。要想得到上级的赏识,在关键时刻挺身而出帮助上级,是让上级对你另眼相看的最佳途径。

一个灵活的、不死板的人,总是会引人注意的。

案例

唐太宗与魏征

唐太宗与魏征既是君臣,又是朋友。没有唐太宗的贤明大度,就不会有魏征的忠直;而没有魏征的忠直,唐太宗就少了一面文治武功的镜鉴。二人相互衬托,相辅相成。

当初,魏征是唐太宗对手的部下,是唐太宗的爱才之心,才使魏征有了发挥才干的平台。他不仅帮唐太宗制定了“偃武修文,中国既安,四夷自服”的治国方针,也时时刻刻修正着唐太宗的谬误。他为唐太宗讲解了“民可载舟,又可覆舟”“兼听则明,偏信则暗”的治国道理,也常常犯颜直谏。

从贞观初到贞观十七年魏征病故为止,17 年间魏征谏奏的事,有史籍可考的达 200 多项,内容涉及政治、经济、文化、对外关系和皇帝私生活等,都知无不言,言无不尽。有时竟让唐太宗下不了台。

当然,皇帝也是人,有时唐太宗回宫后发火,声言恨不得杀了这个乡下佬,但他又不愧一代贤明君主,火气过后又为有这样忠谏之臣感到欣慰,就一次次原谅魏征的犯颜直谏。

以致在魏征死后,唐太宗极为伤感地对众臣说:“以铜为鉴,可以正衣冠;以古为鉴,可以知兴替;以人为鉴,可以明得失。今魏征逝,一鉴亡矣。"

2. 勇于为上级做出牺牲

作为上级,也难免遇到棘手的事情,这时往往人人向后躲,生怕撞上马蜂窝。作为一个聪明、有魄力的下级,在这种时候,理智的做法不是往后躲,而是站出来为上级作牺牲。上级的眼睛是明亮的,谁付出得多,他心里最清楚。对于勇于为他作牺牲的人,他是绝不会亏待的。

(二) 让上司关注的方法

1. 不时向自己的上司"请教"

有些东西明明你懂得比他还多,但你还是要尊重他的职位,和他讨论某项计划,请他"指点指点"。上司看到你如此尊重他,当然就对你放心了。不过,如果你"请教"之后,一个"指教"都没采纳,那也许会得到相反的效果。因此,你的计划与行动要多多少少考虑上司的"指教"——他对此一定很在乎!

2. 不要忘记赞美你的上司

要记住,员工需要上司的夸奖,上司其实也需要下属的赞美,尤其是在上司的领导在场的情况下。你对他的赞美,一方面表明了你对他的服从;另一方面,你也替你的上司做了一次公关活动,他怎不对你心存感激!

3. 在上司面前不要计较个人得失

如果你喋喋不休地向上司提出物质利益要求,超过了他的心理承受能力,在感情上,他会觉得压抑、烦躁。如果"利益"是你"争"来的,上司虽做了付出,但并不愉快,心理上会认为你是个"格调"较低的人,觉得你很愚蠢。如果你的上司是个糊涂虫,与他争利益得失,反倒会把你的功劳一扫而光。"利"没有得到,"名"也会丧失。

最好的办法是让上司主动地给予,而不是你去"争"。但在你的作用最不可取代和上司离不开你时,你的待遇又过分背离,你也可以婉转地点到为止。

(三) 处理好上司的发火

1. 先让上司的火气发出来

对待上级领导的发脾气,最好的办法是"以静制动""以柔克刚"。硬起头皮来洗耳恭听,正确则虚心接受,不对则事后再找机会说明,这比马上辩解,风助火势,火上浇油要高明得多。因为对情绪尚处于激动状态的上级领导做任何辩白,在效果上都是徒劳的,甚至会适得其反。

甘当上级领导的"出气筒",不但可以显示你容人的胸怀和气度,也会给上级领导留下"听话"的好印象,你会因此得到上级领导更多的善待和信赖。

2. 先道歉,再做事,后解释工作

当受到上级领导的责备和训斥、在其火气正盛时,解释的话是多余的。但是,这并不等于说你不能找机会在其他时候把问题解释清楚。

最好的方法是在上级领导发完脾气、安静下来后，再找个时间来做解释。而且，最好能经过一个黑夜的间隔，使上级领导有机会平息心境，反省自己的态度、措辞和方式方法问题。

一般来说，人们发完脾气后，都会有些懊悔，这种心理却正好可被我们利用，从而使谈话能够趋于平和，并能创造出一种有利于自己的心理氛围。

作为负责一方，如果你的确做错了事，一定不要羞于见上级领导，或害怕再被训斥。高明的上级领导是绝不会为同一个问题动两次肝火的，但你在事后深刻地检讨和表明决心却是十分必要的。因为这表明，你并没有忽视上级领导的训话，并且进行了自我反省，希望有机会进行改正。

如果上级领导对你的责难是错误的，你就更应该在事后澄清，洗去不白之冤。但是，虽然真理在手，你仍是要讲究策略的。具体的技巧是，先承认自己的一点错误，然后再话锋一转，向上级领导解释事情的真相和原委。

3. 拿出实际行动来

有时候，上级领导干部发脾气，你一言不发也绝非万全之策。当需要解决问题时，面对上级领导怒气冲冲的质问，你最好的办法是拿出事实和行动来。事实胜于雄辩，行动胜于表白。如果你在工作中的确出现了失误，在上级领导发火之余，你一定要积极地展开行动，使错误得到补救和改正。

因为这说明，上级领导的话已起了作用，拿出实际的行动是最好的"败火剂"和"清凉剂"。如果你受了委屈，并且有确凿事实或材料加以证明，那不妨坚持一下自己的看法，用事实而不是用解释来证明自己。但要注意，你一定不要暴跳如雷，针锋相对，而是要镇静自信，并且言简意赅。

（四）面对上司的冷落

1. 调整好自己的心态

大凡事业有成者都是调整自我的高手，即使是在逆境中也能把握自我，保持心态的某种平衡。

受到冷遇时，最高明的办法莫过于坦然地接受它，并努力使自己的做到心态平和，不为逆境所困扰、所挫伤，使自己的精神永远不能被打败。调整心态，不是一时的权宜之策，是今后做好工作所不可或缺的修行。失意会给你一个使自己更加坚强的机会，而这种坚强又是一个事业有成的重要因素。

2. 不断"充电"武装自己

受上级领导的冷落，并不意味一生就失去了发展的机会，我们应该认识到这点。同时，为迎接这种机遇而做好最充分的准备。而其中，最好的准备莫过于武装自己，充实自己，增长自己的才干。因为万事都在变，养精蓄锐等待时机，是成大事高人应有的心态。

有时候你不被重视，可能确实是因为工作能力不佳，不能够胜任上级领导分派的工作，或不能与上级领导形成心有灵犀的合作关系。这时，你更应该为自己补课了。

在受上级领导冷遇的日子里，你可以从繁忙沉重的工作负担中解脱出来，拥有一片闲适的自由空间。在此期间，可以去大学进修、考取一项职称、读史书或者去完成一项思虑已久却没空去做的任务。不颓废，不绝望，用心去做，就会有收获。

3. 增加与领导的接触

有许多时候，上级领导冷落某一个员工，是因为不大了解他，没有深入地知道他的才干，或者对他的忠诚没有把握。因此，在你尚未得到重视之前，是很难得到上级领导的重用的。属于这种情况的，你应该采取主动措施加强与上级领导的沟通接触，或者注意提高自己的知名度。

(1) 有意识地去寻找与上级领导交流的机会。如请教一个问题、提出一个建议、与领导聊天等。

(2) 不妨在某一领域一显身手，从而引起上级领导的注意。如跳舞、书法、写作等。

(3) 通过增加在上级领导面前出现的频率，增加上级领导对自己的印象和兴趣，为交流奠定某种心理基础。

(五) 如何巧妙地拒绝上级

1. 以委婉的方式表达自己的立场

在拒绝、反驳上级的时候，应委婉地提出自己的观点，这样既可维护上司的面子，也能让他感觉你说得很有道理，从而容易使上级改变原来的主张。

案例

委婉的表达方式

在《晏子春秋》中，烛邹不慎让一只打猎用的鹰逃走了。酷爱打猎的齐景公下令将之斩首，晏子用下面的一段话救了烛邹。

晏子："烛邹有三大罪状，哪能这么轻易杀了呢？请让我一条一条地列数出来再杀他，可以吗？"景公："当然可以。"晏子指着烛邹的鼻子说："你为大王养鸟，却让鸟逃走，这是第一条罪状；你使大王为了鸟的缘故而要杀人这是第二条罪状；把你杀了，天下诸侯都会责怪大王重鸟轻士，这是第三条罪状。"景公："别杀他了，我明白你的意思。"

晏子用的反语表面上是数落烛邹的罪状，实际上是批评齐景公重鸟轻士，并指出了这样做的危害。既收到了批评的效果，又没使身居高位的君王难堪。可谓反驳上级的绝佳技巧。

2. 借助于他人的力量

当上级要求你做某件事，你想拒绝但又不好说出口时，不妨请来两位同事和你一起到上级那里去，借助他人达到拒绝的目的。

去见上级之前，你要与同事商量好，他们两个谁是赞成的一方，谁是反对的一方，然后与上级争论。争论一会儿后，你再向反对的一方靠拢，说："原来是这样，那可能太勉强了。"这样一来，就可避免直接拒绝上级，而表明自己的态度。通过这种方法，上级会认为

"大家是经过讨论之后，才做出这种结论"的，而包括上级在内的所有人，都不会觉得哪一方受到了伤害，从而上级会自动放弃原来的想法。

对上级说"不"的时候，一定要注意方式，采用一定的技巧，使拒绝巧妙而见成效。拒绝上司决不能用生硬的语气，言辞不能过于直白，对于如何运用技巧，运用什么样的技巧，应因时、因地、因人、因事灵活机动的随机应变。

第二节　实现与下级的有效沟通

优秀领导者的主要任务之一，就是能够不断地提高下级的干劲，使下级的能力有所发挥。作为领导要切记：下级不是宣泄的对象，而是与你并肩作战的伙伴。凭借沟通，我们将得到一个和谐愉悦的全新团队。

如何才能叫下级信服，充分发挥其能力呢？可以用孙权的一句话概括："贵其所长，忘其所短"。对下级的缺点、短处，不必在意，使他的能力得以在毫无牵制的情形下尽情发挥。

有些企业领导人错误地认为：决策是领导做的，部下只需要执行上级决策，不需要相互沟通。其实沟通是双向的。领导要使决策合理和有效必须要广泛搜集信息、分析信息，才能做出科学判断。

如果企业管理者不信任自己的员工，不进行必要的沟通，不让他们知道公司的进展，员工就会感觉自己被当作"外人"，轻则会打击员工士气，造成部门效率低下；重则使企业管理者与员工之间，形成如阿猫阿狗样的相互不信任的敌意，产生严重隔阂，无法达成共识，有时候甚至会误解领导的意图，认为决策是领导的事，与员工无关，而消极抵抗。

在实际生活中，影响对下沟通的主要因素就是领导没"心"，缺少热忱。一些企业领导人也注意跟员工的沟通，但是由于没有交心，隔靴搔痒，沟通的效果也就大打折扣。上级对下沟通，关键是要一个"诚"字，用心去沟通。

作为一名企业管理者，要尽可能地与员工们进行交流，使员工能够及时了解管理者的所思所想，领会上级意图，明确责权赏罚。避免推卸责任，彻底放弃"混日子"的想法。而且，员工们知道得越多，理解就越深，对企业也就越关心。一旦他们开始关心，他们就会爆发出数倍于平时的热情和积极性，形成势不可挡的力量，任何困难也不能阻挡他们。这正是沟通的精髓所在。

案例

"顾下"的好处

孟尝君是齐国的世袭贵族，天子将薛地封赐给他。而他是个胸怀抱负、喜好交友之人，常常仗义疏财，广揽天下贤达，最盛时，前来投奔他的门客竟然超过千人。

门客来自五湖四海，其中有一位名叫冯谖的，此人胸怀天下，行事另类。有一次，冯谖得知孟尝君封地里的乡民有一些债务一直难以收回，便自告奋勇地要求到薛城为孟尝君收债。临行前，他问孟尝君："我收完债后，用不用买些什么回来？"孟尝君未及深思，不经意地说："你看我家缺少什么就买什么吧。"

后来，冯谖到了薛地，做了一个十分"唐突"的决定：他不但没有催逼百姓还债，还以孟尝君之名将契约全部销毁。老百姓额手相庆奔走相告。冯谖两手空空回去复命，孟尝君见他空手而归，很是奇怪，问他买了什么回来？冯谖说："你说让'买你家缺少的'，我考虑你家什么都不缺，唯一缺的是'义'，我就为你买了'义'。"

孟尝君很不高兴，心想这个冯谖，自作主张，不宜重用！一年后，齐王听信谗言，免去了孟尝君的相国职务。孟尝君只好灰溜溜地回到封地，令他始料不及的是，薛地百姓竟扶老携幼，夹道相迎。孟尝君这才悟到冯谖所提到的"义"的重要性。

顾上是求进之道，顾下则兼具求进与自保两种功能。冯谖的故事让我们领悟到，善于与下级沟通也是一种职场沟通与生存的"捷径"。很多时候，注意与下级沟通可以助你事业有成，获得上级的赏识，所以，历来有所为者，都很注意把"上得欢心，下得民心"巧妙地结合起来，从而使自己立于不败之地。

"顾下"工作做得好了，即便上级一时疏远你，你也可以凭借良好的群众关系，韬光养晦，以图东山再起，也不至于四面楚歌，腹背受敌，狼狈不堪。

一、与下级成功沟通的六个原则

（一）发挥下属的能力

在企业面临激烈竞争、既定目标达不到的情形下，如果想让组织活跃起来，就需要每位职员在自己的岗位上，勤奋地工作，能否使下级有这种干劲，是领导者的首要任务。

（二）调整自己的态度

领导者只有以冷静沉着的态度，才能做出精确的决断，《孙子兵法》中说："主不可怒以兴师，将不可愠以致战。"荣辱不惊才是大将风度。

（三）对下属要宽严相济

上级对于下级，应是慈母的手紧握钟馗的剑，平时关怀备至，犯错误时严加惩罚，恩威并施，宽严相济，这样方可成功统领。

每一个领导者都应具备慈母的手、慈母的心。对于自己的下级，要维护和关怀。因为，他们是你的同路人，甚至是你的依靠。而且，也只有如此，才能团结他们，共达目标。

（四）与下属要坦诚交流

近年来，一些竞争力强的美国公司纷纷成立"员工协助"单位，目的在于提供员工心理保险，以待解决员工的个人与家庭问题。

无论你的公司是否有这种管理制度，关心员工的心理健康已成为现代管理趋势中较重要的一环。要做好这种心理辅导的工作，管理者首先应同员工面谈。

面谈时要注意下列原则。

时间上选择一个星期中的前几天而不是接近周末的后几天，选择早上而不是下班之前。选择让员工感觉有隐私的地方，譬如办公室附近的安静咖啡厅，可供散步的花园或公司内的会议室，以使面谈的过程不受干扰，让员工轻松自在地和盘托出。

使用“我”而不是“你”的关心语言。比如，“我对于你造成的意外事件感到焦虑不安”，而不是“你这样焦虑不安，以至于引起许多意外事件”；“我对你的不理睬命令感到生气”，而不是“你用不理睬命令的方式激怒我”；“我要与你谈谈”，而不是“你来找我谈谈”。

注意聆听而不作任何建议或判断，此外，要将谈话的内容保密，会谈后不与其他同事讨论细节。

不良行为来自各方面：容易生气、悲哀或恐惧，感到孤单、忧郁、情绪不稳，酗酒或吸食药物。亲朋好友的去世，高度的压迫感，无法专心，容易失眠，有自杀的想法，有体重肥胖的烦恼，缺乏自信，害羞，对工作、对自己或对这个世界感到悲观，人际关系不良，缺乏激励自己的欲望，家庭及经济的困扰。

案例

影响一生的谈话

近几年来某公司从各院校招聘一批学习优秀的毕业生充实公司各个部门，从北京某大学电气专业毕业的小杨在导师的推荐下，被招聘到该公司技术部，部内有一位科班出身的王工带她学习业务。

小杨的学习成绩一直很好，成长道路比较顺利，性格比较开朗，喜欢把自己的想法告诉大家，一起讨论研究问题。她认为，经过四年的学习自己掌握了扎实的专业基础，而之所以选择这份工作也是因为该公司规模适中，发展速度较快，她觉得自己在这里施展能力的空间较大。

但到公司实习一星期后，小杨就陷入了困境。在学习业务中，她感到力不从心，很多工作中的问题，她感觉带她学习业务的王工不是很愿意和她说话，这让她产生了两难的困惑，是继续在公司工作还是该准备辞职了。

王工到部门主管张经理那儿汇报工作，将小杨的这些情况告诉经理，并希望他找小杨谈话从而促进她的进步和改进。

“小杨啊，你在跟王工学习业务中有些浮躁，语气不太谦和，态度不行啊。”部门主管找到小杨说道。

“是嘛，哎！有这个问题？难怪王工最近不愿意跟我说话，感觉她不愿意带我呢！”

“小杨，你上进心很强，工作也很认真，在公司今后发展中会有所作为的，但是王工觉得你性子有点急，说话交流有时候不太注意方式，尤其对前辈感觉不够礼貌，这让她很担心你啊，所以为了以后你能够很好处理同事关系她才建议我和你谈谈，希望你可以改善一些。”

“嗯，好的，经理，我会尽快适应公司工作生活，学会为人处事，和同事们搞好关系，积极向王工学习！”

这次张经理找小杨谈话，让她进一步思考了作为一名新入职员工应该如何做好人际沟通。

小杨这一代受到的关心多而付出少，相对来说不善于体谅他人，她没有很好地进行从学生到职员角色的转换，仍以一种个性化、平等地位的方式处理新人与前辈的关心。

而对于企业来说，刚毕业的大学生是企业人才招聘的主要来源之一，所以企业对于这部分人群就必须设计出良好的用人机制来帮助他们改善缺点，从而使他们发展成为企业的核心人才，促进企业发展，而良好的沟通机制便在其中发挥着巨大作用，尤其是新进员工与其直接上级间的沟通直接影响着他们的去留以及今后的工作态度。

（五）让下属发表意见

松下允许员工当面发表不同意见与不满。第二次世界大战前期，有一位候补员工向松下再次发表过不满。那时的松下电器员工分一、二、三等和候补四等。这位候补员工迟迟未获升迁，就直截了当地对松下说："我已经在公司服务很久，自认为对公司有了足够的贡献，早已具备了做三等员工的资格。可直到现在，我也没有接到升级令。是不是我的努力还不够？如果真是如此，我倒愿意多接受一些指导。其实，恐怕是公司忘了我的升级吧？"

松下对此很重视，责成人事部门查处，还真办了升级手续。接着，除了立即发布升级令外，松下明确表示，非常赞赏这种坦白的请求。松下鼓励大家把不满表达出来，而不是闷在心里。如此就不会增加自己的内心痛苦，对公司也是会有很多好处的。

（六）让下属大胆去做

作为领导者，你不要过多干涉员工去做自己的工作，放手让他们去做罢了。只有在一个目标明确，又有充分自由空间去实现目标的环境下，员工才有可能最大限度地发挥自己的才智。如果你规定了他们的工作目标，又为他们划定了许多做事的条条框框，那他们当然就失去了行为的主观能动性。所以培养员工拥有自己的头脑，发挥员工的智慧是大有必要的。

离开员工是检验领导者是否成功的最好方式。如果你已经能够培养员工按照你所构想的方式去做，如果你让他们真正承担起自己的责任，如果你能让他们自行其是，那么，当你离开的时候，所有的一切可以照样圆满地成功完成。

作为领导者，你只需为员工指引方向，而且这一方向不应在 3 个星期或 3 个月内就做出改变。即使出现一些问题，你的员工也应该像你一样妥善地处理。当然，如果是一个十分重大的问题，那他们不可能自行其是，必须报告于你。

二、与下级沟通的几个技巧

（一）让下级知道你关心他们

每个人都有自己的尊严，都希望得到别人的认可。而上级对下级的关心，对下级倾注的感情，尤其是对下级生活方面的关怀与照顾，可以使他们的这种尊严得到满足。有许多身居高位的大人物，总会记得只见过一两次面的下级的名字。如果在电梯或门口遇见时，点头微笑之余，叫出下级的名字，就会令下级受宠若惊，感到被重视。

领导对于下属，不仅仅是在工作上的领和导，还应在下级的生活方面给予一定的关爱。特别是下级碰到一些特殊的困难时（如意外事故、家庭问题、重大疾病、婚丧大事等），作为领导，此时应伸出温暖的手，那才是雪中送炭。这时候的下级会对你产生一种刻骨铭心的感激之情，并且会时刻想着要如何报效于你。他时刻像一名鼓足劲的运动员，只等你需要他效力的发令枪一响，就会冲向前去。这时的"雪中送炭"比"锦上添花"更有价值。

（二）宽容大度、虚怀若谷

案例

大将风度

199年，曹操与实力最为强大的北方军阀袁绍对峙于官渡。袁绍拥兵十万，兵精粮足；而曹操的兵力只及袁绍的十分之一，又缺粮，明显处于劣势。当时很多人都以为曹操必败无疑了。曹操的部将以及留守在后方根据地许都的好多大臣，都纷纷暗中给袁绍写信，准备一旦曹操失败便归顺袁绍。

半年以后，曹操采纳了谋士许攸的奇计，袭击袁绍的粮仓，一举扭转了战局，打败了袁绍。曹操在清理从袁绍军营中收缴来的文书材料时，发现了自己下属的那些信件。他连看也不看，命令立即全部烧掉，并说："战事初起之时，袁绍兵精粮足，我自己都担心能不能自保，何况其他的人！"这么一来，那些动过二心的人便全部都放了心，这对稳定大局起了很好的作用。

曹操的做法的确非常高明，它将已经开始离心的势力又收拢回来，这是没有气度的人无法做到的。作为领导，就应具有这样的胸怀，只有这样，下属才会尽心竭力为他干事。

（三）诚心接受下级的意见

卡耐基承认，每当有人开始批评他的时候，只要他稍不注意，就会马上很本能地开始为自己辩护——甚至可能还根本不知道批评者会说些什么。卡耐基说，每次这样做的时候，他就会觉得非常懊恼。我们每个人都不喜欢接受批评，而希望听到别人的赞美，也不管这些批评或赞美是不是公正。

领导者应该有足够宽阔的心胸，能够容纳得下下级的批评，以此来不断促进自己的工作。一个合格的领导者应向他的员工传达批评与自我批评的观念，最有效的方法莫过于当面痛快地承认自己的过错。领导者必须能够勇于接受下级的批评，否则就不可能在批评他人时有说服力。即便是听到那些不很审慎的坏话，也不要先替自己辩护。

身为领导者，有必要表现得与众不同，要谦虚、明理，要成为下级们模仿的榜样。只有这样，领导者才能依靠自身，而不是凭权力去赢得别人的喝彩。

（四）正确对待下属越级沟通

在你所在的部门里，是否经常有人越过你直接向你的上司提出意见或建议？你作为中层领导是否有员工如此造访？在单位里，你是否曾为这样的沟通而苦恼过？如果有以上情况，这说明你的组织存在着越级沟通现象。在此，我们仅讨论常见的、简单的、自下而上的越级沟通形式。

下属产生越级沟通的基本条件：一是下属认为他通过与其主管的中层领导进行信息沟通无助于问题解决，或不能满足其沟通期望，如晋职、提薪和对部门的合理化建议等。二是员工认为只有越级沟通才是解决问题的最优方式，才能达到沟通效用最大化和目标最大化。越级沟通只有满足了以上两个条件，才成为可能。

面对下属的越级沟通，中层领导应持的态度。

第一，要肯定下属的越级沟通行为。

一方面，下属实施越级沟通面临着巨大风险，需要有一定的胆识。这些风险主要有：组织高层领导可能不采纳自己建议而自讨苦吃；直接上级知悉此事的负面压力，引起周围同事的警惕、疏远以及冷眼旁观；引起下属更大范围的模仿等。另一方面，下属相信会引起高层领导重视才实施了越级沟通，因而可认为这些人对组织具有较高的责任感和信心，尤其是那些以组织发展为沟通目标的越级沟通行为。

第二，不提倡对越级沟通的事大包大揽，要讲究分层管理。

高层领导对下属的越级沟通可予以肯定，但不必事事都要亲力亲为。高层领导不可能也不应该淹没在冗杂的日常事务上，而要把精力放在组织重大决策和进行战略思考上。因而对沟通的内容和形式要有一定的要求，切不可事无巨细都包揽起来。要根据组织规模、结构层次，实施有效的面向越级沟通的分层管理体系。

第三，倡导下属沟通的信息对事不对人。

倡导下属沟通的信息是对事不对人，对涉及的问题要先从组织全局、部门工作入手切勿直接针对个人，甚至作为考评主管的依据或实施个人报复的材料。

第四，对于沟通信息要有反馈。

反馈是沟通有效实施的根本。高层领导对沟通内容要进行信息加工和处理，要给中层领导以反馈，力求营造“大事小事有人谈，大事小事有人管”和“人人关心组织，组织关心人人”的良好组织氛围。

小贴士

越级沟通有别于“打小报告”，要强调越级沟通是面向组织的而非针对个人，上级领导要有保护好中层领导的姿态。这一方面对于中层领导而言“心无余悸”，越级沟通能够接受。另一方面，唤起组织成员有效的民主参与意识，形成沟通“无级限”的气候。

（五）帮助下属改进工作方法

案例

帮助下属也要找准“七寸”

小张刚刚从名校管理学硕士毕业，出任某大型企业的制造部门经理。小张一上任，就对制造部门进行改造。他发现生产现场的数据很难及时反馈上来，于是决定从生产报表上开始改造。借鉴跨国公司的生产报表，他设计了一份非常完美的生产报表。从报表中可以看出生产中的任何一个细节。

每天早上，所有的生产数据都会及时地放在桌子上，小张很高兴，认为他拿到了生产的第一手数据。没有过几天，出现一次大的品质事故，但报表上根本没有反映出来，他这才知道，报表的数据都是随意填写上去的。

为了这件事情，他多次开会强调认真填写报表的重要性，但每次开会，在开始几天可以起到一定的效果，但过不了几天又返回了原来的状态。这让他怎么也想不通。

小张的苦恼是很多企业经理人一个普遍的烦恼。现场的操作工人，很难理解管理者的目的，因为数据分析距离他们太遥远了。大多数工人只知道好好干活，拿工资养家糊口。不同的人，他们所站的高度不一样，单纯地强调、开会，效果是不明显的。

站在工人的角度去理解，虽然小张不断强调认真填写生产报表，可以有利于改善管理，但这距离他们比较远，而且大多数工人认为这和他们没有多少关系。

后来，他将生产报表与业绩奖金挂钩，并要求干部经常检查，工人们才知道认真填写报表。在沟通中，不要简单地认为所有人都和自己的认识、看法、高度是一致的。对待不同的人，要采取不同的模式，要用听得懂的"语言"与别人沟通！

下属工作不力，该怎么办？是声色俱厉、横加呵斥，还是越俎代庖、亲力亲为？不同的人有不同的看法。其实，最明智的做法是深入调查，找准下属工作不力的原因，从而对症下药，帮助下属优质高效地完成工作任务。具体地说，对策有四点。

一曰"导"。下属工作不力，思想不顺，认识不高，态度不端是原因之一。有的对你安排的工作不满意，或者与你之间有矛盾，以致干起活来情绪低落、心不在焉；有的因某种原因，对你分配的工作的重要性缺乏足够的认识；面对这种下属，中层领导应该头脑冷静，耐心细致地加以引导。

一要放下架子，亲近下属，听取意见和呼声，把准思想脉搏，缩短上、下级之间的心理距离。

二要帮助下属理顺思想，消除疙瘩，振奋精神。

三要帮助下属正确认识自己所承担的工作的重要性，勉励其积极主动地把工作做得又快又好。

二曰"扶"。胆量不大、能力不强，往往也会使得下属工作不力。对待这样的下属，决不能轻言放弃，闲置不理。因为这些下属并非真的是天生迟钝的懦弱无能之辈，有的还很具潜力，只是缺乏培养锻炼。倘若着意雕琢，他们是完全有可能成才的。况且合适的人选短时间内难以找到，即使自认为找到了，动起真格来也未必真行；何谓"扶"？就是不断创造机会，让其在实践活动中提高素质、增强能力和胆识。

三曰"逼"。有的下属工作不力，完全是因为惰性太强，懒散成性。但这样的人往往脑子好使，行动起来爆发力强。他们之所以不能按质如期完成工作任务，主要原因是律己不严、自由散漫、工作缺少紧迫感，习惯于到"火烧眉毛"之时方欲认真"作答"，无奈时间所剩不多，只得糊弄几下，硬着头皮交差。调教这种下属，最有效的办法就是增加压力、加强督促、时常鞭策，一个"逼"字足矣。

四曰"换"。对于实在不能胜任工作的人，也只能采取能上能下的办法，请其另谋高就。但有几个前提：一是他各方面的素质和能力，确实不适合现岗位，属于当初选人时没有把握准，这是常会发生的事情，不要太害怕；二是要提前有后备的更强的人选供你使用；三是你在之前用与人为善的心态与下属有过提醒和帮助，并与你的上级进行了必要的沟通。

（六）纠正下属的“老毛病”

一些下属由于受工作和生活环境中不良习惯的影响，日积月累，便会形成“老毛病”。诸如，办事粗心、拖拉现象严重，经常迟到早退，或者贪杯误事等。中层领导者在对待这一问题上，既不能听之任之，也不能过于苛求，而要宽严适度，正确对待。

1. 暗语相示巧点醒

（1）可以给那些下属一个失望的眼神，一声无奈的叹息，让他们察言观色，反思自己的行动，然后进行自我剖析和改正。诸如，对那些上班爱迟到、工作中爱聊天和搞小动作的下属，就可假以辞色。

（2）可以通过一些幽默的解嘲或调侃来对待那些办事拖拉、粗心大意的下属，既给他们施加一种无形的思想压力，同时也给他们一个台阶下，使他们去认识和改正自己的“老毛病”。

（3）可以采取“放一放”式的冷处理，让那些经常因“老毛病”影响正常工作的下属尝尝受冷落的滋味，让别人暂时替代其工作，然后迫使其改正。

2. 直言相告善批评

既然是“老毛病”，有时候就具有较强的反复性，如果点醒不能促使其提高觉悟或改正，那么就应该采取批评的办法来解决，但前提应是一个“善”字。因为，善意的批评能够更好地使下属认识和改正自己的不足，进而增强工作积极性。如果不是这样的话，一味地认为批评是公事公办，那么就不易把握分寸。批评不到位，无济于事；批评重了，容易引起下属的反感，出现事与愿违的结果，挫伤下属的工作积极性。

因此，在批评时，首先，要开诚布公，直言相告。通过“老毛病”做工作，分析利害，动之以情，晓之以理，并热心地为其指明改进的方向。其次，要抓住要害，有的放矢。对那些错误性质比较严重的下属，可当众点名批评，限期改正，以观后效，但不能泛泛而批，或者是乱扣“帽子”，影响群体情绪。最后，要把握分寸，适可而止。不能因为下属有“老毛病”就大会“批”、小会“点”。那样不仅不利于领导者正确处理与下属的人际关系，而且会让下属认为领导度量狭小、不能容人，进而影响领导形象和工作。

3. 强化管理严奖惩

（1）要根据单位的实际工作情况和现状，建立健全各项工作制度。只有靠制度来约束下属，消除“老毛病”存在的温床，才能有效防止“老毛病”给工作带来的危害。

（2）管理要有针对性和灵活性，可以根据实际情况和部门的职责任务，明确指出禁止什么，反对什么和提倡什么，要紧贴实际，让下属能自觉接受，但也不能过于宽松，让下属钻空子，以致达不到初期的目的。

（3）制定适当的奖罚措施，在工作中给予那些比较顽固的下属一定的经济处罚，让他们体验到另一种切“肤”之痛，并记住教训，更好地去工作。但处罚一定要考虑其承受能力，对处罚的经济收入要正确使用，做到方法得当，奖优罚劣，公道合理，而不能有赢利之目的。或者奖罚不明，使下属产生抵触情绪，因小失大，酿成后患。

（七）处理员工上班时间办私事

作为中层领导，要处理员工在工作时间办私事的问题，得先找出原因，然后可就不同的情况，作弹性的处理。

有些职员在工作时间办私事的原因，是因为他的工作岗位过于清闲、无事可做，唯有找别的事情打发时间。中层领导可安排较多或较有挑战性的工作给他，情况会自然地改善。

现在有不少打工仔有数份兼职，由于在工余没有足够时间应付兼职工作，于是便利用正职的工作时间。或许他的工作能力较强，尚能应付工作“量”的要求，但在“质”的方面，可能是马虎了事。对待这些员工，你要清楚表明立场，要求他不要在办公时间另赚外快；在下班后，如果他的兼职工作没有与公司利益发生冲突，你便无须提出严格的要求。

令员工遵守公司的纪律，当然是中层领导的职责，但切勿忘记你要做一个有人情味的中层领导。有些情况下，员工办理私事是情有可原的，例如员工家庭发生事故，或者只在工作较清闲时，偶然打私人电话。如果在上述情况下，仍要严格执行纪律，终会招致员工的反感，在有需要时，很难要求他们通力合作。

（八）处理下属的“抵抗运动”

假如你刚成为某公司或单位的一名中层领导，而一群老牌员工总是与你作对，从第一天起就不服管教。那么，你该怎样对待这一难题呢？

迎接挑战的最好办法是保持与该群体经常性的接触与双向沟通，比如在拟定部门计划与目标时请他们也参与进来。还有，这些员工在设计有助于部门工作目标和私人目标的过程中，你积极给予指导和支持，会让他们得到鼓舞。

此外，你还要了解到这个“抵抗”群体中，肯定有一个头儿，对大家是否接受某种行为观点做出决定。尽管你向这个群体兜售你的观念是颇为困难的，然而对这个头儿来说，事情就简单多了。你如果知道头儿是谁，则应与他见面，让他明白你尊重老员工的情怀，让他明确在群体中应发挥怎样的带头作用，让他也明白与你合作会得到的好处与机会。

如果这些员工还不响应你的亲善行为，那么你可以采取备用措施。让员工知道，他们的所作所为属反抗行为。如果继续闹下去违背了公司部门的制度、规范，你将按规章给予他们严厉的制裁。让他们明白员工是组织中的固定资产，但如果自视过高，那也完全可能会变成流动资产。

小贴士

批评下属要讲究方式方法

批评下属也是一门领导艺术，如何对待犯错误的下属，是领导者必须慎重对待的一个大问题。处理得当，双方满意，可以促进工作；处理不得当，则可能为自己树敌，增加工作上的阻力，应注意批评惩罚的尺度，方能惩前毖后，一箭双雕。

第三节　实现与同级的有效沟通

平行沟通最难，因为大家职务相当，不可以带有丝毫指令，必须把握“敬人者人恒敬之”的原则，由自己尊重对方做起。最要紧在建立自己的沟通信用，使同仁充分了解自己“不让人家吃亏”的作风。“多琢磨事，少琢磨人”，是处理好同事关系的一条原则。

要知道善于与他人团结协作的人，大都会取得事业上的成功，因此合作是许多成功人士的共同特征，而且合作本身就是一件快乐的事情。有些事情人们只有互相合作才能做成，不合作彼此都得不到好处。

案例

关于天堂和地狱的故事

一个人请求上帝带他参观一下天堂和地狱这两个地方，希望在比较之后能选择他将来的归宿。上帝满足了他的要求，先带他看了魔鬼掌管的地狱。进去之后的第一眼让他大吃一惊，他看到所有的人都坐在酒桌旁，面前摆满了美味佳肴，包括水果、蔬菜和各种肉食。但当他仔细看那些人时，却发现他们一个个愁眉苦脸、无精打采地坐在桌子旁，一副营养不良的样子。原来这里每个人的左臂都捆着一把叉，右臂捆着一把刀，刀和叉都有4尺长的把手，根本就不能送到自己嘴边，所以每个人都在挨饿。

随后，这个人又跟随上帝来到了天堂。那里的景象和地狱几乎一模一样，同样的食物、刀、叉以及那些很长的把手，可是天堂里的人们却都笑容满面。

这位参观者开始的时候感到很困惑，但随后就发现了其中的原因。原来天堂的每一个人都是喂对面的人，而且也被对面的人所喂，他们互相帮助，所以非常快乐。而地狱里每一个人都试图喂自己，可是一刀一叉以及4尺长的把手使他们根本吃不到任何东西。

这个故事告诉我们，如果你想得到别人的帮助，首先要帮助其他人，而且你帮助的人越多，你得到的也越多。只有彼此间的相互协作才能使大家都幸福快乐。

现实生活中，平级之间以邻为壑，缺少知心知肺的沟通交流，因而相互猜疑或者互挖墙脚。这是因为平级之间都过高看重自己的价值，而忽视其他人的价值；有的是人性的弱点，尽可能把责任推给别人；还有的是利益冲突，唯恐别人比自己强。

一个优秀的企业，强调的是团队的精诚团结，密切合作。因此平级之间的沟通十分重要。平级之间要想沟通好，必须开诚布公，相互尊重。如果虽有沟通，但不是敞开心扉，而是藏着掖着，话到嘴边留半句，那还是达不到沟通的效果。

一、与同事有效沟通的五个原则

（一）主动帮助他人

不要错误地认为帮助别人，自己就有所牺牲，别人得到了的自己就一定会失去。实际上，帮助别人也就是帮助自己，你在帮助别人的同时收获了快乐，这就是付出得到的回报。

（二）主动参与集体活动

在团队中，每个成员都应具有奉献精神，贡献自己的聪明才智。如果你不敢抛头露面，不敢大胆地表述自己的观点，或觉得你的观点不如他人的有价值，那么，你就无法培养自己的社交能力，也无法赢得团队中其他成员对你的认识和尊重，更无法对团队的决定施加影响。

（三）积极表述自己的观点

清楚地表达你的观点，并阐述理由。认真地聆听他人的意见，努力了解他人的观点及理由。这些做法可以提高自己在团队中的参与性。

（四）尊重他人

即使你确信自己比其他同事更有知识、更有能力，也不要太张扬，而要尊重其他人的意见。重要的是，你要让他人充分地表达自己的观点，不要随意打断或表现出不耐烦，做到这些对于团队力量正常地发挥是很必要的。

（五）倾听他人的意见，不要过于武断

除了提出自己的观点外，你还应该注意倾听其他同事的观点。当他人提出自己的观点时，要做出积极的和建设性的反应。要客观地评价别人的观点，不要意气用事。即使不同意也不要冷冷地反驳，要平和地表达自己的意见。

小贴士

大家都集中精力干工作，不过多地关注别人的缺点，人际关系就会比较正常、简单，工作效率就会提高。

二、与同事沟通的几个技巧

（一）认识和了解同事

俗话说，知己知彼，百战不殆。要达到与别人有效沟通的目的，你必须了解同事的秉性、脾气、个人爱好、能力特长、之前的阅历和经历，特别是他最成功的那段经历。这样，就首先使你们有了很多共同的话题，沟通之初就相见恨晚，就一定能够成为谈得来的好朋友，工作上需要支持的沟通自然也就顺理成章了。

小贴士

不做这样的同事

（1）谈话时爱插嘴、不尊重别人说话。

（2）喋喋不休又爱说教。

(3) 常常往自己脸上贴金。

(4) 常常承诺又不兑现。

(二) 主动关心和帮助同事

上班的日子里好多人都遇到过这样的尴尬,刚换到一个新的工作岗位,总会感到万分别扭、战战兢兢,对很多事情都是既新鲜、又提防,总想尽快磨合,适应新环境,可是一些资深的同事却是对你爱搭不理。甚至在一些事情上还故意跟你作对,使你觉得简直无所适从,可又别无选择。谁让他们是你的同事呢?

不跟他们好好合作、套近乎,今后简直难以工作。该如何面对这种处境呢?

人生下来会哭,妈妈抱起来后就不哭了。说明人天生都是需要别人关心的:高兴的事情愿意有人与你分享,痛苦的时候,愿意有人关心为你化解。在工作中最好不要只寄希望于对方总向你伸出援手,而是要多考虑自己如何去关心和帮助别人。特别是与关系不太好的人。首先,你可以尝试着去了解对方的难言之隐,如能化敌为友,说不定还会有意想不到的收获。同时应扪心自问无法与对方精诚合作的原因,究竟出在对方还是自己身上?自己是不是也应该负一点责任?清楚这些之后,应努力营造愉快融洽的气氛,学会与同事和平相处、友好合作。

(三) 真诚相处

与同事相处,应该真诚,当他工作上有困难时,你应该尽心尽力予以帮助,而不是冷眼旁观,甚至落井下石;当他征求你的意见时,你不要给他发出毫无意义的称赞;当他在无意中冒犯了你,又没有跟你说声对不起时,你要以无所谓的心情,真心真意原谅他,如果今后他还有求于你时,你依然要毫不犹豫地帮助他。

有人会问:"为什么我要待他这么好?"答案是:因为你是他的同事,你每天白天一大半的时间都是跟他们在一起,你能否从工作中获得快乐与满足,与你经常相处的同事有很大关系。当你在办公室里,没有人理你,没有人愿意主动跟你讲话,也没有人向你倾吐谈心时,你还会觉得你的工作有意思吗?一般来说同事之间有一点竞争、有摩擦是很正常的现象。但是我们要懂得如何把这种摩擦降到最低限度,应该学会怎样把这种竞争导向对自己有利的方向。

如果你还是觉得与同事相处很困难的话,请试试以下办法,相信你一定会有收获。

(1) 当同事们聚在一起聊天的时候,你应该暂时放下工作,走过去跟他们很融洽地开些无伤大雅的玩笑,让同事感觉你与他们很合得来。

(2) 不能随便把同事对你说的话告诉上司,否则你会很容易遭到大家联手反对。

(3) 同事有意无意表示自己有多能干,想获得上司的信任时,你切勿妒忌他,而应该诚心诚意欣赏对方的优点。

无论你跟谁共事,要想创造辉煌业绩,首要条件是双方默契配合,共同合作努力。

(四) 保持适度距离

在任何时候只有和同事们保持合适距离,才会成为一个真正受欢迎的人。你应当学会体谅别人，不论职位高低，每个人都有自己的工作范围和责任，所以在权力上，千万不要喧宾夺主。但也不能说“这不是我的事”这类的话，过于泾渭分明，只会破坏同事间的关系。在筹备一个任务前，应该谦虚地问上司：“我们希望得到些什么？”“要顺利完成任务，我们应该再做些什么？”

不要在背后议论别人长短。比较小气和好奇心重的人，聚在一起就难免说东家长西家短。你一定不要加入他们的一伙，偶尔批评或调笑一些公司以外的人，倒无所谓，但对同事的弱点或私事，保持沉默才是聪明的做法。

公私分明也是重要的一点。同事众多，总有一两个跟你特别投机，可能私底下成了好朋友。但不管你职位比他高或低，都不能因为关系好而进行偏护纵容，一个公私不分的人，是成不了大事的，更何况，上司对这类人最讨厌，认为这是不能信赖的人。所以你应该知道有所取舍。

与同事相处，太远了显然不好，人家会误认为你不合群、孤僻性格高傲；太近了也不好，因为这样容易让别人说闲话，而且也容易使上司误解，认定你是在拉帮结派。所以不即不离、不远不近的同事关系，才是最合适的和最理想的。

还有一种情况就是：当一位旧同事重返公司工作时，你也要注意自己的态度。因为旧人对你和公司都有一定的了解，虽然和他并不需要时间去适应，但是首先你得清楚，这位旧同事以前的职级如何？他的作风属哪类型？与你的关系怎样？如今重返旧巢，他的地位会有所改变吗？

如果他以前与你共过事，请不要在人前人后再提以往的事，就当是新同事合作吧，这样可以避免大家尴尬。要是他过去与你不相干，如今却成了搭档，不妨向对他有些了解的同事查询一下他的情况，但注意要装作轻描淡写，不留痕迹。

有些同事生性暴躁，常因小事就唠叨不已，虽然事后他会把事情忘得一干二净，但当时粗声粗气或过烈的反应，却会叫你闷闷不乐。怎么办呢？暗自纳闷，只会害苦了自己，这时可以想个改善之法。要知道，同事相见的时间往往比家人还多，经常如眼中刺，不仅难受，恐怕还会直接影响工作情绪。

对付这种脾气的人，最好的办法是以静制动。然而，消除误会，并非是采取凡事忍耐的策略，相反，这恰恰是积极和主动。你不妨细想一下，有同感的肯定不只你一个，所以不妨就由对方猛烈地说下去，你只要处之泰然，即使有其他同事表示不同，你也保持缄默，直至事情明朗化，对方的态度平静下来，你再摆出明白事理的态度来，细心将事情分析，如此，你必能将对方摆平。

（五）多听同事说话

要知道在同事间的交往中，每个人都希望能得到别人的肯定性评价，都在自觉不自觉地强烈维护着自己的形象和尊严，如果有人对他过分地显示出高人一等的优越感，那么无形之中是对他自尊的一种挑战与轻视，同时排斥心理乃至敌意也就应运而生。

法国哲学家罗西法古说：“如果你要得到仇人，就表现得比你的朋友优越；如果你要得到朋友，就要让你的朋友表现得比你优越。”这句话很对。当我们让朋友表现得比我们优越时，他们就会有一种得到肯定的感觉，但是当我们表现得比他还优越时，他们就会产生一种自卑感，甚至对我们产生敌视情绪。

日常工作中就不难发现这样的同事，他们虽然思路敏捷，口若悬河，但刚说几句就令人感到狂妄，所以别人很难与他苟同。这种人多数都是因为太爱表现自己，总是想让别人知道自己很有能力，处处想显示自己的优越感，以为这样才能获得他人的敬佩和认可，其实结果适得其反，这样做只会在同事中失掉威信。

在这个世界里，那些谦虚豁达的人总能赢得更多的知己，相反，那些妄自尊大、小看别人、高看自己的人总是令别人反感，最终在交往中使自己到处碰壁。

老子曾说："良贾深藏若虚，君子盛德，容貌若愚。"是说商人总是隐藏其宝物，君子品德高尚，而外貌却显得愚笨。这句话告诉我们，平时要敛其锋芒，收其锐气，千万不要不分场景地将自己的才能让人一览无余。你的长处短处被同事看透，就很容易被他们支配。

另外，还要谦虚一些，谦虚的人往往能得到别人的信赖，因为谦虚，别人才不会认为你对他有威胁。这样你就会赢得别人的尊重，更好地与同事建立关系。

所以，我们对自己要轻描淡写。我们必须学会谦虚，只有这样，我们才永远受到别人的欢迎。

小贴士

卡耐基曾有过一番妙论："你有什么可以值得炫耀的吗？你知道是什么原因使你没有成为白痴的吗？其实不是什么了不起的东西，只不过是你甲状腺中的碘而已，价值并不高，才五分钱。如果别人割开你颈部的甲状腺，取出一点点的碘，你就变成一个白痴了。

在药房中五分钱就可以买到这些碘，这就是使你没有住在疯人院的东西——价值五分钱的东西，有什么好谈的呢？"

（六）公平竞争

处理同事之间的竞争关系，好比行走在沼泽地一样，稍有不慎就会陷入泥坑里，别慌，解脱你的救星来了。

案例

待人处事的技巧

美国斯坦福大学心理系教授罗亚博士认为：人人生而平等，每个人都有足够的条件成为主管，但必须懂得一些待人处事的技巧，他提出如下 6 条建议。

(1) 无论你多么能干，多么自信，也应避免孤芳自赏，更不要让自己成为一个孤家寡人。在同事中，你需要找一两位知心朋友，平时大家有个商量，互通声气。

(2) 要想成为众人之首，获得别人的敬重，你要小心保持自己的形象，不管遇到什么问题，不必惊慌失措，凡事都有解决的办法。你要学会处变不惊，从容面对一切难题的本领。

(3) 当你发觉同事中有人总是跟你唱反调时，不必为此而耿耿于怀，这可能是你"人微言轻"的关系，对方以"老资格"自居，认为你年轻而工作经验不足，你应该想办法获得公司一些前辈的支持,让人对你不敢小视。

(4) 若要得到同事的赏识与信任,首先你要对自己有信心,自我欣赏,不要随便对自己说一个"不"字;尽管你缺乏工作经验,但不必感到沮丧,只要你下定决心把事情做好,必定有出色的表现。

(5) 凡事须尽力而为,也要量力而行,尤其是你身处的环境中,不少同事对你虎视眈眈,随时准备找出你的错误,你需要提高警觉,按部就班把工作做好,是每一位成功主管必备的条件。

(6) 利用时间与其他同事多沟通,增进感情,消除彼此之间的隔膜,有助于你的事业发展。

同事之间存在竞争的利害关系。在一些合资公司,特别是外资公司里极为明显,追求工作成绩,希望赢得上司的好感,早日升迁,以及其他利害冲突,使同事间天然地存在着一种竞争关系。而这种竞争在很大程度上又不是一种单纯的真刀实枪的实力较量,而是掺杂了个人感情、好恶、与上司的关系等复杂因素。

它是一种变了态、曲了形的运动会,其中有多种可能影响成绩的因素:表面上大家同心同德,平平安安,和和气气,内心里却可能各打各的算盘。利害关系导致同事之间关系的紧张。

(七) 给同事留点面子

在与同事交往的过程中,聪明人从不会把话说死、说绝,说得自己毫无退路可走。例如"我永远不会做出你所搞砸的那些蠢事""谁像你那么不开窍,要我几分钟就做完了""你跟×××一样缺心眼,看他那巴结相"等,估计谁听了都不会痛快,因为人人都爱惜自己的面子。而这样绝对的断言显然是不给别人面子的一种表现。

保留他人的面子是个非常重要的问题。但是在现实生活中,我们却很少会考虑到这个问题。我们常喜欢摆架子、我行我素、挑剔、恫吓、在众人面前指责同事或下属,而没有考虑到是否伤了别人的自尊心。其实,只要多考虑几分钟,讲几句关心的话,为他人设身处地想一下,就可以缓解许多不愉快的场面,使沟通更加愉快地进行。

小贴士

《圣经·马太福音》有句名言:"你希望别人怎样对待你,你就应该怎样对待别人。"这句话被大多数西方人视为工作中待人接物的"黄金准则"。

真正有远见的人不仅要在与同事一点一滴的日常交往中为自己积累最大限度的"人缘",同时也会给对方留有相当大的回旋余地。给别人留面子,其实也是给自己挣面子。在言谈交往中,可以多用一些"可能""也许""我试试看"和某些感情色彩不强烈、褒贬意义不太明确的中性词,以便自己能"伸缩自如"。

人人都有自尊心和虚荣感,甚至连乞丐都不愿意受嗟来之食,因为太伤自尊、太没面子,更何况是原本地位相当、平起平坐的同事。但很多人却总喜欢扫别人的兴,当面令同事面子挂不住,以致当面撕破脸皮,互不相让,翻脸成仇。

纵使别人犯错，而我们是对的，如果没有为别人保留面子也会毁了一个人。同事其实是很复杂的一个群体，这个群体中有各种各样的人，有君子有小人，有好人有坏人，有光明磊落的也有阴险狡诈的，但你必须和他们相处下去，因为你们是同事。

（八）化解同事间的矛盾

人与人之间，除非有不共戴天之仇不可化解，但在工作中的矛盾一般不至于达到那种地步。毕竟是同事，都在为着同一家单位而工作，只要矛盾并没有发展到你死我活的关头，总是可以化解的。记住：敌意是一点一点增加的，也可以一点一点消灭。中国有句老话“冤家宜解不宜结”。同在一家公司谋生，低头不见抬头见，还是少结冤家比较有利于自己。不过，化解敌意也需要技巧，并非一味迁让与软弱。

“怎样化敌为友”，在工作中是一门高深学问。他与你曾经为一个职位争得头崩额裂，今天你俩已分别为不同部门的主管，虽然没有直接接触，但将来的情况又有谁能明白呢？所以你应该为将来铺好路，做好准备。

如果你无缘无故去邀约对方或送礼给他，太唐突，也太贬低了自己，应该是见机行事。例如，从人事部探知他的出生日期，在公司发动一个小型生日会，主动集资送礼物给他……放心，真诚的善意，谁也不好拒绝。

要是对方获得升职，这就是最佳的时机了，写一张贺卡，衷心送出你的祝福吧。如果其他同事替他搞庆祝会，你无论多忙，也要抽空参加，否则就私下请对方吃一顿午餐吧！恭贺之余，不妨多谈大家在工作方面的喜与乐，对以往的不愉快绝口不提，拉近双方距离。

记着，这些亲善工作必须在平常就抓紧机会去做。否则到了你与他有直接来往时才行动，就太迟了。那时，也只会给人们一种“市侩”之感。所谓“和气生财”，“和为贵”，商场上很忌讳结成仇敌，长期对抗。在商场上树敌太多是经营者的大忌，尤其是如果仇家联合起来对付你，或在暗中算计你，你纵有三头六臂，也是应接不暇的。

小贴士

在工作中可能与同事之间产生各种误会，误会给我们带来痛苦、烦恼、难堪，甚至会产生恶劣的后果。所有，一旦发现自己陷入误会的圈子后，必须调整自己，及时采取有效的方式予以消除，使自己与同事能尽快消除误解、友好相处。

【本章小结】

本章着重讨论了在人际交往中的三大沟通流动方向：与上级的沟通、与下级的沟通和与同级的沟通原则以及沟通技巧。

与上级沟通的十大原则：了解你的上司、积极工作、说话简洁、仔细聆听、关系要适度、信守诺言、解决好自己职责内的难题、圆通委婉、早到而不迟退、维护上司的形象。与下级沟通的六个原则：发挥下属的能力、调整自己的态度、对下属要宽严相济、与下属要坦诚交流、让下属发表意见、让下属大胆去做。

与同级沟通的五个原则：主动帮助他人、主动参与集体活动、在会议或讨论中表述自己的观点、要尊重他人、倾听他人的意见，不要过于武断。

我们还分别就三大沟通流动方向列举了一些沟通技巧。然而，实际情况是错综复杂的，具体情况还需要具体分析。望同学们在掌握基本原则的前提下，灵活处理各种事宜。

【复习思考题】

1. 作为大学生，应为走向社会做好准备，从你的打工经历或周围工作者那里收获一些工作中上、下级和同事之间沟通的经验(教训)，在课堂上讲给大家听。

2. 从与老师和同学的沟通中体会如何与领导和同事打交道。分别谈一个实例。

3. 与你的父母交谈，了解他们在单位工作时是怎样与领导和同事进行沟通的？如果你的父母是某单位的领导，请他(她)谈一下，他们是怎样和下级沟通的？写出书面材料与同学交流。

【案 例 分 析】

人际沟通案例分析

小贾是公司销售部一名员工，为人比较随和，不喜争执，和同事的关系处得都比较好。但是，前一段时间，不知道为什么，同一部门的小李老是处处和他过不去，有时候还故意在别人面前指桑骂槐，对跟他合作的工作任务也都有意让小贾做得多，甚至还抢了小贾的好几个老客户。

起初，小贾觉得都是同事，没什么大不了的，忍一忍就算了。但是，看到小李如此嚣张，小贾一赌气，告到了经理那儿。经理把小李批评了一通，从此，小贾和小李成了绝对的冤家了。

分析：

小贾所遇到的事情是在工作中常常出现的一个问题。在一段时间里，同事小李对他的态度大有改变，这应该是让小贾有所警觉的，应该留心是不是哪里出了问题了。但是，小贾只是一味地忍让，这个忍让不是一个好办法，更重要的应该是多沟通。

小贾应该考虑是不是小李有了一些什么想法，有了一些误会，才让他对自己的态度变得这么恶劣，他应该主动及时和小李进行一个真诚的沟通，比如问问小李是不是自己什么地方做得不对，让他难堪了之类的。任何一个人都不喜欢与人结怨的，可能他们之间的误会和矛盾在比较浅的时候就会通过及时的沟通而消失了。

但是结果是，小贾到了忍不下去的时候，他选择了告状。其实，找主管来说明一些事情，不能说方法不对。关键是怎么处理。但是，在这里小贾、部门主管、小李三人犯了一个共同的错误，那就是没有坚持“对事不对人”，主管做事也过于草率，没有起到应有的调节作用，他的一番批评反而加剧了二人之间的矛盾。正确的做法是应该把双方产生误会、矛盾的疙瘩解开，加强员工的沟通来处理这件事，我想这样做的结果肯定会好得多。

我们每一个人都应该学会主动地沟通，真诚地沟通，策略地沟通，如此一来就可以化解很多工作与生活中完全可以避免发生的误会和矛盾。

问题：

(1) 这个案例用到了本章讲的那些内容?

(2) 通过这个案例你从中得到什么收获?

(3) 假如你参加工作后,遇到小贯这个问题,或者你是那位经理,你将分别如何处理?

【实践课堂】

训练一　经验分享

3～5 人组成小组,谈一下自己或父母经历过的沟通障碍,用本章所学的知识进行分析,并给出处理建议。

训练二　巧解绳结

形式：两人以上。时间：15 分钟。

材料：两端有绳套、长为 1.3 米的绳子若干条。

操作程序如下。

(1) 主持人发给每位参加游戏的成员一条上述的绳子。

(2) 每位成员分别将两端的绳套套在自己两只手腕上。同时将绳子与另一位组员手上的绳子交叉连接,让成员想办法解开绳子。

(3) 告诉成员解绳方法,然后让所有成员组成一个大的绳结,两两相交叉。让成员尽量用最快速的方法解开绳结。

注意事项。

(1) 在解绳结的过程中,每个成员手上的绳套都不能脱离手腕。

(2) 不能将自己两只手上的绳套交换。

有关讨论。

(1) 当你接到这个问题时,你的第一个反应是什么? 而后你做出了什么行动?

(2) 在尝试了一段时间之后,你有什么感觉? 你是否相信有可能解开? 你是否开始与别人进行沟通?

(3) 当你听说有的成员已经解开了的时候,你在想什么?

第七章

演讲与谈判技巧

学习目标

知识要点：

1. 演讲的含义，如何克服演讲障碍，培养演讲才能；
2. 谈判的过程，谈判策略与技巧。

技能要求：

1. 通过训练，掌握克服演讲中遇到各种障碍的能力；
2. 通过训练，在熟练掌握谈判策略和技巧的基础上，能进行较高质量的谈判；
3. 尝试扮演不同的谈判角色。

引导案例

丘吉尔讲演"决不、决不、决不放弃"的故事

1948年，英国牛津大学举办了一次"成功奥秘"讲座，邀请的是当时已经声誉登峰造极的英国首相丘吉尔来大学讲演。在讲演前三个月，各种媒体就开始了热烈的炒作，各界人士引颈等待，翘首以盼讲座的到来。

讲演的那一天，会场上人山人海。全世界各大新闻媒体都到齐了。人们都准备洗耳恭听，等着这位政治家、外交家、曾获诺贝尔文学奖的文学家的"成功秘诀"。

只见丘吉尔走上讲台，两手抓住讲台，两眼注视着观众，用手势止住大家雷动的掌声，说："我的成功秘诀有三个：第一，决不放弃；第二，决不、决不放弃；第三，决不、决不、决不放弃！我的演讲结束了！"

说完，他就走下了讲台。

会场上沉寂了一分钟后，突然爆发出热烈的掌声。那掌声经久不息。第一个"决不放弃"，是讲干什么事情都要坚持到底；第二个"决不、决不放弃"，是讲当你想放弃的时候，而是要坚持"决不、决不放弃"的信心；第三个"决不、决不、决不放弃"，是讲永远坚持下去就能够成功。当然，这是后人做的解释。

这场演讲，是成功演讲史上的经典之作，也是丘吉尔给人们留下的最为精彩的演讲。

第一节　演　　讲

小贴士

演讲是在公共场合经常使用的一种效果显著的沟通方式，它虽然可能缺乏面对面沟通的亲切感，却有着不可思议的鼓动和煽动力。

一、演讲的含义及作用

（一）演讲的含义

演讲又称演说、讲演。它是一个人在公共场合向众多人就某一问题发表意见或阐明事理的传播活动，其基本模式为一个人讲，众人听。

讲，就是陈述，就是运用口头语言把要发表的意见或阐明的事理表达出来，达到说服公众的目的。

演，包含着演绎和表演两种意义，特指运用非语言行为来体现和辅助口头语言表达的内容，给人以艺术化的具体表象，强化口头语言表达的效果。

因此，演讲是以讲为主，以演为辅，讲演结合的信息传播形式。从本质上看，演讲就是艺术化地发表意见或阐明事理。

（二）演讲的作用

演讲向来是人际沟通的重要手段。也是宣传鼓动的重要方式。哪一位出色的政治家、外交家、活动家不具有出色的演讲才能？拿破仑对出征前战士的演讲，激动得他们热血沸腾；林肯在葛底斯堡的两分十秒演讲奠定了几百年的治国纲领，其影响超越了国界；列宁的每场公开演讲都使工人欢欣鼓舞，让敌人闻风丧胆……

在现代社会，演讲也是传授文化知识，促进科学理论发展的重要手段。如《财富》论坛活动中的专家讲演。管理沟通需要出色的演讲才能。它不仅是杰出人物应备的品质，也是普通人应有的才华。

二、演讲的准备

一次成功的演讲，取决于充分的准备。在具体动手撰写讲稿以前，演讲者必须对两个问题做到心中有数。

一是演讲的主题，也就是说，我为什么要来演讲，准备讲什么。公关演讲的话题一般须紧密结合组织的当前形势和发展环境，及目前公众迫切关心的问题，能够给公众带来新知识、新信息。

二是了解公众。公众由于职业、职务、年龄、性别、文化水平的差异，对演讲的内容和方式有不同的要求。只有把握住公众的这些要求，演讲者才能写出受公众欢迎的演讲稿。

另外，演讲者对公众数量也要有一定的了解，数量不等的公众会在场上形成不同的气氛，因此演讲者事先要有所准备。

（一）如何确定演讲的题目

演讲的题目要做到如下几点。

第一，准确、直接、具体。和写作一样，演讲的题目也要起到画龙点睛的作用，使公众一眼就能看出演讲的主要内容。第二次世界大战时期，保加利亚共产党总书记季米特洛夫在德国法西斯的法庭上，发表了“控诉法西斯”的演讲，题目简单直接，震动了世界。

第二，新颖、醒目、有吸引力。演讲最怕没有新意，新意则当自题目开始。题目应不落俗套，给人以新鲜感，甚至让公众产生悬念。

第三，生动活泼。演讲是一种与公众直接交流的语言艺术，容不得反复琢磨，应当让人一听就懂。因此演讲应当避免咬文嚼字，故弄玄虚。

第四，富有时代气息。演讲题目要想吸引公众注意，必须紧密结合时代，使人产生亲近感。

（二）写好演讲的开场白

演讲的开场白在很大程度上决定演讲者能否吸引听众的注意力，能否激发听众听下去的兴趣。出色的演讲高手总是在开篇便一鸣惊人，他们会立即抓住听众的心。作为演讲者，你必须从登上讲台的那一刻起就吸引听众的注意力。否则的话，你将不能顺利传递你的信息，无法保持听众对你演讲话题的兴趣，最终丧失你在讲话中的主导地位——这一切都是阻碍讲话成功的障碍。

演讲的开场白的主要任务有两个：一是吸引听众的注意力，激发听众兴趣，控制听众情绪；二是为整篇演讲确定范围，为导入正文做好铺垫。

作为演讲者，不管你准备了多少演讲内容，最初的30秒都是最重要的。不要小看这短短的开场白，它将决定此后你所说的每一句话的命运。听众将根据你给他们留下的第一印象决定是否耐心聆听你的演讲。因此你必须把握好自己的开篇。

从演讲的风格方面看，常见的开场方式有以下几种。

(1) 轻松幽默型。即在演讲开篇的时候，演讲者故意讲一些与主题看似无关的、诙谐幽默的话，给听众一个惊喜。

(2) 感情趋近型。演讲者为了在心理上与公众拉近距离，注意找一些公众熟悉的、关系他们切身利益的话题开始。

(3) 悬念吸引型。演讲者在演讲开始前先提出一些能调动公众想象力、思维能力的问题，以便引起他们对演讲的注意。悬念的设置要与演讲的内容相互呼应，让公众在不断的猜想中逐渐进入演讲的主题。

(4) 先声夺人型。演讲者事先估计听众会从某个方面思考问题，得出结论，故意在演讲开始时就主动提出来，然后立即进行反驳，用先声夺人的方式树立自己的观念，显得非常有力。

演讲的开场白究竟采用哪种方式，要因人、因事、因时、因地而异。最重要的是必须做到：开头新颖，不同凡响，给人以耳目一新的感觉；语言简洁，入题要快，切忌长篇大论。

案例

引人入胜的开场白

好的开场白，会起到引人入胜的良好效果。

1883年恩格斯在伦敦安葬马克思时，在马克思墓前的讲话说："三月十四日下午两点三刻，当代伟大的思想家停止思想了……永远地睡着了。"恩格斯不说"逝世"，而说"停止思想"，说"睡着了"，他用委婉的修辞手法，表达了对伟大革命导师去世的巨大悲痛，渲染了悼念的气氛。

（三）演讲的主体

演讲的主体是指正文部分，是演讲的核心内容。要求演讲在主体部分必须内容丰富、信息量大，能够给听演讲的人以充实的知识、富有启发性的思想。写作演讲的主体部分要求做到如下几点。

(1) 脉络清晰，紧扣主题。演讲需要才华横溢，幽默生动，但绝不能为了说笑话而说笑话，东拉西扯、不着边际。在组织演讲材料时，演讲者一定要根据设定的主题来取舍材料，没用的废话不说。

(2) 层次分明，结构严谨。演讲如同一篇文章，每个段落、每个小节的内容安排必须有着内在的联系，纲目分明，推理过程符合逻辑。

(3) 内容充实，语言简练。演讲的内容要经过充分的选择，避免说一些让人讨厌的空话、大话、假话，要根据实事求是的原则，如实向公众说明问题。同时演讲者还要注意语言的简练，华而不实、过分修饰的文字都会引起公众的反感。

(4) 节奏适度，张弛有致。演讲是说给公众听的，不同于文章可以自由选择阅读速度。所以演讲者在撰写演讲稿的时候，必须考虑公众的接受能力，方便问题的提出，有张有弛，便于公众理解要说明的问题，同时使公众在听演讲的过程中享受到一种乐趣。

（四）演讲的结尾

演讲的结尾要顺理成章，深刻精彩，压得住台。合理的结尾应当能够起到对演讲的主题进行强化和提升的作用，使整个演讲得以升华。

如果演讲在主题尚未充分展开之前就仓促收尾，会给人"虎头蛇尾"的印象，使听众不知所措。反之，演讲该结尾了，公众已经几次鼓掌致谢，演讲人还在那里"再强调几点"，就有"画蛇添足"之累。演讲结尾的方式很多，常见的有以下几种。

(1) 总结式。在结尾部分总结全篇，突出重点，深化主题，揭示题目的主旨，使公众加深认识。这种方式不仅可以使演讲的内容主体更加突出，而且有利于公众留下长久的印象。

(2) 激情式。利用感情激昂、动人心弦的语言将演讲推向结束，引起听众热烈的掌声。激情式结尾通常是提出某种美好的前景，向公众发出充满激情的呼吁，往往具有很强的感染力。

(3) 深思式。当一些演讲不能立即得出明确的结论时，可以提出一些问题让公众去思考，使他们自己寻找问题的答案，促人深思、耐人寻味，强化公众对演讲的印象。

(4) 幽默式。运用各种寓意深刻的反语、富有喜剧性的诙谐、充满学识的机智，生动的结尾，让听众在轻松的笑声中回味无穷。

(5) 借用式。引用名人名言、名著的段落、著名的诗词来结尾，以强化自己的观点，且显得学识渊博。

总之，演讲的结尾很有学问，没有现成的模式可以照搬照抄，演讲者一定要充分运用自己的大脑认真思考，追求一种“语不惊人死不休”的境界。

在演讲稿写好以后，有时为了达到预期的效果，演讲者可以在小范围内进行试讲，请一些有经验的朋友提提意见。这也可以使演讲者熟悉自己演讲的内容，对如何安排演讲的时间和节奏做到心中有数，删除一些不上口的语词。

三、演讲的心理准备和上台演讲

(一) 演讲的心理准备技巧

1. 调整认识

用演讲成功有效的积极声明来取代消极声明。如果总是担心“会把准备好的内容忘得一干二净的”“我不适合做演讲”那么担心可能会真的变成现实。可以这样进行调整。

(1) 建立正确的认识，并承认这样一个事实：怯场是一种心理上的反应，只要能放开来讲，就可以改变，要相信自己的实力。

(2) 了解消极声明的主要内容，然后审查剖析，看其有无合理之处。

(3) 以积极声明代替消极声明，自我鼓励：“只要我不慌不忙地讲，就能获得演讲的成功”“凭我的实力和充分的准备，我完全能行”等。

(4) 在专家指导下进行针对性地训练，有效减轻怯场心理。了解害怕当众说话的实情。

你害怕当众说话并不奇怪。某种程度的登台恐惧感反而有用，我们天生就有能力应付环境中不寻常的挑战。许多职业的演说家都从来没有完全消除登台的恐惧。

即使登台的恐惧一发而不可收拾，造成心灵的滞塞、言语的不畅、肌肉过度痉挛无法控制，因而严重降低了你说话的效力，你也无须绝望。只要你多下功夫，就会发现这种上台恐惧的程度，很快便会减少，这时它就是一种助力，而不是阻力了。

2. 充分准备

怯场心理大多是对准备工作心中无数而产生的。要自信；演讲提出的论题能被有趣而具体的实例证明；演讲的结构已成竹在胸，并已在演讲前演练；有一篇条理清晰的稿子，演讲时能轻松自如，举止适度；准备记录资料的摘录卡片，记下演讲的思路、重要的词和短语，可帮助回忆论题；提前几分钟入场，熟悉环境氛围，调整自己的状态。

3. 做些设想

预先想一下将要做的事情，越具体越好；牢牢记住自己的形象，这有利于让演讲去完成这种形象。凭想象可以创造出任何一种意境。

4. 嗓音练习

在条件许可的情况下，应练习演讲时所需要的洪亮的讲话声音。在清晨大声呼喊，放松声带，在有条件的情况下放声歌唱。

演讲要真正感到轻松自如，还必须进行大量的演讲实践。

5. 表现得信心十足

把身体站直，直视听众，然后开始信心十足地讲话，演说家们觉察到，只要自信，自己就能够轻易地克服恐惧和焦虑，并且从前可能会失败的事，现在也可能会成功了。

（二）上台演讲技巧

演讲的各种准备，最终要通过走上演讲台发表演讲表现出来。

1. 面对听众

一般要面对听众站着。要站得稳，别扭的站立姿势会分散自己和听众的注意力；不要把桌、椅、讲台作为“拐杖”，把身体靠在上面；站稳并不意味着纹丝不动，根据演讲的需要可来回走动，有时甚至可以走到听众中间的过道上去。

演讲者走上讲台，应该精神饱满、容光焕发、富有朝气，给听众留下深刻的印象；表情自然，镇定自信；用眼神与听众进行诚恳的交流，正视听众，切忌超越听众的头顶或凝视远方。

2. 塑造形象

案例

1961年美国大选，呼声极高的尼克松以微弱的票数差额输给了肯尼迪，原因是在电视辩论中，出现了两个截然不同的形象：尼克松显得憔悴不堪、精疲力竭；肯尼迪却气宇轩昂、风度翩翩。无疑，仪表风度上的优势，帮了肯尼迪的大忙。

演讲者的仪表风度，听众是严格审视和评判的。演讲者要保持良好的仪表风度，需要饱满的精神状态；衣着打扮得体、协调、适中、和谐，与演讲内容、环境氛围相吻合，讲求庄重、整洁、朴素；举止雍容大方，彬彬有礼、不卑不亢。

演讲过程应该稳健潇洒、干练英武，给人以胸有成竹、生气勃勃的印象；还应给听众诚实的印象，用轻松的姿势、熟练的手势、愉快的情绪、正视听众等来赢得听众信任与支持。

3. 强调重点

强调重点的办法，包括有节奏的停顿，音量和语气语调的变化，还有动作、手势等。

(1) 若要让听众记住所讲的内容，内容安排是重要因素。演讲的内容和时间是有限的，但听众最容易记住演讲开头和结尾的话，听众的注意力在开头最高，中间逐渐低落，快结束又回升。这样，演讲者要费一番设计演讲的开场白和结尾，重点内容也最好放在开头几分钟。

(2) 开门见山地宣布你要发表一篇重要的演讲，或者某个问题比较重要。如老师说：

“这一点很重要，期末考试极有可能要考。”学生们肯定会把有关内容背得滚瓜烂熟。另外，强调的内容若确实重要，阐明的论点也易于被人理解和记忆。

（3）重复研究表明，一个内容重复 35 次就能够记住。但演讲不可能重复这么多次。可以集中性地重复，用不同的语气重复同一内容：“世界人口将在今后 30 年成倍地增长。到 2030 年，我们这个星球的人口将增加一倍。”或者可以用抑扬顿挫的音调重复同一句话。

4. 适当的提问

提问的问题可能是听众感兴趣的，或是演讲中易引起争论的部分。

（1）材料一定要丰富。在提问过程中，听众不仅可以搞清楚模糊的观点，而且能反映演讲者是否真正弄懂了自己的论题。因此，在回答问题时，演讲者应补充新的材料和运用其他例子论证观点。

（2）预先做好回答各类问题的准备。充分的准备就不会惊慌失措。要对各种问题和反对观点成竹在胸。让听众认为：你欢迎有这样的机会来阐明观点。

（3）回答问题简明扼要。

（4）面向全体听众回答，除非是演讲结束后的私下交流。对听众的提问，一般要向全体听众重复一遍，然后回答，让大家都能听清。

（5）要照顾大多数人的提问。提问的气氛应该是活跃的，不能拖拖拉拉。要让尽可能多的听众参与。如果有人接二连三地提问，在听清所提问题的要点后，要果断地加以阻止，回答了他们的问题后立即转向其他听众的问题。如果与一位听众纠缠不清，势必会影响会场气氛。

（6）控制整个会场。演讲者应注意观察会场情况，如果提问变成了听众之间的讨论或私下交谈，那就应有所控制。如果无效，可以停止提问。要做到处变不惊。

（7）选择恰当时机结束提问。演讲提问的时间长短取决于实际情况，由于演讲时间有限，演讲者要事先设计好提问时间并告知听众。但在全体听众趣味浓厚时应继续答问。注意不要让一两个人提问而使其他人厌倦。在演讲答问中，可以设法插入结论性的话作为退场话。

5. 反馈信息

听众反馈是演讲效果真实而重要的衡量标准。反馈信息表明：听众是感兴趣，还是感到厌倦？演讲者是否达到了其演讲目标？这些反馈信息可能是直接或间接的，可能是非语言的或以语言表示的。听众最直接的反应是鼓掌，表示赞同或欣赏。

其他反馈信息，如打哈欠、低声讲话、摇头、打盹等，可能有一定的隐蔽性。打哈欠或闭着眼睛的人也可能比看上去精神十足的人听讲更专心；频频点头的听众并不一定赞同你的观点，或许他只是在注意演讲的内容。演讲者对这些信息的判断，并据此调节会场气氛，甚至更换准备的部分演讲内容。

（三）选择演讲方式的技巧

在正式场合发表演讲，演讲方式的选择至关重要。

1. 照本宣科

政治家发表的演讲常用这种方式。这种照本宣科地念讲稿，提出的观点是经过推敲的，很少出现漏嘴，演讲稿也可以直接传阅发表。但是，这种方式的不利方面是演讲者只顾念稿，与听众的沟通极少，会场气氛冷淡枯燥；听众也会提出疑问：他的讲稿是不是由别人（秘书）撰写的（在宣读出错时尤其如此），因此而怀疑演讲者的能力。

2. 背诵演讲

同一讲稿多次使用，这是有一定的好处的，尤其是对演讲者本人。但是，好像是在背书，机械单调、缺乏新意，听众不乐于接收，也不利于演讲者与听众的沟通。如果演讲者突然忘了某句话，就会不知所措。演讲者要记住整篇演讲，特别是那些长篇大论的演讲，是很困难的。

3. 脱稿演讲

演讲者运用写好的提纲帮助回忆，仔细设计和组织好要讲的话，要用的关键词。偶尔翻一下提纲卡片，就可以顺利地从一个论点转向另一个论点。脱稿演讲具备其他演讲方式的优点。

4. 即兴演讲

大型宴会常用这种方式。如果演讲者对某个题目没有什么观点和材料要说，最好不做即兴演讲，以免既丢面子又浪费别人的时间。在这种情况下，谦虚的退让要胜过勇敢的尝试。出色的即兴演讲，并非随兴而发，而是演讲者经过深思熟虑的成熟的见解；演讲者往往拥有雄厚的思想基础和丰富的信息材料，有着熟练的演讲技巧。

四、培养演讲才能的方法

演讲的才能尽管受到天赋的影响，但更重要的是后天的培养。只要经过正确的练习，人人都可以成为一名出色的演讲者。

案例

德摩斯梯尼的成功

在雄辩术高度发达的古雅典，无论是法庭上、广场上，还是公民大会上，经常有经验丰富的演说家的论辩，听众的要求很高，演说者的每一个不适当的用词，每一个难看的手势和动作，都会引来讥讽和嘲笑。

德摩斯梯尼天生口吃，嗓音微弱，还有耸肩的坏习惯。在常人看来，他似乎没有一点当演说家的天赋，因为在当时的雅典，一名出色的演说家必须声音洪亮，发音清晰，姿势优美，富有辩才。为了成为卓越的政治演说家，德摩斯梯尼做了超过常人几倍的努力，进行了异常刻苦的学习和训练。

他最初的政治演说是很不成功的，由于发音不清，论证无力，多次被轰下讲坛。为此，他刻苦读书学习。据说，他抄写了《伯罗奔尼撒战争史》8遍；他虚心向著名的演员请教发音的方法；为了改进发音，他把小石子含在嘴里朗读，迎着大风和波涛讲话；为了去掉气短的毛病，他一边在陡峭的山路上攀登，一边不停地吟诗；他在家里装了一面大镜子，每天起早贪黑地对着镜子练习演说；为了改掉说话耸肩的坏习惯，他在左右肩上各悬挂一柄剑；他把自己剃成阴阳头，以便能安心躲起来练习演说。

据说德摩斯梯尼以口含小石子等方法一直刻苦练习演说近50年，通过多年的刻苦努力，最终成为古雅典最具雄辩的演说家。随后他的刻苦努力练习演说的故事也成为激励后人奋进的例子。

拥有一流的口才，获得演讲的成功，其实不需要采取德摩斯梯尼那些近乎苛刻残酷的方法，只要掌握一定的技巧，循序渐进的训练，就能超越自我，实现目标。

那么，如何培养演讲的才能呢？下面提出几种方法。

（一）读

要口才好，必须要见多识广，有丰富的知识。读书会使人的头脑开阔，思维敏捷，想到哪就可以讲到哪，看到哪就可以说到哪，问什么答什么。“读”又是“背”和“诵”的基础。读有默读、朗读、唱读。唱读更是有利于锻炼口才。

（二）背

背是读的发展，是熟记的必要手段，是培养记忆的最好方法。要多背名篇、名段、名句，久而久之，印在脑海里的东西就丰富了、深刻了、巩固了，这样演讲起来就头头是道。

（三）诵

诵是背的艺术化，是要把演讲者的感情倾注到字里行间。要有抑扬顿挫、高低快慢和喜怒哀乐。

（四）讲

讲就是使用，多讲，反复讲，不仅能熟记事物，而且能培养胆量、养成习惯，持之以恒可使口齿清晰，发音准确，表情丰富。到各种正式场合和非正式场合去讲，尤其是在讨论会、学习会上踊跃发言，久而久之胆子就大了。同时，应该对每次演讲，无论是成功还是失败，是好还是不好都要进行追踪记录，总结经验教训。

杰出的历史学家艾兰·尼文斯对作家也有类似的忠告：“找一个对你的题材有兴趣的朋友，详尽地把你的想法讲给他听。这种方式，可以帮你发现你可能遗漏的见解、事先无法预料的争论，以及找到最适合讲述这个故事的形式。”

（五）练

在练习表达时，设法想象面前有听众。

(1) 面对着墙站着，巡视“听众”。记住与室内所有的人保持目光接触。

(2) 核对演讲开始的时间。在演练期间，你要看演讲需要多少时间。

(3) 要一次把所有的演讲内容讲完，不要停下来。在演讲时，要记住注视“听众”。

(4) 演讲完后，看一下结束的时间。

(5) 分析一下你的表演：是否演讲的某部分让你觉得很难？演讲的脉落清楚吗？检查一下提纲。在演讲中遗漏了任何东西吗？提纲清晰且容易看清楚吗？时间怎样？需要增加或删除任何材料吗？

(6) 做出必要的改变并且再来一遍。

五、如何克服演讲中的障碍

案例

萧伯纳的成功

英国的现代主义戏剧家萧伯纳才华横溢，并且以幽默的演讲才能著称于世，显示了渊博的知识、深邃的思想。但是，在他年轻时，胆子却很小，羞于见人。有一次，他有很重要的事需要跟他的校长商量，他自己练习了多次，终于来到了校长室门前，想敲门进去，可手刚刚举起又放了下来，他怕校长现在正忙，怕打扰校长的工作，怕还没开口就被校长骂出来……一连串的害怕让他的怯懦感在心里滋生，他想放弃，但是就这么走了又觉得不甘心，犹豫了很长时间，还是决定要见校长。

可没走几步，他又折了回来，就这样三番五次，他在校长室门前徘徊了半个多小时，最后才鼓足勇气敲响了校长室的门。事实证明，他开始所有的担心都是多余的，校长没有想象中那么可怕。

从那以后，萧伯纳还发现了自己一个很大的缺点，那就是他常常会有这样的担心："我说这话，人家会笑话我吧？""该不会有人以为我在出风头吧？"他知道这是一种怯懦的表现，而这种怯懦也扼杀了他无数的构想。因此，他下决心将这个缺点改掉，使自己彻底从怯懦中走出来。

于是，他试着在众人面前讲话，锻炼自己的胆量。起初，他在面对众人时浑身都在发抖，也遇见过喝倒彩和别人的讥笑，但是，萧伯纳并没有从此逃避在公开场合演讲，而是化自卑为动力，鼓足勇气，面对挑战。他越挫越勇，拿出超人的毅力，参加了许多社团辩论，并且在社团辩论中总是参与发言，据理力争，有意识地摆出一副自信的样子，不断延长自己的讲话时间，渐渐地他可以在很多人面前从容淡定地讲话了。他每星期都找机会当众公开演讲，在市场、在教堂、在公园、在码头，无论是面对成千上万的听众还是寥寥无几的人群，都慷慨陈词。最终，萧伯纳成了一名世界级的演说家。

由于演讲是集语言和非语言艺术于一身，而且是一人对多人的沟通，所以往往容易给演讲者造成很大的心理压力，再加上现场出现的各种不可知因素的干扰，会给演讲的顺利进行造成更大的障碍。要克服这些障碍，需要做到以下两点。

(一) 控制紧张情绪

偌大的演讲场地、众多的听众，再加上自身的胆怯，必然会产生紧张情绪。要克服它需要做到：

（1）做好充分的事先准备：如果演讲的主题、材料、论证等都已经非常明确和丰富，那么就可减轻对自己信心不足的想法。一般情况下还需要准备一个较为详细的提纲，或把提纲简化为关键词，写在小卡片上。为了增加信心，可以提前演练几遍。

（2）采用积极的心理暗示：当消极情绪出现时，可以在心里给自己增加一些积极的心理暗示，告诉自己“我能行”“我一定会成功的”等。

（3）转移注意力：你可以将注意力全部投入到演讲的内容上，不要考虑其他任何因素的影响。

（4）熟悉演讲的场所：在有可能的情况下，先参观一下演讲场所，熟悉之后自然能缓解紧张情绪。

（二）克服听众的逆反心理

无论是知识性还是劝说性的演讲，来自听众的提问和质疑往往会让演讲陷入窘境。要克服这种来自听众的阻力须要做到：

1. 坚定信心

如果您对自己所演讲的主题、内容都不自信的话，就很难打动您的听众让他们赞同你的观点。这种信心不是盲目的，要建立在对演讲材料的充分掌握和严密的论证基础上。

2. 理解听众

在人们接受一种观点或者新事物时首先会对它的正确性、可行性、真实性等产生怀疑，这是很正常的。这也需要通过论证向听众展示出来，打消他们的疑虑，心甘情愿的接受你的观点。

3. 努力协调

当听众产生了疑虑或者不满时，不能因为一时的冲动而中断演讲，或者和听众产生争执。要努力寻找解决问题的方法。这就需要利用你准备的材料或者日常的积累来帮助听众解开疑团，这样不仅得到了听众的信服，而且也是佐证观点的一个有力论据。

4. 注意语言表达

演讲的语言要迎合听众的口味和欣赏水平，这就要求要有丰富的语言积累，能依据听众的不同文化层次来恰当调节语言表达。这样会极大地减轻听众对你演讲的反感情绪。

演讲中的障碍并不可怕，只要采取恰当的方式，就可以避免或者扫除这些障碍。

第二节 谈判及技巧

小贴士

有位谈判的理论家说过，你的现实世界是一个巨大的谈判桌，不管你愿意与否，你都是一个谈判者。

商务谈判是施展谋略、斗智斗勇的舞台。在这个舞台上，谈判双方谋略的施展，需要靠语言来实现，靠沟通来完成。

谈判，无时不在，无处不有。每一个要求满足的愿望，每一项寻求满足的需要，都可能诱发谈判。谈判，大可在国家之间、党派之间、社会集团之间、企业之间进行，足以影响部分人类群体的生存与发展；小可在社会中个人之间，家庭中的父母与子女、兄弟姐妹之间进行。

谈判的目的是双方或多方都想取得利益，它不同于辩论会，不同于体育比赛，更不同于战争非要分出个胜败输赢。谈判各方要想达到预期目的，就必须在谈判过程中既要考虑自己一方的利益，又要考虑对方的利益，找到利益的结合点，认定共同利益之所在，各方都能得到满足，谈判才能达成协议。

企业的经营管理、生存发展，更是离不开谈判，当企业与社会公众发生矛盾和利益冲突时，就可以借助于谈判来解决矛盾和利益冲突，维护和协调以方的利益关系。矛盾和利益冲突的解决，有利于建立和维护企业与社会公众的良好关系，有利于塑造企业的良好形象。

一、谈判概念

人们常将“磋商”“洽谈”“商谈”“谈判”相提并论，并在同一场合交替使用，实际上这几个词在本质上没有区别，它们基本上都体现了讨论、交换意见、争议、协商、评断等意义。如果说有什么区别的话，那就是“谈判”更具严肃性，不像其他几个词那样灵活、温和，具有外交色彩。

那么，究竟什么是谈判呢？尽管目前学术界对它的定义不尽相同，但美国谈判学会会长尼尔伦伯格的观点得到了大多数人的共识。他说：“所谓谈判，就是人们为了改变相互关系而交换意见，为了取得一致而相互磋商的一种行为。”

谈判有广义和狭义之分。广义的谈判不仅指正式场合下的谈判，还指一切“协商”“交涉”“商量”等行为。狭义的谈判仅指在正式场合下所进行的谈判。

在现代社会，无论什么意义的谈判，它在我们的政治生活、经济生活和社会生活中都占有重要的位置。不仅战争、外交、国界、民族、党派、经济贸易等重大问题需要用谈判来解决，就连文化、教育、家庭、社交等问题同样离不开谈判。

因此，一些发达国家的著名学府建立了自己的研究机构。例如，哈佛大学的谈判培训中心不仅负责培养政府机构、公司企业的高级谈判人员，而且经常参与一些重大的国际谈判活动。20世纪80年代中期以来，随着我国对外开放、对内搞活的社会改革的进一步深化，谈判越来越受到人们的重视。

综上所述，我们认为：谈判是有关组织（或个人）对涉及切身权益的有待解决的问题进行充分的交换意见和反复的磋商，以寻求解决的途径，意欲达成协议的合作过程。

二、谈判的基本作用

（一）调节利益关系

在现代的市场经济环境下，人与人的关系中利益的成分占了越来越大的比重。其中有相互竞争的一面，也有相互合作的一面。现在有一种说法，商场如战场，其实这只反映了经济关系中冲突的一面，而双方还存在互利互助的一面。一项双方都赞同的买卖，不但对卖方有利，对买方也有利，这就是一种"双赢"的局面。

有人在谈判过程中坚持自己的利益，寸步不让，非要置对方于死地而后快。其实，这是一种形而上学的错误观念，也是一种一厢情愿的幻想。如果自己有能力完全吃掉对方，也就用不着谈判了。凡是需要谈判的场合，一定是对立的双方处于实力基本对等的地位，而且有着利益的相互需要。一个组织要想取得谈判的实际成果，必须抛弃寸步不让的错误念头。

（二）解决冲突，缓和矛盾

在市场经济的条件下，组织与组织之间，组织与个人之间存在冲突是不可回避的现实，谁如果对此视而不见，或者故意掩盖矛盾，大谈友谊与合作，虽然表面上看似乎一团和气，但却必定为日后的合作埋下不和的种子。

因此，正确的立场应当是正视矛盾，不回避矛盾，通过谈判来解决矛盾，寻找合作的新立场。在经济合作的过程中，合同的某些缺陷，有时会给工作造成说不清的麻烦，通过谈判求同存异，寻找解决问题的方法，可以使双方的利益都得到保证。

案例

谈判解决冲突

1991 年的一个夜晚，美国一名谈判大师在家中接到一个电话，对方称自己在科威特石油公司的兄弟被伊拉克大独裁者萨达姆扣为人质，想聘请他为谈判顾问，说花多少钱都愿意赎回自己的弟弟。这位谈判大师告诉对方，他不用花一分钱赎金就能救回他的弟弟。

谈判大师联系了一位 CBS(哥伦比亚广播公司)的著名记者，问其是否愿意陪他去巴格达一趟，与萨达姆展开谈判，如果愿意，就把独家采访权给他。时逢美伊激战正酣，真是天赐良机，记者非常乐意。但 CBS 总编却不同意记者冒险上战场，于是这位谈判大师又拿出第二套方案：在伊拉克邻国约旦采访萨达姆。结果，萨达姆喋喋不休地对着电视说了两个小时之后释放了人质，而这正是那段时期萨达姆所放出的唯一人质。

这位谈判大师就是罗杰·道森。

（三）建立组织的良好形象

谈判还有一个作用，就是要注意处理好组织与公众的关系。工作人员应当把谈判视为一种改善组织形象、沟通人际关系的重要渠道。

小贴士

美国的谈判学会会长杰勒德·尼尔伦伯格认为：谈判是“人们为了改变关系而交换意见，为了取得一致而相互协商”的一种行为，是“直接影响各种人际关系，对参与各方都产生持久利益”的一种过程。

这样，对谈判者的要求就更高了，谈判人员除了要掌握一般的谈判技巧，达到预想的目的以外，还必须使对方能够通过谈判感到你真诚合作的信心。

三、谈判的过程

谈判的全过程应包括以下三方面：谈判的准备、正式谈判程序以及谈判的收尾。

（一）谈判的准备

为使谈判获得成功，需要对谈判进行必要的准备。通过对谈判进行准备，达到分析形势，弄清自己和谈判对手的需要和目标，估量谈判双方的实力，最后确定自己的谈判目标和制定具体的战略方针。谈判的准备工作具体如下。

1. 收集资料

谈判是谈判实力运用的技术。而谈判实力则由两个因素决定：一是掌握的信息；二是谈判经验。对于前一个因素，除了单调无味地收集信息，然后把它们变成谈判计划之外，别无他法。

具体如何收集资料呢？方法如下。

(1) 要了解自己在谈判中的相对位置，如自己的优势与劣势、舆论对自己的评价、自己的竞争能力等。此外，充分的心理准备，健全的、健康的心态也是谈判取得成功的关键之一。

(2) 还要了解和掌握谈判对手的各种情况，甚至包括谈判对手的一些个人详细资料。在这方面，日本商人值得称道。在谈判之前，他们对谈判对手的各种情况都力求有所了解，包括他的经历、爱好、家庭情况、生日等，都摸得清清楚楚。这为他们谈判的成功奠定了基础。

(3) 己方和对方的财务状况、决策的优先顺序、成本分析、期限压力、组织结构及经营方向等。

2. 谈判组人员的确定

谈判是人相互交往、相互交涉的一系列活动和行为，因为人是谈判中的首要因素。作为谈判者，其各方面的特征和素质直接影响谈判的顺利进行、谈判效率和谈判成果。因此，对谈判人员的挑选，是谈判准备工作中的首要内容。具体的挑选工作，根据作为干练谈判者的特征和素质来进行。

(1) 谈判人员的知识。谈判人员的知识，包括知识水平和知识结构，关系到谈判人员的信誉和威望，从而直接影响其谈判实力、谈判效率和谈判结果。

(2) 谈判人员的个人素质。谈判人员的个人素质包括知识、道德、心理等。

谈判人员应具备的个人素质有：追求高目标、观察力敏锐、表达能力强、善于倾听、自信、沉着冷静，以及正直和幽默等。

(3) 谈判人员的年龄。年龄对谈判人员的谈判效率也有着直接的影响。因为年龄在一定程度上代表着谈判人员的知识、精力和经验。

这几方面对谈判的成功都有很重要的影响。尤其是经验，它体现出谈判人员谈判艺术的把握。在遇到以前出现过的问题时，经验可以使谈判人员驾轻就熟；而在遇到前所未有的问题时，经验可以使谈判人员举一反三。

英国谈判专家斯科特指出，谈判人员的最佳年龄在 33～35 岁。

因为，在就业的早期，人具有竞争的特点和理想主义的色彩，在这一时期，人高度关心自己的社会地位，注意积累经验和希望得到提升。

而在就业的晚期，则具有能够容忍他人意见和对企业内部与社会目标承担责任的特点，但这一阶段，人的竞争性已经不足，事业的成功与否已不再被当作人生最重要的标准。

在就业的早期与晚期之间，存在着一个中间阶段，人在这个时期，已经积累了一定的经验，仍然精力充沛，富有进取心，这是人生的黄金时期。这个时期的精确年龄因人而异，但对大多数人来说，一般在 33～35 岁。

上述三种因素综合起来，所表现出的就是谈判人员的能力。因此，对谈判人员的挑选，实际上是根据谈判人员的能力进行的。

3. 拟定谈判计划

在调查研究的基础上，拟定谈判计划（正式或重大的谈判都必须拟定一个谈判计划）。

谈判计划主要从以下几个方面制订。

(1) 确定谈判计划的主题。主题是谈判的基本目的，应当具体、简洁、明了。

(2) 确定谈判的要点。谈判要点包括谈判目的、谈判程序、谈判进度和谈判人员。其中，谈判程序是最主要的环节，必须考虑到它的互利性和简洁性，以提高谈判成功率。

(3) 关于谈判策略的运用，特别是一些特殊策略的运用。例如，是说服、强迫还是控制？是协作还是争论？是采取"闪电"战术，还是采取拖延，或长期施加压力的策略等。

谈判是一个千变万化的过程。因此，不能把谈判计划看得一成不变，死死守住寸步不让。理想的状态应该是：预先制订计划，根据面临的实际情况进行必要的改动，提高谈判的成功率。

4. 做好必要的物质准备

谈判准备工作的另一项重要内容是物质准备。从表面上看，物质准备与谈判内容，乃至谈判结果没有内在的联系。但是，很多富有经验的谈判专家对此深有感触，他们认为，谈判的物质准备直接体现了作为东道主一方的诚意，因而对谈判气氛，乃至整个谈判的发展方向都有着直接的影响。

如果准备工作潦潦草草，一塌糊涂，应邀来谈判的一方会认定东道主缺乏必要的诚意，在谈判开始之前，谈判双方就存在隔阂，这势必影响谈判的气氛和谈判最后的结果。

谈判物质准备的内容，包括谈判环境的布置和谈判人员的食宿安排两个方面。

1) 谈判环境的布置

谈判环境的布置，首先要选择一个好的谈判房间。一个好的谈判房间应具备的起码条件是：宽敞、灯光适宜、通风、隔音，以及温度适宜。另外，还应在房间的墙壁上布置一些让人精神放松的装饰物。如果谈判对手有特殊爱好或忌讳，在房间的布置上要特别注意针对其爱好或回避其忌讳，以期创造出一个适宜的环境。

其次是选择好谈判桌。一般而言，圆形谈判桌比方形桌要好些，因为方形桌方方正正，谈判人员对面坐定后，往往过于正规和严肃，有时甚至还会使人产生对立的情绪，这显然不利于创造一个良好的谈判气氛。

最后是关于谈判人员座位的安排，通常是谈判双方各自坐在一起，谈判双方的人员依据职务等级对应而坐。当然，关于谈判人员具体怎么坐，并无什么规则，可根据具体情况灵活掌握。

随着社会的进步和谈判的日益增加，谈判环境已不再局限于某一固定的空间，不再局限于谈判桌前的来回讨论了。谈判双方在高尔夫球场、在台球桌边、在酒会或宴会上，一边潇洒地击球，聊着社会新闻，唱着、吃着，一边谈着共同的利益，就谈判双方关心的问题进行交谈和磋商。这种寓谈判于游玩或交际之中的谈判，对谈判环境的要求不是低了，而是更高了。对这些谈判形式的认识，将促进谈判物质准备工作提高到一个更高的水平。

2）谈判人员的食宿安排

谈判人员食宿条件的好坏，将直接影响谈判人员的精力、情绪和工作效率。一个不能让谈判人员很好休息的住宿条件，势必影响谈判人员的体力恢复，影响谈判人员的精力，从而造成谈判人员的紧张，甚至对立情绪，影响最后的谈判结果。

5. 模拟谈判

模拟谈判也叫假设演习。即从己方代表选出有关成员代表洽谈对象，从洽谈对象的立场出发，与之进行磋商。

事实已经表明，这种模拟谈判是必要的，可取的，它可以从多种多样的假设中，提取一种最佳的谈判方案，与谈判对手展开有效的攻势，并获得成功。

同时，模拟谈判可帮助己方人员从中发现问题，对既定谈判方案做出某种修改或加以完善，使谈判计划的安排更具实用性和有效性。

6. 抓住正式谈判前的开场白机会

在谈判伊始，双方正式见面，彼此寒暄、入座，主持者道几句开场白，此时正是谈判者创造和谐谈判气氛的好时机。首先应该认识到，一开始就进入正题往往是弊多利少，容易造成空气紧张，不利于良好气氛的形成。在谈判开始到底应该选择什么话题才能创造出和谐的谈判气氛呢？

开场白的方式主要有以下几种。

(1) 借助物品开始。可以展示一张地图、一幅画、一张统计表、一张照片、一件实物等，只要有助于阐述观点就行。

(2) 用提问的方式。开始交谈时，若提出问题，对方就会按照这个问题的思路去思考，产生一种想要知道正确答案的欲望。但是要注意，提出的问题不一定要与交谈的主题有关，但是要侧重于开放型问题。

(3) 以名言警句开始。名人在一般听众的心目中的形象总是崇高的，他们的话也总有一种吸引听者的魅力。

(4) 用令人震惊的事实开始。它可以使对方从一系列触目惊心的事实中醒悟过来，并产生一种要对述说的事追根究底的“悬念”。

(5) 用赞美的话开始。一般来说，人都喜欢听称赞的话。因此，开始说话时，可以赞美对方的衣着得体、气质高雅；可以称赞所在地区的悠久历史和光荣传统；可以赞美当地的丰富文化遗产和勤劳勇敢的人民等。

(6) 用涉及对方切身利益的话作为引子。这是有经验的交谈者经常使用的开始谈论的方法，就是把自己表达的内容与听者的切身利益联系起来，以引起对方的关注和重视，吸引对方。

(7) 寻求共同点。这些共同点可以涉及双方以往相同经历和遭遇，也可以涉及双方以前的密切合作，还可以展望双方友谊发展的前景等。

通过这样的开场白，双方的感情一下子会接近许多，此后再谈正题就好办得多了。但是，开场白也不宜过多，以免冲淡谈判的主题。时间应占谈判总时数 5%左右，如谈判准备为 1 小时，那开场白的时间应为 3 分钟左右。

（二）正式谈判程序

1. 开局阶段

开局阶段亦称“开谈阶段”。它延续了开场白阶段所营造的良好气氛，又为以后进入实质性内容做好必要的准备。如何开局是谈判人员必须掌握的技巧之一，一般可以以轻松、愉快的口气，以询问商量的方式与对方交换一些容易达成一致意见的话题，如谈判的目的、谈判的程序等。

这些话题与谈判有关，但又是非实质性问题，一般不会引起对方的反感。由于一开始双方就取得程序等方面的一致，就为以后谈判取得进展甚至达成协议开了一个具有象征意义的好头。

2. 概说阶段

概说此阶段双方各自说出自己的基本想法、意图和目的。概说时要简明扼要、诚挚友善。经过此阶段后，双方都对对方有一个大致的了解。

3. 明示阶段

不可否认，谈判双方必会有一些不同意见和分歧，明智之举是及早提出这些问题以求彻底解决。一般而言，谈判双方包含有四类问题，即自己所求、对方所求、彼此互相之求、外表看不出的内蕴需求。为了达成协议，双方应心平气和地提出这些问题并就此展开讨论。

4. 交锋阶段

谈判的目的就是为了获得自己所想要的东西，谈判双方的对立状态在这个阶段才渐渐明朗。谈判双方都列举事实与数据，希望对方理解并能接受自己的要求，而对方也会举出事例来反驳你，从而各自坚持自己的立场。

5. 妥协阶段

交锋不会无休止地进行下去。与激烈的交锋同时进行的，便是双方均在寻找与对方的共同点,寻找缩小双方目标之间差距的各种可能途径,并就此提出各种可行的折中方案,这就是让步或妥协过程。

只要谈判的双方均有诚意并存在共同利益,就会在经过激烈交锋之后达成妥协。不管谁先向对方妥协,但必须因此得到补偿。

6. 协议阶段

经过交锋和妥协,双方均已认为基本上达到了自己的目标,即可形成双方认可的协议书并由双方代表在协议书(亦称谈判合同书)上签字,并加盖双方单位的公章。

7. 进行公证

由公证员当场进行公证,宣布双方所签订的谈判合同书自签订之日起有效,负有法律责任,双方都应严格遵守等。至此,谈判程序结束。

(三) 谈判的收尾

谈判的收尾工作有这样三点。

(1) 将谈判的成果以及谈判取得成功的友好气氛继续下去,以利于双方以后的交往和谈判。

(2) 对一些贸易谈判而言,要马上落实各项事务,以保证所签合同的履行。

(3) 需将谈判情况进行总结,总结内容主要有:目标制定,谈判前的调研,物质准备,程序安排,谈判气氛营造,谈判中遇到的各种情况和问题以及谈判的策略、技巧等。

小贴士

有人认为,只要通过谈判,可以达到自己的目的就可以不择手段,这样的看法肯定是偏激的。在商务谈判中是有原则可循的。例如,客观真诚原则、平等互惠原则、求同存异原则、公平竞争原则和讲求效益原则等。

四、谈判的策略与技巧

策略是指为实现谈判目标所采取的智谋手段。在谈判中正确地运用各种策略,可收到事半功倍的效果。谈判中的策略不胜枚举,这里介绍几种常用的策略。

(一) 以诚取胜

在谈判中,并不是所有的谈判信息都要求保密,有时开诚布公反而能收到意想不到的效果。

案例

开诚布公的谈判

我国某玻璃厂与美国欧文斯玻璃公司就引进设备一事谈判就是很好的一例。在谈判过程中,双方在全部引进还是部分引进这个问题上僵住了,双方各执一词,相持不下。这时我国某玻璃厂首席代表换了一个愉快的话题。

他说，你们欧文斯的技术、设备和工程师都是世界上一流的。你们投入设备与我们合作，只能用最先进的设备，这样我们才能成为全国第一。这不单对我们有利，而且对你们更有利。欧文斯的首席代表是一位技术水平很高的人，听了这番话心里自然很高兴。

接着我国某玻璃厂的代表话锋一转："我们厂的外汇有限，不能买太多的东西，所以国内能生产的就不打算进口了。现在，你们也知道，法国、比利时与日本的厂家都在与我国北方的厂家搞合作，如果你们不尽快与我们达成协议，不投入最先进的设备、技术，那么你们就会失去中国的市场，人家也会笑话你们欧文斯公司无能。"

经过这一番开诚布公的交谈，使濒于僵局的谈判气氛得到了缓和，最后双方达成了只进口主要设备的协议。我国玻璃厂因此省下一大笔外汇，而欧文斯公司也因为对我国某玻璃厂出口技术和设备，而使其成为全国同行业产值最高、耗能最低的企业而声名大噪。

（二）最后通牒

最后通牒是指在谈判陷于僵持阶段时，某一方宣布以某一新条件或某个期限作为谈判中合同成败的最后决定条件，逼对方最终答复的做法。通常人们也爱用"边缘政策"的说法来表达。

例如，卖方降了一次或两次价后，宣布"我是最后价了，请贵方研究"。有的还说："我已无别的条件，我等到明天中午，如果贵方接受我方建议，则我留下签合同；否则，下午有2点的飞机，我回国了。"

买方也常使用该策略压卖方。有的谈判高手还玩"最后×分钟"的把戏。在某个上午或下午将尽时，说"给你最后×分钟""没有新建议就到此散会，下步怎么办？另商量"等，凡带"威胁性的通告"均有最后通牒的味道。使用该招时应注意：通牒要"令人可信"。

如"要走"的可能性存在，下午2点的确有飞机，机票的确订好，要不然是个笑话，也会失去效果，且会影响以后的谈判。此外，通牒不要"滥用"。在一场谈判中，过多地使用此策略不好，会伤感情，也无大效果。

（三）出其不意

出其不意是指谈判手法、观点或提案的突然改变，以造成谈判出现戏剧性的变化。在一些谈判中，常用这样的手法，突然用一个备用提案来打乱甚至推翻前面的提案，使对方感到措手不及、不知所措。

心理学的研究表明，当你的对手突然推翻前面的提案，采用"出其不意"的手法向你袭击时，常出自两种动机：一种是根本不想成交，或者是感到成交时候不到，条件不具备；另一种是你的对手对你是否接受前一提案产生了怀疑，因而推翻前一提案，目的是测试你的反应，从而估计自己是否在这笔交易中吃了亏，并伺机重新制订谈判的方案。但"出其不意"的手法在使用时要谨慎。

（四）先苦后甜

先苦后甜的意思是先紧后松，通过这种心理上的对比，强化对方认为眼前所争取到的已是最大利益，从而达成协议。比如，飞机晚点，最先预报晚一小时，可等了几分钟后又预告只晚半小时，最后只晚 15 分钟到达，这时旅客都非常高兴，拍手称庆。从最终结局来看，飞机确实是晚点了，但旅客们却反而感到庆幸和满意。

先苦后甜就是有意识地利用人们这种心理上的效应。如当你想要对方在价格上打折扣，但又估计对方难以接受时，可以采取"先苦后甜"策略。除了价格以外，你同时在品质、运输条件、交货后支付条件等几方面，提出较苛刻的要求。在交锋时，你要尽力使对方感到，在好几项交易条件上，你都做了让步，对方占了不少便宜。

于是，当你提出折扣问题时，可能会不费多少口舌就能获得对方的同意。事实上，前几项交易条件上的让步是你本来就打算给予的，只是为了造成对方感到尝到甜头，最后，在你关注的项目上让步的效果。

（五）中途换人

中途换人策略是指在谈判桌上的一方遇到关键性问题或与对方有无法解决的分歧时，借口自己不能决定或其他理由，转由他人再进行谈判。这里的"他人"或者是上级、领导，或者是同伴、合伙、委托人、亲属、朋友等。

运用这种策略的目的在于：通过更换谈判主体，探究对手的虚实，耗费对手的精力，削弱对手的议价能力，为自己留有回旋余地，进退有序，从而掌握谈判的主动权。使用这种走马换将策略时，作为谈判的对方需要不断面对新的谈判对手，陈述情况，阐明观点，重新开始谈判。这样会付出加倍的精力、体力和投资，时间一长，难免出现漏洞和差错。这正是运用中途换人策略一方所期望的。

案例

休斯与飞机公司

美国大富豪霍华·休斯为了大量采购飞机，亲自与某飞机制造厂的代表谈判。霍华·休斯性情古怪，脾气暴躁，他提出了 34 项要求。谈判双方各不相让，充满火药味。后来，霍华·休斯派他的私人代表出面谈判。没有想到，私人代表满载而归，竟然得到了 34 项要求中的 30 项，其中包括 11 项非得到不可的要求。

霍华·休斯很满意，问私人代表是如何取得这样大的收获的。私人代表说："那很简单，每当谈不拢时，我都问对方：你到底希望与我解决这个问题？还是留待霍华·休斯与你解决？结果，对方无不接受我的要求。"

中途换人策略的另外一个特点是能够补救己方的失误。前面的主谈人可能会有一些遗漏和失误，或谈判效果不如人意，则可由更换的主谈人来补救。并且顺势抓住对方的漏洞发起进攻，最终获得更好的谈判效果。

在业务谈判中，如遇到这种情况，需冷静处理，并采取一定的应付措施，有时能变不利为有利。

（六）润滑剂

谈判双方在交往过程中，经常会出自礼貌、友好和联络感情而相互赠送一些礼物、纪念品等，这无疑会对谈判的进展起到润滑剂的作用，故幽默地称为“润滑剂”策略。

“润滑剂”策略是个微妙的策略，敏感性很强，弄不好会引起种种误解、戒心、反感、效果适得其反。同时，由于文化、习俗的差异，各国谈判界对使用“润滑剂”的评价也不一，因此我们还应慎重对待。

馈赠礼品时要注意对方的文化背景、风俗习惯；礼品的价值不宜过重；注意送礼的场合，尤其在初次见面时即以礼相赠有失妥当，甚至被认为是贿赂。总之，我们在涉外谈判过程中，如果需要向对方馈赠礼品，就一定以尊重对方习俗为前提。

（七）让步策略

在谈判中，一方向另一方让步，甚至双方互作一定程度上的让步是常有的事。但是，在实际做起来却不是一件容易的事。每一个让步，均应考虑其对全局的影响。一般来说，让步有下列基本原则和策略；每一次让步都应争取得到对方的回应，不作无谓的让步。

让步要恰到好处，即以最小的让步使对方感到获取了最大的满足；在重要的问题上，力求使对方先作让步；让步幅度不宜过大，节奏也不宜太快，让对方珍惜我方的每一个让步；不要承诺做同等幅度的让步；让步要同步进行；让步可以反悔，完全可以推翻重来。

（八）暗示

暗示具有与明示、明言相反的含义。某些情况，不便于直接说出某种话，或不便于明确地表达出某种含义，则可用隐晦、曲折的语言，或某些特定的表情、动作，表达出“只可意会，不可言传”的内容，对方对此也只能心领神会。因此，暗示只能是在特殊场合使用的特殊语言，如使用得当也可起到特殊的效果。

在商务谈判中，商业情报、技术秘密，以及涉及谈判对手与第三方的情况等往往不可公开，但已成为影响谈判进程的筹码。如谈判对手对某技术要价过高，可适当暗示有自己开发的能力，或具有从第三方购买的可能性。当然，也可以就对手的暗示进行反击，如暗示对手借以争取高价的情报并不准确，或对方的技术可能被潜在的第三方超过，等等。

【本章小结】

1. 演讲是以讲为主，以演为辅，讲演结合的信息传播形式。从本质上看，演讲就是艺术化地发表意见或阐明事理。

2. 作为演讲者，不管你准备了多少演讲内容，最初的30秒都是最重要的。

3. 演讲的各种准备，最终要通过走上演讲台发表演讲表现出来。

4. 培养演讲才能的方法：读、背、诵、讲、练。

5. 克服演讲中的障碍需要做到：控制紧张情绪；克服听众的逆反心理。

6. 谈判是有关组织（或个人）对涉及切身权益的有待解决的问题进行充分的交换意见和反复的磋商，以寻求解决的途径，意欲达成协议的合作过程。

7. 谈判的全过程应包括以下三方面：谈判的准备、正式谈判以及谈判的收尾。

8. 谈判的策略与技巧包括：以诚取胜、最后通牒、出其不意、先苦后甜、中途换人、润滑剂、让步策略、暗示等。

【复习思考题】

1. 你对培养演讲的方法是如何理解的？
2. 结合自己的经历，谈谈演讲前应做好哪些准备？
3. 谈判的开场白为什么那么重要？
4. 你认为谈判的技巧在谈判中起着什么样的作用？

【案例分析】

买方与卖方的谈判

“您这种机器要价 750 元一台，我们刚才看到同样的机器标价为 680 元。您对此有什么话说吗？”

“如果您诚心想买的话，680 元可以成交。”

“如果我是批量购买，总共买 35 台，难道您也一视同仁吗？”“不会的，我们每台给予 60 元的折扣。”

“我们现在资金较紧张，是不是可以先购 20 台，3 个月以后再购 15 台？”

卖主很是犹豫了一会儿，因为只购买 20 台，折扣是不会这么高的。但他想到最近几个星期不甚理想的销售状况，还是答应了。

“那么，您的意思是以 620 元的价格卖给我们 20 台机器。”买主总结性地说。卖主点了点头。

“干吗要 620 元呢？凑个整儿，600 元一台，计算起来都省事。干脆利落，我们马上成交。”卖主想反驳，但“成交”二字对他颇具吸引力，几个星期完不成销售定额的任务可不好受，他还是答应了。

分析：

买主步步为营的蚕食策略生效了，他把价格从 750 元一直压到 600 元，压低了价格的 20%。

谈判桌上没有单方面的退让，在你做出各种让步时，你必然也要求对方做出种种让步，后者，才是你的目的。称职的谈判者善于适时适量的让步，也善于向对方施加压力，迫使对方让步。

问题：

(1) 这个案例用到了本章讲的哪些内容？

(2) 如何才能更好地促使对方向你让步？

【实践课堂】

训练一　自我剖析

可以将自己的一次演讲录制下来，通过回放，仔细观察自己的肢体语言是否完全到位，是否出现手势过多、过于死板、目光呆滞、面部表情冷淡等各种不良情况。找出不足之处和改正的办法。

训练二　模拟谈判

自主命题。把同学们分成组，扮演甲方和乙方。做一次模拟谈判。

训练三　绕口令

播音主持必练绕口令。

(1) 八百标兵奔北坡，炮兵并排北边跑，炮兵怕把标兵碰，标兵怕碰炮兵炮。(双唇)

(2) 巴老爷拔了八十八棵芭蕉树，不让八十八个把式在八十八棵芭蕉树下住。八十八个把式烧了八十八棵芭蕉树，巴老爷在八十八棵树边哭。(锻炼唇力)

(3) 门口吊刀，刀倒吊着。……(反复说，锻炼舌的顶力)

(4) 门前有四辆四轮大马车，你爱拉哪两辆就拉哪两辆，拉两辆，留两辆。……(反复说后两句，锻炼舌的弹力和灵活)

(5) 哥跨瓜筐过宽沟，快过宽沟观怪狗，光看怪狗瓜筐扣，瓜滚筐空哥怪狗。(锻炼舌根的力量和灵活性)

(6) 山前有个催粗腿，山后有个催腿粗，俩人山前来比腿，不知是催粗腿比催腿粗的腿粗，还是催腿粗比催粗腿的腿粗。(训练舌尖的灵活性)

(7) 粉红墙上画凤凰，凤凰画在粉红墙。红凤凰、粉凤凰，红粉凤凰花凤凰。(区别唇齿音和舌根音)

第八章

求职应聘

学习目标

知识要点：

1. 应聘者的书面准备；
2. 应聘者的心理准备；
3. 应试准备（笔试、面试、网络应聘）。

技能要求：

1. 掌握简历的主要内容及好简历的标准；
2. 了解应聘者应做好哪些方面的心理准备，熟悉求职应聘技巧并能灵活运用。

引导案例

中国××银行北京分行城区支行岗位应聘

小W同学是北京某高校的计算机类本科生，2014应届毕业选择了找工作。她于2013年年末在应届生网站上看到××银行北京分行的校园招聘启事，她发现××北京分行的招聘包括计算机类，这让她很惊讶，因为部分银行招聘是针对金融财会专业的毕业生的，她认为这是一个不错的就业机会，因为就她求职的经验认为，计算机类毕业生在求职笔试的阶段，通常都有一定的优势，因为逻辑性和数学都相对功底扎实，容易在笔试中取得好成绩。于是她登录这家银行网站进行了简历投递和职位申请。

到了2014年2月中，她收到了来自这家银行北京分行的笔试通知书，于是她按日期参加了笔试。在笔试中，她发现，这家银行的笔试题是一份相当繁杂的试题，全部都是选择题，包括单选和不定项选择，主要涉及数学、逻辑学、计算机应用、法律、金融、国内外文学常识、化学、地理、统计学、政治，以及日常知识。

可以说，不管你是哪个专业的毕业生，都无法在这个考试中取得绝对优势，这是对知识积累和分析问题能力的考查，她感觉其中相当大比例的题目她都没有把握，因为太多知识是她所不熟悉的，但是通过对题目的分析，她采用排除法、穷举法等，对她所不能掌控的题目进行逻辑分析，最终选择她认为最可能的选项。最终，她以出色的笔试成绩进入了面试环节，其实她自己对于笔试的题目没有什么把握，但是通过仔细分析，她可以将题目的正确率提高到一个相对好的水平。

在面试环节中，小W同学并没有做太多的准备，因为毕竟是银行业的面试，她认为在短期内突击金融知识虽然可以达到一个备战的水平，但是她经过分析认为既然这家银行标明招聘计算机类的学生，就必然不会在面试中出现过于金融专业的面试题目，因此她把精力暂时放在了其他公司应聘的准备中。

果然，在面试环节，这家银行采取了分专业面试的形式，将所有同学按计算机类、金融类和文法类进行了划分，并且设计了不同类型的面试流程。首先小 W 同学填写了一份个人信息表，然后听叫号进入了等候面试的大厅，在大厅里，发放了一张面试题目，这张纸上是说，政府是否应该控制私家车的数量，请自己分析出一个观点，面试时会针对这个问题进行小组讨论。小 W 同学决定持政府不应该控制私家车数量的观点去进行讨论，并且她自己经过思考总结了几个主要论点，并写在了纸上。

大约 10 多分钟后，小 W 随同其他 7 个同学一起进入了一个面试组，在组里她是 7 号应聘者。进入面试的房间以后，大家按号码坐好，一共有六位面试官。面试官要求大家先每人做两分钟自我介绍，挨个进行。小 W 将已经演练过多次的自我介绍熟练地叙述。

随后，进入了小组讨论环节，在这个环节给小组 8 个同学 20 分钟的时间做讨论，讨论中每个人必须要发表自己的观点，然后大家进行讨论，最后要达到全组同学统一成一个观点。如果时间到的时候，全组同学还没有统一，则要扣除一定的分数。另外，讨论结束以后，大家要推举出一个同学进行陈词，将全组讨论的结果陈述给面试官。

了解了讨论过程以后，小 W 所在的小组的八个同学开始进行讨论，这时候很幸运的是，2 号同学主动站出来说，他想为小讨论做一个流程计划，他说先让每个同学做一分钟陈述，然后进行自由发言，最后剩 3 分钟的时候统一一个讨论结果，并推选一个陈词同学，在场的另外 7 个同学都同意了他的安排，于是大家开始依次做陈述自己的观点。

在每个同学陈述的同时，小 W 同学将每个同学的主要观点在纸上做了记录，并把它们分成两派记录，一派是赞成的，一派是反对的。轮到小 W 陈述的时候，她就将自己早已准备好的论点一一陈述。

这里值得注意的是，小 W 同学从这次应聘整个的流程开始，就确定了自己的应聘策略，就是要在金融机构的应聘竞争中，发挥自己计算机的专业优势，以强势的逻辑分析，理性的思考，清晰的条理为自己的形象主打。力争在整个的面试流程中，向面试官表现一个极度理智、干练、富有强推理分析的人格形象。因此，小 W 在陈述的时候分点阐述，有理有据。

8 个同学的陈述完毕后，正好分成了四对四两派意见。于是大家开始自由讨论。在自由讨论中，小 W 很清楚必须要在有限的时间内，尽量将对方四个同学的意见说服成自己方的意见，这也是通过观察记录同组同学的发言分析出的结论。因为小 W 发现与自己意见不同的四个同学在表达上缺乏理论根据，他们的论点都有些站不住脚，而且通过观察小 W 发现，对方的四个同学的性格普遍属于比较保守内向的类型，尽管他们也尽量地表现自己，但是可以看出他们多少有紧张的情绪存在，并不自然，这就使小 W 对于说服对方同学有了很大的把握。

于是小 W 选择了对方的 2 号同学的观点进行反驳，并且她遵循每个驳论都有论据，在讨论过程中，对于对方强调的论点，也进行一一驳斥，而且都使用例证进行反驳。

再加上己方其他几个同学的帮助，很快局面呈现一边倒的趋势。最终，作为“领导者”

的2号同学提出，认为小W一方的观点更有力，理由更充分，想让大家统一成这个观点，他的提议也得到了其他3个同学的认可，于是全组8个同学顺利达成一致。由于之前小W的陈述显示出她良好的表达能力，全组全体同学推举她为陈辞代表。小W同学不辜负大家的期望，将所有同学的意见总结归纳，并做了精彩的陈词，在陈述中，她也没有忘记适当表述对方的观点。

讨论环节结束后，进入了考官提问阶段。这时候六位考官会针对之前的讨论，对全组同学进行叫号提问。首先被问到的有赞成政府控制私家车的两个同学，主要是针对他们的论点进行的提问。然后考官问到了"领导者"2号同学，问题是，他最后为什么要建议全组同学支持反方观点，2号同学对此进行了解答。接着，又问到了小W一方的一个同学，这个同学一直以汽车工业可以解决大量就业为论点进行的讨论，因此考官对此也提出了问题。

最后，有一位考官对小W提出了问题，说他可以看出小W同学是一个很理智的人，那么如果有一天，小W同学虽然也肯定自己的观点，但是却必须妥协于对方观点的话，那她将怎么办？小W同学回答说，首先事物都是有两面性的，本身就不存在哪一个观点绝对正确，如果一定要妥协于对方观点，那么她会对之前对方陈述的论点进行回顾，并就这些论点进行发散性思考，找出它们的闪光点，这样，她可以对自己的观点进行修缮，以更好的妥协于对方观点。

至此，整个面试过程结束了，两周以后，小W同学顺利拿到了体检通知书。体检合格后，顺利与用人单位签署了三方协议。

这是一个2014届毕业生成功应聘的案例，对我们在校大学生今后的求职面试有一定的指导意义。毕业后的就业是我们每一名大学生都要面临的一个问题，怎样才能找到自己理想的工作呢？怎样才能把自己推销出去呢？本章讲授自荐材料的准备、应聘的程序及应聘技巧等知识，希望能帮助各位同学顺利走向工作岗位。

小贴士

求职过程分如下几个阶段。

投简历→等待被初选的通知→笔试→等待第二次通知→面试（1～n次）→通知体检→签署三方协议

第一节　自荐材料的准备

准备一份好的自荐材料，是求职的必要准备，也是能否找到一份好工作的关键。因此，在起草自荐材料时要注意以下几点。

自荐材料主要应包括：①求职信；②个人简历；③本专业介绍、学习成绩、各种奖励和证书、作品等的复印件。

自荐材料规格：建议用A4纸张，用激光打印机输出，页面要简洁，布局要合理。

一、求职信

（一）求职信的格式

求职信的格式和一般书信大致相同，即称呼、正文、结尾、落款。开头要写明用人单位人事部门领导，如“尊敬的招聘经理：您好”等字样，结尾写上“祝工作顺利”等祝愿的话，并表示热切希望有一个面试的机会，最后写明自己的学校、通信联系地址、姓名和时间。

（二）求职信的内容

求职信的主要目的是为了给自己赢得一个面试或笔试的机会，所以应该在求职信中尽可能强调自己的优势，补充简历中不能详细说明的能力。一封有效的求职信大致应包括以下几个方面。

(1) 直接表明自己的求职意愿。即首先应写清楚你是谁，你要应聘的职位，为什么要来应聘等。

(2) 集中陈述自己与职位相匹配的优势与工作经历等，这是最核心的部分。

(3) 请求对方阅读自己的简历，给予面试机会，并写明自己的联系方式。

（三）如何写好求职信

求职信形式可以分为两种类型：一类是书面纸质的求职信，用于邮寄投递或招聘会现场投递；另一类是电子求职信，用于电子邮件投递或网络应聘。不管是哪类求职信都有一些通用的技巧，要写好一封令人满意的求职信，需要注意以下几点。

1. 字迹整洁，文字通顺

古人云：“字如其人，文如其人。”如果你的文章流利，字又写得漂亮，这首先从门面上就压倒其他竞争对手，并且能够把你的工作态度、精神状况、性格特征介绍给对方，加上你的求职条件，就会使你在众多的求职者中取胜。

事实上，现在都用打印机打印出来，那就要求你的文件必须做到整洁，版式清晰、易读。所以，为了达到你的求职目的，就应该将你的求职书信做到让人一目了然、赏心悦目。

2. 简明扼要有条理

用简练的语言把你的求职想法以及个人特点表达出来，切忌堆砌辞藻。招聘人员每日读众多的求职信，对于大多数的求职信往往只用十几秒钟的时间扫视，只有内容抢眼才会有兴趣详细阅读。因此，写作求职信要开门见山、简明扼要，切忌套话连篇、浮词满纸。求职信不在于长，而在于精，有效的求职信篇幅应控制在一页。

3. 量身定做，不落俗套

求职信的内容要为所应聘的职位量身定做，不能写好一份通用版本，不管是应聘国企还是外企，不管是应聘销售岗还是技术岗，都用同一份求职信。针对性不强，获得青睐的机会也小，同时也无法显示自己应聘的诚意。

4. 建立联系，争取面试，莫提薪水

在求职信中，原则上尽量不要提薪水的具体数目。求职信所要达到的目标是建立联系，争取面谈的机会。此时谈钱为时尚早，以后会有更适当的场合，更何况薪水的数目并不是你选择职业的主要因素。

如果同时有两个职位，其中低薪的那个职位更有利于今后发展，那么应当毫不犹豫地选择它。这种例子在应聘者中比比皆是。在求职信的最后，要特别注意提醒聘人单位留意你附加的简历，并请求给你回音，以争取能够建立下一步的联系，获得面试的机会。

案例

在求职信和个人简历中，原则上不要提及薪酬的问题，当然，事无绝对，你要是能像这位老兄一样，把薪酬要求巧妙地转化成证明自己能力和心态的东西，那也未尝不可把它写入简历或求职信当中。

(1) 基本价值：1800元。

作为一个国家直属重点大学的本科毕业生，在16年的求学生涯中耗费了父母大量的金钱和感情，需要足够的物质支持来回报家人和提供个人生活基本费用，并用于支付工作技能的进一步的发展。

(2) 技能价值：－500元。

明白自己作为一个新闻专业学生缺乏"一技之长"，所能干的工作似乎任何专业的人都可以胜任，但我的优势只有在进入某单位经过一段时间的磨炼后才能有所发挥。为了感激贵单位给予这个"进门"的机会，认为应该减去500元的月薪。

(3) 性格价值：100元。

开朗活泼幽默的性格，能最大限度地使一个团体士气高昂，在愉快的氛围中保持工作的高效。

(4) 专业知识价值：500元。

我的专业课成绩在新闻系中名列前茅，已经获得免试读研机会并自愿放弃。在报纸杂志上发表的稿件和文学作品得到了老师和实习单位一致肯定。

(5) 个人意愿价值：500元。

有努力工作以证明自己社会价值的强烈愿望，虚心好学，希望可以向一切有经验的前辈学习，不放弃一切可以锻炼自己的机会，任劳任怨。

(6) 经验价值：－500元。

深知自己的经验欠缺，没有独立地完成过一次完整的学术研究，也没有组织过大型的社会采访，但是请相信，作为一个具有扎实的专业知识和较高的综合素质的社会新鲜人，我会很快完成从学生到新闻工作者的过渡。

很多人在谈到薪酬问题时，总会说自己如何如何优秀，所以值多少多少钱，但是这位求职者的要求却像一份严密的考核体系一样，有赏有罚，让人看后觉得这人不仅有趣，而且很实在。如果他的专业课成绩真像信中所说，"在新闻系中名列前茅"，加上有着丰富的写作经验，又何愁没有单位要他呢？

资料来源：陈乾文.别告诉我你会做简历[M].上海：龙门书局，2010.

对于我们即将毕业找工作的同学来说，虽然没有工作经历和经验可写，但是要把自己在学校的实习经历或者分小组做的大作业，在其中担任的角色及任务完成情况写出来，这样给用人单位领导的印象并不是死读书，而是学以致用，进行了岗位练兵，从而加大了他录用你的概率。

二、个人简历

一名人事经理留给每份简历的时间并不会太多，只有 15 秒。他会先迅速浏览一下，你的简历是否和招聘岗位有关；如果有关，他才会再给你的简历几秒钟时间，继续看下去；看你与其他应聘者相比有没有优势。如果没有，就到此为止。

在这样的情形下，你要是还在卖弄学问、遗漏重要信息或者写些不知所云的东西，你就应该知道你的简历会遭遇什么后果了。

所以，撰写个人简历必须要站在人事经理的角度考虑问题，要在第一时间展现出你的优势，这样才会获得面试的机会。

（一）个人简历的内容

一份个人简历应该包括个人最基本的信息和与申请职位相关的信息。具体可以包括：个人信息，求职意愿，教育背景，工作或实习经历，社会实践活动，所获奖励，外语、IT 技能等。

个人简历至少能在一定程度上反映出毕业生的真实情况来。以上简历包括的内容要将重要的、能突出自己优势和职位要求的内容往前排，不重要的内容往后排，不必所有项都涉及。如有的同学没有获奖或工作实习经历，可将该项从简历中剔除。即不说假话，也不说“真话”，不要取长补短，要做到扬长避短。人家不问又是你欠缺的，不要主动说出来。

具体应该在个人简历中撰写哪些内容，需要考虑两个方面的因素。

(1) 看用人单位招聘启事上面明确要求了哪些内容。

有些用人单位会对学历、工作经验、专业、性别、户口所在地、身高等做出限制。那你在简历中就需要说明。

比如有些前台对身高有要求，简历中就要写明自己的身高。再比如有些单位招销售，会要求是本地人，那简历中就要注明。

(2) 站在用人单位的角度考虑，突出与职位相关的自身优势。

比如你要应聘经理助理，就可以注明会开车。再如你应聘文秘，工作需要经常打字，就可以在简历中注明自己的打字速度。

（二）撰写个人简历的技巧

1. 在简历开头写清基本信息

你的求职意向、联系方式、你想应聘的岗位、全职还是兼职、你要求的工作地点等，都属于个人简历中的基本信息。这些信息要放在简历的最开头，方便人事经理节省时间，与人方便自己方便。比如有人把联系方式放在简历的最后面，如果人家要通知你面试，还需要费劲地找电话号码。

2. 突出优势

前面说过，人事经理在筛选简历的时候基本就两个考虑步骤：是否合适？是否优秀？所以在一开始就要突出优势，好让对方多留几秒钟给你。

比如，你应聘的是外企，就可以把“自我评价”放在比较靠前的位置，然后强调你的英语水平、学习与沟通能力、团队精神等；如果应聘的是国企、事业单位，就要突出教育背景、政治面貌等；如果应聘销售类工作，则应强调你的沟通能力和坚持不服输的精神，后面再详细介绍你的兼职经历。

如果你没有什么优势可以突出的，那就删除“自我评价”或将其放在简历的最后面。至于那些兴趣、座右铭之类的，不算优势，不需要写。

3. 简历内容的顺序

简历内容的次序根据要应聘岗位的特点及自身情况来取舍。比如你即将毕业，可以强调学习成绩，放在前面；如果你实习经验、兼职经验比较丰富，就可以将这部分放在前面。就好像卖水果，都会把最漂亮的水果放在最前面，才能招来顾客。

教育背景、工作经历、社会实践这些部分要按照时间顺序倒过来写，时间离现在近的放在前面，离现在远的放在后面。因为一个人肯定越来越进步，越来越出色。

4. 不能造假

简历不能造假。虽然现在有就业歧视，但只要有能力，也一样可以成功。能力低点可以锻炼和培养，如果品质不行，就不会让人信任。试问谁会招聘一个品质有问题的员工。

5. 不可事无巨细

即使教育背景和实习(工作)经历都平平无奇，也不能事无巨细，什么都写。比如有的同学罗列上学时学习的课程，全国所有同专业学的课程都差不多，那么你的优势又在哪里？同样学企业管理专业，《统计学原理》这门课你上过，别的学校就没有学过吗？大家都上过这门课，那为什么要写？

所以要么不写，要写就写跟别人不一样的地方，证明你的优秀。简历中所写的东西应该是：人无我有，人有我优，人优我特。

6. 篇幅适宜

简历的篇幅最好控制在一页以内，如实在无法精简，那么需保证第二页充满 2/3 以上，同时将最能体现优势的信息放在第一页。简历的格式应便于阅读，有吸引力。

三、投递技巧

现在有许多人为了提高简历的命中率，就海投简历，相信只要自己多投，就会多中。其实，内容写得不好，投得再多也没有用。即使简历做得不错，投递方式错了，也会被淘汰掉。

(一) 投递时要“用情专一”

求职有时候就像求爱，尽管谁都知道你不可能只向一个人“示爱”，但对方还是希望你至少在表白时是"专一"的。

所以首先不要把多个意向放在同一个简历里，可以根据你的不同求职意向来做几份不同的简历，然后分别投递给相对应的用人单位。这样，你简历的针对性也就会大大提高。

更有甚者，有的人图省事，直接用 E-mail 群发简历，收件箱上会显示一大堆信箱，收件人是可以看到的。这就相当于带着"花心"的印章在脸上去向别人示爱。试问，哪个人事经理会接受你这种"示爱"方式呢？

（二）邮件标题要详细

有很多人投简历时的邮件标题写得特别简短，如应聘××岗位、××人应聘××岗位，更有甚者就直接写应聘、简历两个字作为标题。没有特色和针对性，很难给人留下深刻的印象。要将标题设的详细些，比如××大学××专业××人应聘××岗位。这样人事经理从邮件标题就可以看到你的基本信息，起码不会被毙的很冤。

（三）不要用附件形式发简历

发简历时，除非对方有明确要求，否则一律以正文形式发送。有的人事经理的信箱会设置垃圾邮件的自动分类，以附件形式发送的简历很可能会被误当成病毒或垃圾邮件。

即使是用附件形式发简历，在设置文件名的时候也要详细些。不能只写"简历"两个字。这样的情况，人事经理还要帮你改名字，如果他懒一点，直接保存，就会把同文件名的简历覆盖掉。你的覆盖别人的，别人的覆盖你的，简历就这样被"人间蒸发"了。

第二节 求职应聘者的准备

要得到一份称心如意的工作，绝非易事，尤其刚刚从象牙之塔中展翅欲飞时，请做好以下几个方面的心理准备。

一、必要的心理准备

（一）了解社会需求

首先，要了解职业的社会需求及行业发展的趋势，哪些行业处于发展上升时期，哪些处于发展平稳时期，哪些将会出现收缩或下降趋势，要做一个比较，选出自己所希望参与的领域；其次，在做出选择之前，多搜集一些相关资料，以便择优而选。

（二）职业选择

应聘时要选择最熟悉的行业和自己最熟悉的职业，这样才有可能全身心地投入到工作中去，才有可能有所发展，有所创造，有所前进，才有可能从中体会到工作的乐趣。

（三）认识自我、把自己好好剖析一番

应聘者要了解自己的长处和不足，全面分析自己，列出自己的长处优点，评价工作能力，问问自己：我能干什么？我想干什么？定出自己的求职目标，希望能胜任什么职位，薪水多少合适，工作环境怎样等，在经过仔细分析之后，再决定自己到什么公司应聘何职。

（四）应聘时间

应聘时要考虑自己准备在某职业从事多长时间，如 3 年、5 年或更长的时间，或是通过目前的职业学习一些东西，积累一些经验，以图更大的发展。忽略这一问题，可能会出现定位不准、目标不明、频繁跳槽等一些对自己不利的结局，以至最终影响自己的发展。

（五）薪金

金钱无疑是选择职业的一条较为重要的参考标准，但如果把薪金放在首位考虑就常常会与机会擦肩而过，可能会失掉适合自己的工作机会，这样，金钱也将会远离而去。

（六）重新选择

在选择职业时可能因一时冲动，择业后发现所选职业并不满意，此时不妨选换另一个职业，这也许是个转机。

二、角色转换的准备

一个人从学校走向社会，身份发生了重大的转换，所处的环境也发生了变化，在求职应聘的同时，更要为适应将来的岗位做好转换的准备。

（一）充满信心

请相信：海阔凭鱼跃，天高任鸟飞，天生我材必有用。保持良好的心态，快乐的心情，这样对你大有好处，使你不仅有信心，可能还因为状态极佳，不再厌烦手头枯燥的工作，良性循环会事半功倍。

（二）充电是必要的

世界日新月异，复合型人才才会有竞争力，满足于现状的井底之蛙只会被淘汰。充足了电，再为自己好好策划一下，打印一份漂亮的履历表。谦虚是美德，但恰如其分地表现自己，包装自己，也非常重要。

（三）恰当修饰一下自己

你的着装外貌要适应职场的氛围，给人以庄重成熟的印象。

整好衣冠，拿上你的简历，带着你的微笑，到人才市场去应聘。应聘的时候，你要先有概念：应聘什么职位，应聘什么样的公司，是选择三资企业还是国有企业，是选欧美公司还是亚洲公司，必须先决定好。小型交流会可以一家家慢慢看，大型交流会场内摊位多，求职者也多，所以建议先在场内浏览一圈，看看哪几家公司有吸引力，决定好主攻目标和次要目标。

主攻目标，你要多费些心思，好好展现你的魅力，坐下来和招聘者好好谈一谈，向他展示你的才能，表明想为公司效力的强烈愿望；次要目标，留下你的简历和简短介绍即可，自始至终，你都要自充满信心，从容不迫。

三、求职时需提防的陷阱

虽然机会难得，但有些机会还是需要谨慎对待，人才市场鱼龙混杂，总会有些人利用求职者的迫切心情来谋取利益。即将进入社会的大学生要审慎对待这类机会，一不小心，就有可能落入陷阱中。本来求职者找工作就不容易，再碰到这些人，那就太倒霉了。所以，一定要注意分辨。

（一）可能的陷阱

第一种是你没有给他们发简历，却收到他们的面试通知。你做了哪些简历，投过那些单位，应聘那些职位，一定要做记录。省得别人通知自己都不知道投没投过。很多公司就是钻这种空子来骗人。

第二种是要求收取押金、保证金、服装费或培训费的。有些单位面试时说你很适合他们的岗位，马上就可以上班，然后让你签协议。再以培训费、服装费、押金等的名义向你收钱。可能会承诺干够多长时间退还给你，就会安排你去做些脏活累活，逼你自己辞职。

第三种是通知方式不正规。这类单位会通过给你发邮件而不是打电话的方式通知你，或者在电话里直接进行“面试”。有些单位还会搞得特别神秘，做事鬼祟，甚至提出一些暧昧条件。

第四种是办公地点偏僻，现场也比较杂乱，可能还有不少人在打电话。这种通常是电话营销的，比如说公司卖给你多少产品，你再通过打电话逐一销售出去。这类单位，选择之前也应审慎一些。

（二）如何识别

一是先调查一下这单位的背景，比如看看他们有没有网站，发布过什么信息，主要业务是什么。

二是多方打听，留意同学、网友的评价。许多人上当受骗之后不会报警，却会将教训写在网上。会详细介绍这些骗子公司的名称、地址、电话及诈骗的过程、手段。

三是对待低门槛的招聘启事要慎重。有些单位不要求专业背景，也没有明确的岗位职责，只一味强调高薪，就有可能是招聘陷阱。

四是押金、服装费、培训费。只要是用人单位要求交的一切费用，一律不交。真正招聘的单位都是通过正规渠道发布招聘信息的，也不会巧立名目收取费用。

最后，再提醒大家，投递简历的时候不要交证件的原件或扫描后的电子版。如果确属必要，只可以交复印件，或者复试的时候自己带过去。同时不管是在哪里复印自己的身份证，都记得销毁多余的和不正确的复印件，以免被“有心人”捡去利用。

第三节 应聘者的应试技巧

一、笔试技巧

笔试是招聘单位在简历筛选之后，采用的一种在面试之前的筛选方式。利用文字作为载体，对求职者的各类知识和技能进行的综合性考查，从而判定求职者是否具备企业所要求的一些基本素质和能力，如逻辑推理、数理分析、写作能力等。

笔试可以对大量的应聘者在同一时间集中考核其特定方面的素质能力，而且很多专业性、技术性很强的职位，笔试是比较有用的考核方式之一。因而越来越多的招聘单位喜欢采用笔试方式，在众多应聘者中通过笔试筛选出一定比例的人员进入面试。

（一）笔试的类型

笔试分为技术类和非技术类。技术类笔试适用于研发类和技术类的职位，主要考察职位实际工作中会用到的技术性问题，专业性较强。非技术类笔试考查的内容非常广泛，除了常见的写作能力、英语阅读能力、数理分析能力、逻辑思维能力、案例分析能力外，还会涉及日常生活常识、时事政治，甚至智商测验等。

其目的是为了选出那些具备职位要求的专业知识、符合公司的企业文化、具有企业所希望的思维方式和个人能力的求职者。

（二）有针对性地进行必要的准备

1. 研究职位要求，熟悉笔试题型

接到笔试通知后，可通过多种渠道了解其历年题型，特别是著名外企公司的应聘题，有许多答题的经验和技巧，可勤加练习。练习时注意做到：“眼到心也到”——不能光“看”（浏览），而是有选择地拿来做练习。每练一道题，应思考该道题的出题思路和解题关键，争取举一反三，归纳出类型，以后再遇见同类型题目就会做。不能指望看答案。

2. 系统复习基础知识及专业知识

笔试题不可能铺天盖地，最可能出的顺序为：科技知识（包括数理化、科普）、文史知识、经济知识、政法知识。这些知识，不是高精尖，而是基础性的。特别要注意那些在学校没有讲授过的知识的学习和早已遗忘的有关课程的复习。一般来说，这种备考应以扩充知识量为主，而不必花费大量的精力去思考有难度的问题。

3. 模拟笔试

如有时间，应模拟真正笔试时的状态来做一些题，尤其是一些考场的时间限制、工具使用的限制等，来看看自己能否在指定的时间内完成题目，正确率如何，并找出原因总结经验。

（三）笔试的注意事项

用人单位对求职者进行笔试考核，不仅仅考查文化、专业知识，往往还包括考核心理素质、办事效率、工作态度、修辞水平、思维方法等。所以求职者在参加笔试时要认真审题，将自己的认识水平、知识水平和能力水平通过笔试能较好地显示出来。

1. 要做好充分准备

提前熟悉考场环境，掌握注意事项，有利于消除应试时的紧张心理。除携带必备的证件外，一些考试必备的文具也要准备齐全。考试前要有良好的睡眠，以保证考试时有充沛的精力和良好的竞技状态。

2. 要了解考试的规则和具体要求

考试时切不可违反规则，否则不但被取消录用资格，还会使人怀疑你的品格。笔试不仅是一场考试，也是求职过程中的一个环节，考场上的表现很可能会影响到之后的面试。

3. 要掌握科学的答卷方法

首先，答卷时要注意时间管理，通览全卷，然后按照先易后难、主次有别的原则来答题。有时求职者见简答题是自己准备较充分的，洋洋洒洒写了上千字，而对论述题目则准备不够，就随便写了几十个字。这样功夫没用到点上，成绩当然会受到影响。其次，如有时间应对易出错的地方进行复查，特别注意不要漏题。最后，要注意卷面清洁，字迹应力求清晰，书写不要过于潦草，字迹难于辨认会影响考试成绩，不要做大面积的涂改。认真的答题态度，细致的书写作风，会大大增加被录用的可能性。

大家都知道，要在求职考试中胜出，主要是依靠平时的努力学习和不断积累，因此打好基础、积极准备、沉着应对才是考试过关的关键。

二、面试技巧

案例

求职面试经典小故事

某公司招聘启事见报后，应聘者一连数日把招聘单位人事部的门口堵得水泄不通。他们大多是有着较高的学历和宽松的工作，冲着这个薪水丰厚的部门经理位置蓄谋跳槽的。然而，当他们一个个走进招聘办公室，只见考官身后的墙壁上贴着一张“告示”，上书：“为了节约面试时间，您务必在进来5分钟后自觉退出室外，请您合理支配时间！”

许多应聘者一进屋便抓住有限的时间，向考官滔滔不绝地介绍自己的经历和经验，即使考官的办公电话响起，也不愿轻易中断介绍。往往是，每当考官拿起电话，他们的介绍才被迫尴尬中止。5分钟时间一到，有些应聘者认为面试被考官接电话占去了大半时间，以至于恳求考官再宽限一些时间，可是，他们同样被考官责令退到室外。走出门外的应聘者，纷纷抱怨考官不仁和刻板。

轮到阿松面试，谈话进行没几句，考官办公桌上的电话便响起来。阿松心想：与电话相比，面试的紧要程度总还是次要的，因为铃声正在作响。于是，阿松浅浅一笑，在铃声响过两遍后拿起电话递给了考官。就在这时，这位面若冰霜的考官突然露出了难得的笑意："恭喜你，你被录取了！"

后来，阿松与那位考官在工作中成了好友。

阿松带着当初的不解，问："当时为什么录取我，而不是别人？"

"还记得面试中的那个电话吗？那是我们对每个应聘者故意安排的现场测试，而能够主动中止面试而不影响我接电话的人，肯定是一位深谙商务、宽宏大度、顾全大局的人才；对于那次我们招聘的岗位来说，应聘者不需要太多的时间，几秒钟足矣！"

有时，人们把机会看得很重，又往往把机会的得失寄托在时间等客观因素上，殊不知，真正考验人的不是时间，而是人们一念间的素养和态度。

面试是用人单位直接对应聘者面对面考核、录用的形式。它是通过招聘者与求职者双方面对面地观察、交谈等双向沟通方式来了解求职者的思想观念、气质类型、性格特点、能力水平等素质状况，以确定是否录用的一种人才选拔方式。

面试对于求职者来说，不仅是深入了解所应聘企业的一次机会，更是向招聘方充分展现自我、推销自我的契机。

（一）建立良好的第一印象

第一印象对于面试十分重要，首先要守时。同时面试官对于求职者的第一印象主要来自于仪容打扮，不管是应聘什么样的企业或是什么样的职位，建议选择穿着职业正装，宁可太正式，不要太随意。同时面试时你的方方面面，不仅是你的衣着、你的回答，还有你的身体语言如脸上的表情、姿势、仪态和手势等都会受到对方的仔细观察，你要始终做出积极、肯定的反应。

（二）通过多渠道了解应聘企业及职位

面试时求职者需要向面试官证明自己是最合适的人选。这首先建立在求职者对所应聘的企业和职位的了解及认同上。如果对该企业知之甚少，那么说明没有做准备，也就表现为没有诚意参加面试，被淘汰也是情理之中的。所以应该在面试之前就通过各种途径来了解企业，了解所应聘的职位，甚至了解相关的行业。

（三）了解面试的流程和类型

"知己知彼，百战不殆"，如果能在面试前就知道企业的面试流程、类型及相关内容等，那就能做到有的放矢了。如面试共几轮，是一对一、一对多还是多对一的形式，是小组面试还是专业面试，面试是人力资源部门还是业务部门经理，等等。这些信息了解之后，就可以有选择地进行准备了，也不会在面试时措手不及。

（四）精心准备面试问题

面试前可以先根据自己的简历来预测面试官可能会提的问题，或是准备一些常见的面试问题，尤其是英文面试的时候，事前的准备会使回答更有条理。比如当对方要求你回答“请谈谈你自己”或某个意图与此完全相同的问题时，你就可以背上一段自己提前准备的推销自己的“广告词”。

（五）随身携带必要的物品

首先，带几份最新版本的简历，也许添加了与公司职位相关的兼职实习经历。即使没有更新，也要以备面试现场的不时之需。

其次，是一些证明求职者经历的凭证。如荣誉证书、成绩单、所做的与职位或行业有关的大作业或资料等。例如，应聘某企业市场部门，你准备了一份关于所应聘企业产品的市场调研报告，在适当的时机展示给面试官，一定会给自己的面试加分。

最后，还可以带上笔和笔记本，把面试流程中要求的注意事项记录下来。同时在面试过程中，如果面试官有特别交代的事情，也可拿出来进行记录，也就不用麻烦面试官给你拿笔和纸。

（六）注意聆听，仔细观察

不要一味地只顾推荐自己。如果你经常只忙于思考接下去要讲什么，那么这时你要培养听别人说话的技巧。如果你没听清面试者的问题，你可以向他提问以便将问题弄清楚。

你应该掌握好何时结束面试。同时，为了给今后进一步的联系创造机会，你可以问他以下问题：面试时，你们在录用员工方面的下一个步骤是什么？你预计你们在什么时候会做出决定？如果我还有其他的疑问，我可否随时与你们联系？

（七）做好身心准备

健康的身体是参加面试的前提，良好的精神状态是面试成功的重要保证。同学们一定要注意身心准备工作。

(1) 要加强身体锻炼，保证睡眠，保持充沛的体力。应聘前的几天内，不做过于劳累辛苦的事情，也不从事过于紧张、刺激的活动，保持心理稳定与愉悦。

(2) 要克服紧张情绪。面试前多做几次深呼吸，与面试官见面时要主动与对方进行目光交流。如回答问题时紧张，可有意放慢自己的说话速度，这样可以缓解紧张。

(3) 要保持一个良好的心态，以平常心对待面试，避免自卑心理。要对自己充满信心，相信自己完全能胜任此项工作。面试时展现出自己的精神面貌，发挥自己的真实水平。既然我已准备好了，那么，我一定成功。

案例

联合利华应聘之旅

今天想写写另一个非常棒的快消企业——联合利华(Unilever)。今年联合利华的申请分为5各环节：网申→笔试→一面→AC(评展中心)面→Offer(录取通知书)，接下来我还是逐一地为大家叙述各个环节的主要内容。

1. 网申

今年联合利华的网申人数据说有十多万，还是用的中华英才，内容还是基本信息、教育背景、实习之类的，但是最后又有开放题三道。我当时一心全在咨询公司上，随意的就给填了，后来想起来还是有些后怕。后来证明，每份网申都是联合利华的HR或者各部门职员亲自看的，不是中华英才网筛选的(我在一面的时候，面我的经理就说他看过我的网申，大致意思是对我的开放题回答挺满意的)。所以背景出色但止步在网申的孩子们可以好好反思一下你们网申的诚意，未来申请的同学也可引以为戒。

2. 笔试

联合利华的笔试是SHL(外企数学能力英文卷)性质的题目：20分钟Number(数字)+15分钟图推(貌似)，而且今年联合利华的题和罗兰贝格的笔试一模一样。所以做得非常轻松写意，完了蹦蹦跳跳的去赶了韬睿惠悦的笔试(这个巨难无比，错了至少一大半)。所有的环节里我最不害怕的就是笔试，因为这个环节只要你学过奥数并且没忘光的话，就肯定不会被淘汰。

但这对文科生是一个不小的挑战，因为时间紧内容多，对数字不敏感，一不小心就会被淘汰，那真的是死得太委屈了。我的建议是：笔试前下载一些SHL的练习题，比较好的有渣打的经典题和KPMG(毕马威会计师事务所)的经典题。渣打的论坛上有很多往年的练习题，图形+逻辑+阅读，可以供大家练习。我觉得SHL题考察的其实是我们的反应能力和快速找信息的能力。不管你数学基础怎样，只要多做多练，一定能通过。

3. 一面

联合利华的一面是单面，面试官是各个品牌的经理，这个我觉得比较好，能够感觉到面官和我的共鸣。然后每个面试官手上都有一本小册子，册子上有评分表，每一页上都有问题和相应打分栏、评语栏，内容非常流程化，但面试官会像聊天一样向你提问，有的和蔼可亲，有的比较严肃，到了最后就很随意了。

面试我的是一个从广告公司跳到联合利华的品牌经理Neal，非常有意思的一个大男孩。一进去的时候我就觉得我们看对眼了，只要别表现太烂肯定能过。和宝洁的面官不太一样，P&G(宝洁公司)的面官主要引导面试者去描述她所想要了解的事情，而联合利华的面官更多的是引导面试者去描述自己最想要拿出来炫耀的事情。

那时候我的咨询面试七零八落，所以对Mkt(market，市场)开始变得非常重视。记得那段时间我把从6月到11月的成功营销杂志全都买来，天天在床上看，并且把喜欢的营销方案剪下来贴在一个本子上(做完这件事之后具有成就感)。记得非常清楚的是本子的第一页贴着凌仕的营销方案，最后几页贴着包括潘婷"我要闪亮"在内的二十多个经典长篇广告。因此在Neal问完我几个基本的结构化问题之后，我们就开始了长达半小时的关于品牌策略的交流。

那时候我真的开始觉得我的未来可能就在联合利华了、我的未来就要做Mkt了。可能正是这种对品牌的热忱打动了我的面官Neal。最后我问了他两个问题：一个是凌仕在成熟市场和中国市场的营销虽然都走的是同一路线，但区别很大，为什么？另一个是你觉得联合利华的企业文化中你不太喜欢的地方是什么？Neal非常开心的又跟我一顿讲，最后结束面试。

联合利华一面给我的感受是：你除了需要了解自己（宝洁八大问）之外，你还应该了解这家企业以及这个部门——特别是它最骄傲最希望与人分享的部分，这样交流起来会拉近你和面官之间的距离。除此之外，有爱和具备一定的分析能力也非常必要；我可以肯定，如果我当时不是在那样一种对联合利华的品牌的狂热中，我应该会遭遇和宝洁一面一样的悲惨下场。

4. AC 面

联合利华的终面也是 AC 面，有一整天五个环节：笔试（两大问题，每个大问题下有三个小问题）、第一轮小组讨论、presentation（展示）、单面、第二轮小组讨论。五个环节都有不同的 case（案例）需要解决，但都有一条主线，就是产品的生产和上市。case 是英文的，讨论时用中文，presentation 是英文，单面看遇到的面官不同语言有不同。一组 6 个人，我们组我 1 个男生和 5 个小姑娘。

笔试的第一个问题是分析材料的问题、提出解决方法（主要是应对产能不足的问题）。第二大问题是写一份采购谈判前的 note（笔记），根据数据选择最畅销的品类和制定价格。case 大概二十多页，一个半小时阅读和完成。还是我在上篇面经中提到的，你要想对这类的 case study（案例分析）环节无压力，你需要具备良好的思考习惯。这些思维的培养和训练可以参照 case book（案例汇编）（因为我的主要目标是咨询，所以看完的 case book 有十本以上吧）。

我觉得 case book 是即使你不去咨询公司也一定能为你未来的工作之路带来良好的思维习惯的训练，所以强烈推荐。然后第一轮小组讨论和第二轮小组讨论考察我们的团队协作能力，一个是新品上市，另一个是解决近期运营中的严峻问题。和其他群面一样，我提出分析框架，大家进行完善之后开始往里填东西，最后得出结论。唯一的问题出在女生们总是在细节处难以达成共识，这时我就果断出面。后面有一个 presentation，自己写白板纸，然后 10 分钟演讲，10 分钟提问。题目是关于一家印度的 local bank（当地银行）的信用卡发行。这是在咨询实习的孩子们最有优势的地方，因为大家一般的思维习惯是写字，而我们是画图，个人觉得 PPT 上应该尽量少写字为好。

就在我特别高兴地带着我花花绿绿的纸进去之后，我遇到了想象之外的麻烦。本来应该先讲后问的 20 分钟变成了我讲一页 PPT 她 challenge（盘问）我几个问题的恐怖局面。问的问题非常的尖锐，而且我回答完问题之后还得找回原先的思路继续给她讲。不过还好我一直强装镇定，出来时衬衣背后湿透了。剩下的单面是和一面差不多的，我觉得发挥得非常好，依旧是用我对品牌的热情来感染面官，面官几乎一直在安静地听我讲，没问什么问题。最后我问了两个问题被她夸奖说很有见地。

5. Offer

没什么意外的面完回来的第二天就收到了 0411 打头的电话，我当时激动地在宿舍里又蹦又跳。因为这真的是我当时的 Dream Offer，无比喜欢这份工作。联合利华的员工和文化给我留下了非常深刻而美好的印象，很喜欢他们。虽然最后还是为了咨询放弃了这一个让我激动万分的 Offer，但这一段美好的经历让我难以忘怀。

最后总结一下，面试快消的几个最重要的准备。

(1) 热爱：包括对公司的热爱以及对部门的热爱，你的热忱 marketer（营销人员）们一眼就能看出来；

(2) 故事：让你自己骄傲的故事才能打动别人；

(3) 分析能力：这一点怎么强调都不为过；

(4) 气质：有一个很资深的品牌经理跟我讲，你能不能做 Mkt 我一眼就能看出来。我不知道是不是真的有这样的一回事，但让自己变得开放、有创造力绝对是进入快消行业的法宝。

很多名企外企的应聘经历都颇费周折又大张旗鼓，在上面这位同学应聘联合利华的过程中，最宝贵的就是抱着一种认真自信、轻松学习的心态。首先是在学校的时候打好扎实的知识关，这是应聘成功的前提条件；其次在细节上做到有理有节，胆大心细。用心去做一件事，事竟成。

小贴士

小组面试，有的时候需要就给出的条件共同完成一个项目，或者就一个主题进行探讨，得出结论。多数小组面试的题目并没有正确答案，目的是为了考察应聘者的团队合作能力、沟通能力、分析能力、创新能力、动手能力等。一般的小组面试流程包括：

(1) 规则说明阶段：面试官用 1～3 分钟时间说明面试流程及规则。

(2) 自我介绍阶段：小组每个成员用 1～3 分钟分别作自我介绍。

(3) 审题思考阶段：面试官交代题目，派发相应材料，应聘者有 5 分钟左右的审题、思考时间。

(4) 观点陈述阶段：约 2 分钟的时间供小组成员分别阐述各自观点。

(5) 小组讨论阶段：讨论时间长短因问题的实际情况有所不同。

(6) 总结展示阶段：小组作总结，然后做展示或者回答 HR 提问。

三、网络应聘

网络招聘，一个并不新鲜的名词，排除了时间、地点、金钱的限制，网络招聘获得了更多的受众。上海人才热线最新资料显示，近期网络招聘单位和个人求职者的数量都以超过 70%以上的速度直线上升。将自己的简历投放到知名招聘网站的人才库中，以备企事业单位用人时从人才库中自选，也是一种不错的求职策略。

(一) 网络应聘前的准备工作

(1) 拥有一台电脑或者上网方便的场所，这是最基本的条件。

(2) 要掌握基本的网络知识，包括如何进入并顺利地浏览网页，如何使用网络搜索工具，还要学会理解网页上的语言等。推荐几家知名招聘网站的网址：应届生求职网 http://www.yingjiesheng.com；智联招聘网 http://www.zhaopin.com；中华英才网 http://my.chinahr.com；前程无忧网 http://www.51job.com/等。

(3) 准备电子版照片一到两张。如果没有数码照片，请事先把纸版照片进行扫描，照片应该选择生活照，不能是艺术照。

(4) 各种学历证书、职业资格证书以及所获奖励的有关材料要准备齐全，并扫描为电子版。

(5) 要把近期学习阶段所学课程进行一个总结，比如把在校期间所学专业课程、在校期间接受的各种培训等方面内容归纳一下。

(二) 网络应聘成功六要素

1. 要有针对性

不管是递交书面简历还是电子简历，针对性都应该是简历投递的第一要素。针对性体现在三个方面：针对自己的职业定位与生涯规划选择真正适合你的岗位；针对特定的岗位设计有针对性的简历；根据岗位性质使用针对性的语言。其中最重要的是你准确的职业定位，很多人无法充分表达“针对性”，其根本原因就是职业定位不清。

在此还要特别提醒：不要同时在一家公司应征数个职位，因为对公司来说，重复阅读相同的简历不仅浪费时间，而且很容易让他们觉得应聘者其实根本不知道他们到底想做什么。

2. 用准关键词

随着智能化技术在招聘中的应用，关键词的设置越来越显得重要了。越来越多的企业，特别是一些大公司，通常都会用智能化的搜索器来进行简历筛选。很显然，从企业的角度这会大大降低招聘成本，而对于求职者而言，无疑降低了求职的成功率。

所以，如何分析所应聘的岗位可能需要的一些关键词信息就显得很重要。有些信息是必需的，如高校名称、行业类别、特定的知识/技能(比如：知识管理、助理会计师、Photoshop 等)。

3. 讲求诚信

不讲诚信给社会造成了很多损失，也给企业招聘造成了大量成本的浪费。确切地说，企业人事经理很讨厌应聘过程中的造假行为。有就是有，没有就是没有，即便欺骗过了第一轮，也通不过后期审查。求职者这样做会降低自己的诚信度，不但进不了公司，还浪费了大量的时间，而且这些公司之间会互通有无，以后想在这个行业找到好工作都很难了。

4. 不断更新

勤快的刷新简历至少有两个好处。一是表明你现在正在求职，而不是让人感觉你是找了很长时间工作找不到的。二是当招聘人员在搜索人才时，符合条件的简历通常都是先按刷新的时间顺序排列的，而他们一般只会看前面一两页。

很多求职者其实并不知道刷新简历可以获得更多求职机会，因此每次登录，最好都刷新简历，刷新以后，就能排在前面，更容易被招聘方搜索到。

5. 简历要易读

招聘负责人不会有太多的时间停留在你的简历上，更重要的是，你不能让招聘经理看了你的简历后感到烦躁，所以让你的简历易读就显得很重要，而不是轻易地被删掉。

6. 准备一份求职信

求职信集个人介绍、自我推销和下一步行动建议于一身，它总结归纳了履历表，并重点突出求职者的背景材料中与未来雇主最有关系的内容。一份好的求职信能体现你清晰的思路和良好的表达能力，也就是说，它体现了你的沟通交际能力和你的性格特征。

如果你想通过应聘资料使招聘单位进一步感受到你"鲜活"的形象，想让未来的雇主知道你适合这份工作的理由，你可以在应聘资料中增加一份"求职信"。

（三）网络应聘注意事项

针对涉世未深、急于求职的高职毕业生，网络应聘是一种便捷的求职方式，但是任何事物都有利有弊，由于网络的安全性还无法控制，个人或企业在网络上输入的信息有可能被他人窃取利用，同学们也要充分了解网络应聘的弊端，以防给自己带来麻烦甚至危害。

1. 信息虚假

虚拟的网络世界给少数虚假信息提供了可乘之机，对求职者和招聘者双方来说，都存在对虚假信息的担忧。

2. 无效信息多

有些网站为了提高点击率，便将一些过时的招聘信息也发布在网上，使得求职者常常看到大量过时失效信息，劳而无获。

3. 资料泄露带来麻烦

不少求职者会突然接到一些自己从来没投过简历的保险公司或传销公司的电话，还有些人发现，自己用来求职的照片被放在了不法网站。

4. 网络招聘陷阱

骗子惯用的伎俩通常是先在网上公布一些薪酬诱人的"招聘信息"，利用求职者急于找到工作的心理，要求求职者汇款到指定的可以全国通存通兑的账号，钱一到账立刻就被取走，公安部门难以追查。近年来，北京、上海、西安一些高校的毕业生在网上求职就遇到了"雇主"以录用后需要进行职位培训，要求购买培训教材为由，被骗去钱财，而此后"雇主"就再也没有任何消息了。

（四）如何面对两个以上的机会选择

由于你的精心准备，由于你在网络上辛勤耕耘（通过绿色低碳的网络世界，给上百家企业单位都发出了自己的求职资料），由于你的实力功底，如果你在同一个时间，你接到了2家或2家以上的笔试或面试通知，那么首先就要衷心地祝贺你，你已经看到了成功的曙光。为了保证万无一失的成功，如果可能，最好不要拒绝任何一个机会。

万一冲突，可以请求招聘单位给自己一个单独考试的时间，但是要说一个其他可信的理由。实在不行，就要在两家单位之间做出选择。那么如何选择呢？也不仅仅是看这家单位的实力，也要看与你生涯规划的匹配度。

人生最成功的生涯规划，莫过于总是从事自己最喜欢的工作，这样的工作就是快乐的工作，而不仅仅是为了糊口和生活。生涯规划包括两个含义：一是你的人生从事什么专业的职业，如财务、市场、人力资源、技术研发、供应等，而财务专业中又有税务、金融等分支；二是你在某一个年龄段干到什么样的高低职位，比如三十而立之时，要去争取负责一个方面的事情，这就是所谓的独当一面。

小贴士

面对选择，我该何去何从？

很多时候，同学们还会遇到一个很常见的问题，如果有笔试、面试冲突，我该选择哪一个，如果我拿到了好几个录取通知，我该选择哪一个？这时候还是要切忌，不要跟你的同龄人探讨，或者交换意见。这是一个在经济管理学里，被我们称作机会成本的问题，当你选择了一个去向，就必然要放弃其他去向在未来将会为你带来的个人利益，这是一个利益最优化的问题。

因此，这样的选择，一定要由你自己来决定，如果你一定要参考意见，请参考你的亲属长辈的意见。我见过很多同学，就是因为其他同学的一句话，或者网上的一个帖子，毅然放弃了某个面试机会去参加另一个，结果导致全盘皆输的结果，输了不重要，输了以后十分后悔才是最可怕的。

最后，不管你自己的选择是对是错，都请不要后悔，对于你它仅仅只是一个选择，它错了带来的是更多的智慧和理智；它对了，恭喜你，为自己做了一次改变人生的选择。

如何签约？

走到这一步的同学首先是要祝贺你的，你已经历尽千难万难，找到了适合自己的工作，或者是迫于无奈，必须要接受这样一份工作，这都不重要，因为这只是你职业生涯的一个起点，或许起点很重要，但是太多曾经的案例告诉我们，一个成功的人，他的人生转折点，通常都不是他自己的第一份工作。先入职，再择业，是你要记住的核心，一定要走过入职的这一步，除非你真的决定自主创业。

关于签约，其实并不难，你要确认的无非以下几点。

(1) 究竟是和谁签，这是所有问题的关键所在，说到底，也就是两个选项，是和劳务公司(也就是中介)签？还是和公司本身签，如果和公司本身签，是和本部签，还是与分部？母公司？子公司？分支机构？一定要彻彻底底的弄清楚搞明白，不要怕问，糊涂的签了以后上当受骗才是最可怕的，你多问一句，如果真的是好公司好企业，它不会让你因此丢了工作。

(2) 究竟能否实现我要求的待遇？这主要牵涉到户口、档案、住宿这样的问题，切记要确定，“可能”这样的字眼就等于没有，或者是表现出色者提供什么什么，也相当于没有，一定要是确定的字样。

(3) 如果毁约，我将承担什么样的责任？通常没有同学一签约就想毁约的，就如同没有人结婚的时候就想着离婚的。但是最后还是会有毁约的同学，这里面的原因太多了，但通常最常见的原因还是自己没有彻底的了解公司性质或者工作性质，这也通常多见于无实习的公司，很多同学觉得能签到一份不需要实习直接上岗的工作很好，觉得这样正规、踏实。其实这样的工作也有它的弊端，因为你完全不知道你去了以后到底是干什么的，到底是什么样的工作环境。因此，了解毁约以后要承担的责任是必要的，太过苛责的责任，里面通常都有它的问题，这一点在签约的时候也是要注意的。

【本章小结】

本章共三节，内容着重讨论了在求职信和求职简历的书写格式、主要内容以及应聘的心理准备及应聘技巧等方面的知识，希望同学们通过本章的学习，结合自己的实际情况写出自己的求职信及求职简历，并在投放过程中得到更多的面试机会，找到自己满意的工作。

【复习思考题】

1. 写一封求职信，后面附上本人简历。
2. 应聘时除了带上求职信和简历外，还应该做些什么准备？
3. 假如进入面试阶段了，自己应该怎样做才能赢得用人单位的欣赏？

【案例分析】

一次特殊的招聘经历

大四下学期，达明参加了一家在当地很有名气的物流公司的招聘考试，职位是库房管理。这本是一个普通的职位，却因提供了优厚的待遇及不菲的工资，所以对应聘者的要求很高。即便如此，还是吸引了众多应聘者。

经过初试、复试的层层筛选，最终只有达明和另一个应聘者进入了最后一轮角逐。物流公司的总经理亲自担任主考官。

他们对老总提出的一系列问题都对答如流，顺利过关。然后，他们被请到一间小会议室休息，等待最后的结果。这一等就一直等到所有员工早已下班回家，整个大楼都空荡荡的。

他们一直等待着，公司总经理在助理的陪同下走进来："让你们久等了，今天你俩的表现都很出色，我感觉很满意。你们先回去吧，明天我们会第一时间通知你们最终的考虑结果。"他们只好悻悻地走出会议室。来到电梯旁，却意外地发现电梯口贴了一张"维修中，勿用"的牌子。没办法，只好顺着楼梯往下走了。

一路上，另一应聘者一会儿骂骂咧咧说今天运气不好，要下这么高的楼梯，一会儿又抱怨楼道窄，灯光暗淡。他甚至还对达明每下完一层楼便顺手关闭楼道灯感到强烈不满，喋喋不休地说他患了严重近视，闭灯后将影响他下楼道。

走到一楼的出口大厅时，达明惊讶地发现大厅的门敞开着，可大厅里空无一人，连保安人员也不见了。大厅里摆满了雕塑等贵重饰品和物件，而且大厅的另一侧正办着一个书画展，虽已到了下班的时间，但仍有不少想进来看画展的人在大门外探头。

纳闷的他正要跨出大门，突然一个膀大腰圆的小伙子拦住达明问："小伙子，现在还能进去看画展吗?”“你进去吧,反正也没人了。”同伴头也不抬,一脚跨出了大门,走了。“已经下班了,我看还是明天再来吧。”达明稍微思忖了一下,一边自作主张地拒绝那小伙子,一边暗自责怪保安也太不负责了,失职不说,还把门敞得大大的,如果不法之徒闯进来破坏画展那可不是小事。

那个小伙子并不理会,一把推开达明径直往里闯。达明也不知道哪来的勇气,一把拦住他说:“对不起,先生,已经下班了,你不能擅自闯进来。”正僵持着,一个似曾相识的声音从身后传来:“你凭什么拦人家,让他进来。”达明回头一看,正是刚才面试他的那位主考官和他的助手从楼梯上姗姗下来。达明正欲解释,那位主考官又用埋怨的口气对我说:“是谁把楼道的灯给关了?难道不知道我们还没下来吗?”达明连忙道歉:“对不起,是我把灯给关掉的。”“小伙子,你真多事。害得我们经理差点儿摔个跟头。”主考官身旁的助理怒气冲冲地说。

“如果我的关灯行为给你们带来了不便,我再次表示抱歉。不过,我要提醒你们一点,作为一家物流公司,你们最好在公司的大门口设一名保安员,别让你们公司成为一个闲杂人员随便出入的展览馆!”说完,达明就要走。谁知,刚才那位要闯进去看画展的年轻人跟过来叫住达明:“小伙子,请留步,我们经理有话对你说。”

达明转过头,只见那位主考官正拿着一份合同书向我招手。“恭喜你,你通过了这场特殊的考试,我们决定正式录用你。其实这场‘坏电梯’‘下楼’‘敞大门’‘看画展’的考试是公司精心策划的。”这样的考试才是真正意义上的考试,它在很大程度上让你显示出你的本性,也让公司能够找到很想要找的人。

分析:许多应聘者对一些小节很不重视,但是也就是这些问题把握的好坏,才有可能成为应聘成功与否的关键。所以,能不能眼里有活儿,并不是是否被聘用的决定性因素,但是你的眼里有活儿,成为让你被注意的起点。需要强调的是,所谓“眼里有活儿”,应该是日常积累的一种修养和素质,而不是刻意而为之。当然眼里有活儿也有个度,如果不能正确地提供帮助,那就适得其反了。

问题:

(1) 这个案例是否可以用求职面试的哪一种技巧来概括?为什么?

(2) 请对比案例中两位应聘者的表现谈谈你的看法。

【实践课堂】

训练一:模拟招聘会

2～3个人一组,设计具体方案,模拟一场人才招聘会。

可以将沟通的过程采用小品或短剧等的形式进行演示。

招聘对于每一个人来说都是很重要的,如何在短短的30分钟内让招聘人员了解你,沟通起了很大作用。

训练二　求职面试分析

以下是一则求职交谈的片段,分析它的优劣,并说明原因。

主考官:你的成绩不错,平时一定很用功。

应聘者：没什么，在学校考试有时候是瞎蒙，而且分数不能说明问题。

主考官：啊，你有什么特长吗？

应聘者：（拿出书法作品）一点小爱好。

主考官：你的书法不错呀！

应聘者：没什么，没什么。

主考官：看得出，你是下功夫练习过的。

应聘者：差远啦，信笔涂鸦而已。

主考官：……

第九章

跨文化沟通

学习目标

知识要点：

1. 文化与文化差异，文化差异对跨文化沟通的影响；
2. 主要区域文化特征，跨文化沟通的基本原则和策略。

技能要求：

1. 掌握跨文化沟通的基本技巧；
2. 熟悉几个主要国家的文化风俗。

引导案例

他是一个负责任的工程师吗？

一个在日本索尼公司工作的中国电子工程师讲述了自己经历的一件事。一天，他看到了一个坏掉的PCBA(PCBA是多媒体电脑上使用的一种电路板)。他把它捡了起来，发现上面有许多昂贵的元件。作为工程师，他认为他有责任把它修好。不然，这个PCBA就会被当成废物丢弃了。他花了两个小时才把它彻底修好。

测试表明，修好的电路板工作性能完全正常。他为自己所做的一切感到骄傲，并把他的名字签到了PCBA板边上的一张卡片上。

大概一个小时后，经过修理的PCBA板没有通过质检部门的审核。总经理通知他去一下办公室。当他到那里时，来自日本的总经理迈藤先生和来自法国的质检部经理弗兰克都用冷冷的眼光看着他。

"他就是那个把报废的PCBA板放回生产线上的人，"质检部经理以一种咄咄逼人的口气对总经理说。"为什么你要修复已经损坏了的PCBA板，而且还把它放回到生产线上？"日本经理怀疑地问他。

他十分自信地回答说："那个PCBA板已经不再是不合格品了，我敢保证它能正常工作。"他正视着经理的眼睛，又说："为了帮公司节省成本，我费了很大的力气才把那块PCBA修好了。这对公司是有益的。您为什么把我叫到这里而且还以这么严厉的语气审问我呢？"

质检经理没有回答他的问题，而是直接问道："如果一个多媒体电脑使用的是修好的，但是曾经是严重受损过的PCBA板，你想买一个这样的多媒体电脑吗？"

突然间，这个中国工程师好像意识到了什么——如果他是消费者，他是绝对不会买那样的电脑的。然而，他心里又有什么东西促使着他去找出理由来证明自己没有错。他记得在他小的时候，父母常教育他要养成节约的好习惯；东西要尽可能地重复使用。他还记得老师也经常告诫他："新三年，旧三年，缝缝补补又三年。"

他忽然间意识到他和日本总经理以及质检经理之间存在着一种文化差异。他带有歉意地说："经理先生，对于中国人来说，节省是美德，一样东西只要还有使用价值，就不要丢弃它。但是经过这件事，我明白了质量对我们意味着什么。如果我是消费者，我是不会去买一台工作性能良好但曾严重受损过的PCBA板的多媒体电脑的。"

"你给了一个合理的解释。这是文化差异的问题。"总经理满意地说。质检经理脸上的表情也从冷峻转为温和。"你知道，薛先生，你虽然想为索尼节省1000美元，但是索尼的信誉是无价的。如果修理好的PCBA通过了检验并到了消费者手中，这对索尼公司的信誉来说将是一场灾难。这就是为什么我们要扔掉所有严重不合格的PCBA板的原因。"总经理带着微笑对他说了上面这段话。

资料来源：窦卫霖. 跨文化商务交流案例分析[M]. 北京：对外经济贸易大学出版社，2007.

第一节　文化与文化差异

一、文化的定义和特征

（一）文化的定义为何重要

首先，在跨文化沟通中文化是一个至关重要的问题，研究时不可避免要进行文化对比。

其次，在研究任何学科前，术语的界定是前提。关系到学科本身的科学性和精确性。

最后，对于文化定义的讨论能够帮助我们了解文化的性质和特点。

（二）对于文化定义的一般性讨论

(1)《现代汉语词典》：①人类在社会历史发展过程中所创造的物质和精神财富的总和，特指精神财富，如文学、艺术、教育、科学等。②考古学用语，指同一个历史时期的不依分布地点为转移的遗迹、遗物的综合体。③指运用文字的能力及一般知识。

(2) 80年代关于文化的讨论大体有两种趋向。一种是广义的界定方法，认为文化是人类区别于其他动物的独特创造，包括人类所创造的一切成果——物质成果和精神成果；另一种是狭义的界定方法，把文化当作是人类所创造的精神成果。对于文化的界定大致上从三个不同角度进行界定：①人学角度，强调文化的本质关系到人的本质，本质上是与自然相对的人造物，文化的本质是创造。②社会功能的角度，强调文化是生产力，是信息和知识，是一种文化心态和符号系统。③传播学角度，强调传播是文化的本质，没有传播就没有文化。

（三）我们所使用的文化的定义

"历史上创造的所有的生活形式，包括显型的和隐型的，包括合理的，不合理的以及谈不上是合理或不合理的一切，它们在某一个时期作为人们行为的潜在指南而存在。”

(1) 文化是人们通过长时间的努力所创造出来的，是社会的遗产。

(2) 文化既包括信念、价值观念、习俗、知识等，也包括实物和器具。

(3) 文化是人们行动的指南，为人们提供解决问题的答案。

(4) 文化并非生而知之，而是后天所学会的。

(5) 价值观念是文化的核心，可以根据不同的价值观念区分不同的文化。

(四) 文化定义的复杂性

文化定义具有复杂性，文化定义是个复杂的问题，因为文化本身涵盖面广，而且学者们也有着不同的学科背景。

二、文化的差异性

不同国家，不同地区，由于自然地理状况、历史发展过程的差异，使不同国家和地区的价值观、生活习俗等表现出差异性。这些差异主要体现在以下几个方面。

(一) 价值观念

价值观念是人们对社会生活中各种事物的态度、评价和看法。不同的文化背景下，人们的价值观念差别是很大的。价值观的差异表现在人们对年龄价值、时间价值、自我价值、生命价值等方面的差异。不同的价值观念在很大程度上决定着人们的思维方式、生活方式，影响着对人、对事的看法，决定着人与人交往的范围与方式和处理问题的方式。

(二) 宗教信仰

不同的宗教信仰有不同的文化倾向和戒律，从而影响人们认识事物的方式、价值观念和行为准则。据统计，全世界信奉基督教的教徒有 10 多亿人，信奉伊斯兰教的教徒有 8 亿人，印度教徒 6 亿人，佛教徒 28 亿人，泛灵论者 3 亿人。教徒信教不一样，信仰和禁忌也不一样。这些信仰和禁忌制约了教徒的生活方式。

(三) 审美观

审美观通常指人们对事物的美丑的评价。不同的国家、民族、宗教、阶层和个人，往往因社会文化背景不同，其审美标准也不尽一致。有的以“胖”为美，有的以“瘦”为美，有的以“高”为美，有的则以“矮”为美，不一而足。例如，缅甸的巴洞人以妇女长脖为美；而非洲的一些民族则以文身为美，等等。

因审美观的不同而形成的消费差异更是多种多样。例如，在欧美，妇女结婚时喜欢穿白色的婚礼服，因为她们认为白色象征着纯洁，美丽；在我国，妇女结婚时喜欢穿红色的婚礼服，因为红色象征吉祥如意，幸福美满。又如，中国妇女喜欢把装饰物品佩戴在耳朵、脖子、手指上，而印度妇女却喜欢在鼻子上、脚踝上配以各种饰物。

（四）风俗习惯

风俗习惯是人们根据自己的生活内容、生活方式和自然环境，在一定的社会物质生产条件下长期形成，并世代相袭而成的一种风尚和由于重复、练习而巩固下来并变成需要的行动方式等的总称。它在饮食、服饰、居住、婚丧、信仰、节日、人际关系等方面，都表现出独特的心理特征、伦理道德、行为方式和生活习惯。

小贴士

不同的国家、不同的民族有不同的风俗习惯，它对人们的嗜好、生活模式、交往行为、消费行为等都具有重要的影响。

（五）语言文字

语言文字是人类交流的工具，它是文化的核心组成部分之一。不同国家、不同民族往往都有自己独特的语言文字，即使同一国家，也可能有多种不同的语言文字，即使语言文字相同，也可能表达和交流的方式不同。一些企业因为其产品命名与产品销售地区的语言等相悖，也会给企业带来巨大的损失。

例如，美国一家汽车公司生产了一种牌子叫“Cricket”（奎克脱）的小型汽车，这种汽车在美国很畅销，但在英国却不受欢迎。其原因就在于语言文字上的差异。“Cricket”一词有蟋蟀、板球的意思，美国人不喜欢打板球，所以一提到“Cricket”就想到是蟋蟀，同时也是汽车牌子叫“Cricket”，意思是个头小，跑得快，所以很受美国人欢迎。但在英国，人们喜欢玩板球，所以一说“Cricket”英国人就认为是板球。这种语言文字上的差异造成他们不喜欢牌子叫板球的汽车。

（六）伦理道德

道德是调整人与人之间关系的行为规范。不同国家和地区，经济发展水平不同，习俗不同，相应的道德规范也不同。

第二节　文化差异对跨文化沟通的影响

一、跨文化沟通的含义

跨文化沟通即具有不同文化背景的人从事交际的过程。跨文化沟通之所以在日益引起人们的注意，主要原因是由于交通工具的进步与通信手段的发展，使得不同国家、不同种族、不同民族的人能够频繁地接触和交往。

L. S. Harms 认为，在世界范围内的交际经历了五个阶段：语言的产生；文字的使用；印刷技术的发明；近百年交通工具的进步和通信手段的迅速发展；跨文化沟通。近二十年来的交际是以跨文化为特征的。

二、跨文化沟通的意义

在当前经济全球化的趋势下，越来越多的企业进入了全球化发展的阶段，其经营的环境不再是单一的本土化经营，而是多种文化主体和多种差异很大的文化环境，这就不可避免地涉及企业的跨文化管理问题。要进行成功的跨文化管理，离不开成功的跨文化沟通。企业管理人员必须面对跨文化沟通问题。

随着我国加入世贸组织，跨国经济活动日益频繁，在这个过程中所碰到的文化冲突也日益增多。目前，我国已成为仅次于美国的外商投资最多的第二大国，外商在华办企业的一个重要障碍是中外文化的差异和隔阂，而我国本土企业与外商的合作与竞争的最大障碍也是因文化差异而导致的处事方式和方法的互不理解。文化差异增加了企业管理沟通的复杂性。实践证明，要想在国际市场上占有一席之地，提高企业的国际竞争能力，具备有效的跨文化沟通的能力对每一个管理者来说是很有必要的。

三、文化差异对跨文化沟通的影响

（一）感知差异对跨文化沟通的影响

感知是指人通过自己的感觉器官对外部世界的刺激进行选择、评价和组织的过程。影响人的感知的有生理因素、环境因素和文化因素三大类。其中，文化因素对人的感知会产生重大的影响。如欧美人把干酪作为一种美食，可中国人对它却难以入口；而欧美人，对中国的臭豆腐也难以接受，认为它有一种发霉的味道。这些都是因为不同的生活习惯、成长环境，造成了对事物不同的感知。

（二）思维方式差异对跨文化沟通的影响

思维方式是指人们的思维或思维程序。思维方式因人而异，来自不同文化背景的人之间，其差别是很大的。世界各种文化群体既有人类所共有的思维规律，也有在自己文化氛围中形成独特的考虑问题、认识问题的习惯和方法。如中国人偏好综合思维，欧美人偏好分析思维；中国人注重“统一”，欧美人注重“独立”。

在跨文化沟通中，很多人都倾向于认为对方能用与自己同样的方式进行思维。正是这种错误的认识，常常使跨文化沟通难以顺利进行。由一种思维方式组织起来的一系列语言信息发出后，接受者以另一种思维方式去破译或者重新组织，就可能发生歧义或误解。

（三）价值观的差异对跨文化沟通的影响

价值观是个人或社会对某种特定的行为方式或存在状态的一种判断和持久的信念。价值观具有相对稳定性或连续性，即不会每时每刻发生变化，也不会完全僵化和一成不变。价值观直接决定着人们对事物的判断，从而决定着人的行为方式。这种文化价值上的差异对管理观念起着重要的影响。

1. 年龄观念差异

在对员工年龄的看法上，不同文化背景的管理者有不同的看法。东方文化强调“尊老”，认为这是一种美德，而西方文化却强调“尊重青年”。大多数亚洲国家在管理上都是尊重长者，视年长者为知识、经验、能力和权威的代表，因而在用人政策上实行传统的“论资排辈”的模式。日本企业实行“参与管理”的模式。尽管很有特色，但真正得到参与机会的，大多数是中老年员工，企业所重视的只是老员工提交的合理化建议。对此，现代意识较强的日本青年人对企业中盛行的这种“年龄价值观”尤为不满，使日本企业历来重视“培养员工对企业的忠诚信念”管理传统产生了动摇。

2. 时间观念差异

不同文化中，人们对时间的利用差异很大。在很多国家人们不愿意让时钟控制其活动，对时间表现得相当随便，如拉美地区，人们相约迟到是常有的事。例如在巴西，你的合作伙伴可能让你等上一小时，赴约迟到是常有的事。

有趣的是，法国人要求别人赴约一定要准时，而自己却常常迟到。如果有求于法国人，应及时赴约；对方若迟到，不必感到意外，因为这种习惯已被法国人广泛地接受了。另外，在法国参加活动时越有身份的人越晚出现，以此来显示其身份。

在其他发达国家情况就大不相同了，尤其是在大城市，人们的活动深深地受时间的影响，“时间有价”的观念深入人心；不守时被认为是不礼貌的。美国人具有强烈和坚定的“时间神圣”的观念，非常注重和计较人们对待时间的态度。反映到管理观念上，美国首先提出了“时间就是金钱”的思想，并将“时间”列为现代企业的资源要素之一，认为在任何产品的生产和加工中，消耗了人力、物力和财力，还消耗了时间；时间这种资源相对于其他企业资源，又具有稀缺性和不可替代性的特点。作为管理者，如果让一位美国来访者白白等上 30 分钟，他会发怒，然后一走了之。这种怒气的心理动机是出于时间价值观，换作东方人，那大多是因为礼仪的因素，认为受到了冷淡接待等。

3. 自我观念差异

如何看待和认识“自我”以及“自我”相对于其他事物的重要地位，也是价值观体系的重要内容之一。

西方文化倡导竞争精神，其心理动因是出于强烈的自我意识和“自我”在价值观体系中的“中心地位”，在这种以“自我为中心”观念的驱使下，西方人表现得自主独立、争强好胜，注重个性的发挥和个人利益。而自我观念在东方传统文化中却被视为一种否定自我、主张“无我”的精神信念。在这种观念的长期统治下，就形成了一种自制的行为模式，它要求人们克制自己的个性表现，一切行为都以“从众”为判断的标准。

在管理上，“无我”观念的表现处处可见。如在处世行为方面，表现为顺从、小心翼翼、决不冒尖、言谈谨慎、虚多实少、甘愿夹着尾巴做人；在价值取向上，自恃清高、重义轻利。“无我”观念一方面带来社会的祥和；另一方面也导致了不良的后果：故步自封、不求进取、不思改革，使企业失去竞争和发展的活力。

4. 成就观念差异

不同文化中成就观也是不相同的。西方文化中的成就观注重创新、注重务实、注重效率，是一种“创业”的观念；而东方文化中的成就观注重人情的表面平稳、人情和气，是一种“守业”的观念。

另外，西方的成就观较侧重个人的自我表现和个人目标与价值的自我实现；而东方的成就观侧重于集体表现和集体利益的实现。

（四）行为动机的差异对跨文化沟通的影响

行为动机取决于人的需要，不同国家的经济发展水平与文化背景不一样，人们的需求表现也不一样。按照马斯洛的需要层次理论，人们总是为满足某种需要而工作，一旦某种需要得到满足，这种需要就不再是工作的动力。因此，在贫穷的国家，企业只要能给工人们提供足够的食物和住所，他们就会努力工作；而富裕国家，强调其他需要的满足才能使工人更好地工作。

不同国家，人们对不同需要的重要性看法也不一样。如荷兰和斯堪的纳维亚半岛国家的人比美国人、奥地利人和瑞士人更看重社会需要，较少看重自我利益的实现。换句话说，在荷兰和斯堪的纳维亚地区利用群体激励会更有效，而在美国鼓励个人激励的措施可能更有效。具有不同行为动机的沟通，是很难接受或理解对方的思想和行为的。

案例

西班牙商人恶补中国“关系学”

有时候中西文化差异也让华人啼笑皆非。2006 年，西班牙马德里一家中餐馆因出售甲鱼被当地警察查封。警方认为甲鱼是欧盟明令禁止食用的“龟”。在庭审时，中方律师辩称，从中国进口的是“鱼”，不是在欧盟海域捕捞的“龟”。律师还称，中国人吃甲鱼有千年历史，这是中西饮食文化上的差异。

西班牙法官弄不清控辩双方争执的到底是“鱼”还是“龟”，最后宣判餐馆老板无罪。西班牙媒体评论说：“中西文化差异让西班牙警方白忙活了一场。”

特有的中国文化和思维方式有时候能被西方人接受。在众多的中西文化差异中，得到认可的是中国的“加班文化”。

据西班牙媒体报道，西班牙龙头食品企业 MERCADONA 的老板近日在员工大会上训诫说：“我只要求你们学点中国人的吃苦耐劳的精神，哪怕有中国人的一半我也心满意足了。”相关媒体评论说，中国文化中的勤劳元素是最打动西班牙人的地方。

在美国“虎妈的战歌”掀起一阵讨论的热潮后，英国广播公司也播出了电视纪录片《英国的“中国虎妈”》。英媒体评论称，如果说人生是一场赛跑，“虎妈”的孩子们已经穿上钉鞋开始跑步，而赛场上的英国孩子可能才刚告别尿布。

对于中国移民的孩子学习常名列前茅，英媒分析说，华人基础教育质量高，其中包含的文化因素是华人对高分的预期以及父母施加的压力。不可否认的是，越来越多的英国家长开始给孩子请家教补课。去年，英国一个教育慈善组织的调查显示，23%英国学生请过家教，这一比例比6年前高出5%。

欧洲商人也会主动补上了解“中西文化差异”的课。西班牙巴塞罗那大学的东方文化研究中心、“亚洲之家”等文化机构经常举办中国文化讲座，为与中国打交道的西班牙商人“补课”，其中主要内容就是搞清中文中“关系”的含义。

记者也多次被西班牙的公司请去介绍中国文化。在一家西班牙机械公司任高管的胡里奥说，之前他搞不清楚中国的“关系文化”，认为只要按规定办事就行，现在才知道还要有“潜规则”，生意才好谈成。

英国安卓信用保险公司的一份报告称，“关系”是在中国取得贸易成功的核心。西方人必须学会用中国人的方式和他们做生意才能成功。该公司甚至列出和中国人的“经商准则”，比如，做好花大量时间的准备，在正式谈论生意前多聊点与家庭有关的事或中国的文化与历史。在德国，甚至出现各种中国文化资讯公司，帮助要进入中国市场的德国公司了解中西文化差异。在课上，老师会教学员如何与中国人干杯、如何送礼等。

（五）社会规范的差异对跨文化沟通的影响

社会规范是指人们应该做什么、不应该做什么，可以做什么、不可以做什么的规则。社会规范的具体形式主要有风俗习惯、道德规范、法律规范和宗教规范，它们是跨文化沟通中容易引起误会和冲突的重要因素。

1. 风俗习惯

风俗习惯是游行最广的社会规范，是各族人民在历史长期发展中形成的一种生活方式。它表现在饮食、服饰、节庆、婚姻、丧葬、交际礼仪等各个方面。在国际商务活动中，跨文化沟通必须了解、尊重、适应当地的风俗习惯，特别要注意其中的禁忌。

案例

开场白的文化背景

在美国，大家公认的最有效、最能引起大家注意和好感的开头就是先讲一个笑话或故事，这个笑话最好是与演讲内容有直接联系。听众都笑开了，把气氛搞得轻松活泼之后，再进入正题，听讲互动的效果就会很好。幽默感在美国文化中的重要性可见一斑。

假如用这样的方式去德国作演讲或工作报告效果会怎样呢？德国的听众会认为你不严肃、不认真，居然以开玩笑的方式来讲述不能有丝毫差错的科学问题，很不可取。那么，他们喜欢怎样的开头呢？直接进入主题，呈现数字、图表等客观的基于研究之上的硬性材料，表情严肃、没有废话在德国人眼里才是有效的演讲方式。

再看一看中国人一般的演讲开场白。最常见的恐怕就是：“很荣幸今天有这个机会来与大家交流。但是，我其实并不是专家，各位在座的才是。所以我在这里只是抛砖引玉，还希望多得到大家的指教。”这样的开头显示出演讲者的谦逊，会赢得听众的好感。另外一种开场白是"感谢各位光临,你们的到场是我的荣幸",也是让台下的人感觉良好,显示自己的谦逊。

然而,如果当你面对美国听众这样开始的时候,底下的听众就会想:"如果你不是专家,你来干什么?难道来浪费我的时间吗?早点走吧!"他们很难想象自己来听演讲与给主讲人"面子"之间的联系,不得要领。

另外,日本人喜欢在开讲之前说"道歉",为准备不周道歉,为招待不好道歉,为天气道歉,有时候实在没什么可道歉的,就为没东西道歉而道歉。道歉是另一种谦虚的表示,也是对客人或听众尊重的表现。但是这种道歉的"文化深意"却无法被美国人所理解,他们往往会往相反的方向想,准备不周到,招待不好,都是对我不尊重的表现,怎么还好意思说!

从这些例子可以看出,要在不同的文化背景下做有效沟通,必须对当地文化有较深刻的理解才行。

资料来源:陈晓萍.跨文化管理[M].北京:清华大学出版社,2009.

2. 道德规范

不同文化中有共同的道德,也有不同的道德。如忠诚、不偷盗,在各国文化中都认为是道德的。但有些道德在不同国家却存在认识上的差异。如中国文化中不赡养老人是不道德的,美国文化中这种观念很淡薄;在美国,父亲请儿子帮忙干活还要付款,这在美国人看来是平常的事,在中国人看来则是不成体统的。

为了确保一个合同顺利执行,而付给供货人一笔钱,在美国被认为是"行贿",在某些国家这种行为并不是非法的,可能被认为是"佣金"。在美国,办公室里男女之间某些言语或一些开放的行为被认为是"性骚扰",并且是不道德的。在地中海国家的办公室里,同样的言辞或行为却并不被认为是不道德的。跨文化沟通中,由于道德规范比风俗习惯更高一个层次,因而,沟通者对道德规范上的差异更难适应。道德规范上出现的摩擦或冲突往往会造成沟通者心理上的不悦或痛苦。

3. 法律规范

法律规范差异是影响跨文化沟通的一个重要因素。在涉外经营过程中,不可避免地要遇到法律问题。有时候"法不接轨"会导致国际商务活动寸步难行。

另外法律规范的不同,也会给跨文化交流带来一定的困难。由于经济体制的不同,中国和西方国家在经济概念上往往难以相互理解。如对什么是全民所有制、专业户、联产承包责任制等经济形态常常使西方人迷惑不解,有时甚至产生误解。

4. 宗教规范

宗教规范包括信仰、宗教节日、宗教仪式、礼拜所在地点、教规、组织系统等方面。不同的宗教信仰有着不同的价值观念、行为准则和清规戒律,因而会有不同的思维方式、消费偏好、工作态度和习惯,这对跨文化沟通影响很大。

宗教规范上的冲突往往比风俗习惯更难以调和。在政教合一的国家,违犯教规就是违犯法律。中国人的宗教意识比较淡薄,往往对异文化的宗教规范不了解,在跨文化沟通中要格外注意,否则将会引起很大麻烦。

（六）物质文化差异对跨文化沟通的影响

物质产品是通过人们的劳动创造出来的物品，如工具、武器、器具、服装、饰物、住宅、寺庙、都市、坟墓、公园等。在它们上面凝聚着人的观念、需要和能力。不同的文化创造了各具特色的物质产品。在跨文化交流中，最容易发现的明显的文化特征，就是物质产品方面的不同。它体现在衣、食、住、行生活的各个方面。如在衣着上，阿拉伯人的大袍、印度妇女的面纱、日本人的和服、朝鲜妇女的长裙就代表了着衣者的文化属性。不同民族的物质文化差异对跨文化沟通会产生障碍和影响。

在与外国人的交往中，我们经常遇到这样的情况：对于中国许多传统的物件，如十八般兵器、装饰品等，我们往往找不到合适的词来表达，因为每一种物件可能都反映了一定的文化特征，只有了解它的历史和文化背景后，才可能对它有清楚的认识和准确的表达。这也增加了我们进行跨文化沟通的难度。

（七）语言差异对跨文化沟通的影响

语言是人们进行交际、沟通的工具，每个民族都有自己独特的语言及语言规则。这些往往会给跨文化沟通带来最直接、最明显的障碍。语言或非语言的共同点越少，沟通越困难。全球说英语的人约有 7 亿，但英国人、美国人、印度人、澳洲人等说的英语不尽相同。

如美国人称戴的小圆软帽和穿皮靴分别是“bonnet”和“boot”，而在英国，人们却指汽车引擎的盖子和汽车的后车厢。美国人的“scheme”是阴谋的意思，英国人却可能指一个计划。通过背单词学英语的中国人夸人聪明时常用“clever”一词，而英国人常把它用作贬义词。

同一种语言因不同人群使用，沟通时会出现障碍，完全讲不同语言的人们之间沟通时要通过翻译的过程，此时就会有麻烦产生。如中国古代美女王昭君被日本人译为“昭君先生”。

非语言沟通中的误解也数不胜数。在所有的文化中，大量的沟通是通过非语言进行的。在欧洲和中东地区两个男人行走时手牵着手，甚至环抱着肩膀都是很平常的事。但在美国却被认为是同性恋的表现。跟美国人交往过程中如果你不看着他的眼睛，或者让人觉得眼神游离不定，那么他就会担心你是否不够诚实，或者生意中有诈。而跟日本人交往中你老盯着他，他可能认为你不尊重他。在德国或澳大利亚，员工与老板说话时，从不两手插口袋。

第三节　主要区域文化简介

一、美国人的文化习俗

（一）概况

美国是一个移民国家，其中 84％为欧洲移民后裔，13％为黑人。几乎容纳了全世界各民族的人。居民主要信奉基督教（新教）、罗马天主教、犹太教和东正教等。官方语言为英语。国花为玫瑰，国鸟为白头鹰，国石为蓝宝石。主要名胜有国会大厦、白宫、五角大楼、华盛顿纪念馆、林肯纪念馆、国家自然历史博物馆等。

（二）交往礼俗

1. 价值观

在美国社会中，人们的一切行为都以个人为中心，个人利益是神圣不可侵犯的。这种准则渗透在社会生活中的各方面。人们日常交谈，不喜欢涉及个人私事。有些问题甚至是他们所忌谈的，如询问年龄、婚姻状况、收入多少、宗教信仰、竞选中投谁的票等都是非常冒昧和失礼的。

2. 性格特征

美国是一个移民之国，它的祖先来自于全球各地。人们移居美国时，不仅仅在地理位置上挪动一下，而且还把他们所在国的评议和风俗习惯带到了新的居住地。因为人杂、人们各自的差异十分突出，就不特别注重统一性。久而久之美国人的文化习俗中形成了较高程度的宽容性，对异质文化和不同评议持容忍、可接受的态度。这一点说明美国社会里的可行习俗要比世界上其他国家来得宽泛。

1）美国人以不拘礼节著称于世

从文化角度上讲，美国人不拘礼节的习性与他们的民主平等观念相关。我们知道，美国历史发展进程中，没有封建社会这一阶段，贵族、贱民、王室等欧洲大陆盛行的观念。不管是下属见到上司，还是学生见到师长，美国人一般只需笑一笑，说声“嗨”（Hi）或者“哈罗”（Hello）即可，而不必加上各种头衔。

更有甚者，美国教授讲到来劲之处，会一屁股往讲台上一坐，神采飞扬地滔滔不绝一番，不分年龄，不分性别。更常见的情形，是美国父子之间、母女之间的随和和轻松无论是在电影里，还是在实际生活中，我们常能看见美国长辈与幼辈互拍肩膀、无拘无束的镜头。这一切都源于美国人不拘礼节（informality）的习性。

2）自己动手

在美国，不管是医生、教授、律师还是商人，他们都是自己煮饭、洗衣、购物。他们不认为干家务会降低他们体面的社会身份。他们也有经济实力雇佣“保姆”，但觉得没此必要。上美国人家作客，人们可以常常看见大教授、名医生自己下厨烧饭做菜。至于修剪草坪、整理车库和油漆屋顶等之类的粗活，有社会身份的人不仅无厌烦之感，反而会乐此不疲地投入其中。

“自己动手”的习惯与美国人的拓荒精神有密切关系。当然，“自己动手”的文化习俗还有其他原因。美国人喜欢务实，而雇佣他人干活实际上就是花钱“买”服务。一般的美国人，只要自己能干、能胜任，不愿花钱请他人代劳，认为这是不必要的开销。还有，美国人重视隐私，关注家里的宁静。有陌生人在屋内经常走动，无疑会对隐私和宁静造成消极性的影响。因此，他们不愿牺牲隐私和宁静去换取一份清闲。

不喜欢沉默。与美国人有过接触的人都有这种感觉，西方人中美国人最奔放、最随和、最坦率——这自然是美国人的可爱之处。这种奔放，随和性格在“侃大山”上表现得十分明显。美国人一旦与人拉开“话匣子”，便会滔滔不绝地讲个不停。他们不喜欢“干”坐着不出声，若是发现“对话者”久不出声，会马上设法让他加入“神侃”之中。

3）说话直率

中国有一条古训，“礼多人不怪”。我们请人来家吃饭时，明明做了一桌子的菜，却对客人说：“今天没什么菜，随便吃吃。”我们之所以这么做，是因为自谦在我们文化里是一种礼貌。然而，美国人对这类“转弯抹角”方式表达的礼貌觉得难以恭维。与大多数欧洲国家的人一样，美国人喜欢直率地表述自己的观点和意见。

在他们看来，一是一，二是二，没有必要在简单的事实面前添加多余的修饰词句。譬如：美国人请人去他家作客，他们会指着桌上的菜肴明确地告诉客人，“我们为你的到来，准备了这些好吃的东西，希望你喜欢它们”。美国人认为，我真诚地邀请你来，当然得让你明白我的诚意所在。由于美国人讲究直率，在平时的交往中，他们对事情和人都乐于直抒己见，坦言相告。他们认为，各人意见不同是理所当然的事，所以，人们在交换意见和随便闲聊中，决不会因你的意见不同而感到大惊小怪。一句话，只要言词不太唐突、尖刻，意见上的争执是无伤大雅的。

4）批判精神

在包括美国在内的西方国家里，人们从小就训练孩子发问，培养他们求知和探索的习惯。孩子提出问题后，美国家长和老师们不是马上给出答案，而是循循善诱地启发、诱导、帮助孩子们一起思考。有时，大人们会嘱咐孩子们自己去图书馆寻找答案，很少为孩子们“包办”解答。

通过生活在这种文化氛围下的孩子，试出了这样一个道理：任何问题的答案都不是现成的，它得靠寻找和思考。美国人的这种质疑、探究性精神自然地引导他们对权威或权威性观点持批评式(critical)态度。质疑和批判时，针对的不是人，而是这个人的意见和观点。

5）数量观念

从相当程度上讲，美国人倾向于以数量来评价所有事物。当问及一个人的价值时，美国人通常指的是可以用数字来计量的价值，譬如此人受了几年教育，有了几年的工作经验，受过几次奖励等，似乎由这些数字累积起来的量足以反映出包括性格、个性、道德、习性等在内的一切问题。当问及一个企业的成功与否时，美国人喜欢罗列出一长串数据，如日产值、市场占有量、年出口数、受雇工人数、厂房占地面积等，似乎这些数据本身代表了该企业的生命力量。

由于美国人热衷于从数量角度证明事物，他们在解决问题时也乐于用数量来表示。譬如，政府喜欢说下拨了多少钱款用于扶贫计划；学校喜欢说花费了多大劲招收了多少少数民族学生；企业喜欢说投资了多少资金用于开发新项目；劳动部喜欢说一年内又创造了多少就业机会，等等。

美国人思想观念中的数量观念很大程度上反映了他们的务实精神。实用主义哲学——不折不扣的美国货，是这方面的最好例证。从这一角度体现美国人对数量观念的偏爱，我们就不难理解了：数字给人一个明确的概念，看得见，摸得着，实实在在，掷地有声，因而它为美国人判断事物和人提供了一定的依据。

由于美国人在行为举止上较少地约束自己，他们在许多方面都表现得很随便。在美国学校里,学生纪律松散;在美国家庭里,父母管教孩子不严;在美国军队里,士兵自由散漫更是远近闻名。令人惊讶的是,美国的教育还算成功,美国的孩子长大后大多成为好父母、好公民,美国的军队也偶尔能打些胜仗。这种看似矛盾的现象也许可以这样解释:美国人热爱自由,不愿被人强行控制,然而在真正行使自由权利时,他们仍受法律观念约束,有分寸地在自己的权限范围内"自由潇洒"。

3. 年龄价值

值得一提的是,美国人对年龄的看法同我们大不相同。在我国,老年人受到尊敬,而在美国却是"人老珠黄不值钱"。因此在美国,老年人绝不喜欢别人恭维他们的年龄。有一次,一名中国留学生在美国中西部的一个城市参加盛大聚会,宾客如云。当地一位名牌大学的校长与其母亲也光临盛会。留学生在欢迎辞中说:"××老夫人的光临使我们全体同学感到荣幸。""老"字在中国是尊称,不料却触痛了这位老夫人,当时她脸色大变,尴尬不堪,至此再也不在中国留学生的聚会上露面了。

4. 空间观念

美国人还十分讲究"个人空间"。和美国人谈话时,不可站得太近,一般保持在50厘米以外为宜。平时无论到饭馆还是图书馆也要尽量同他人保持一定距离。不得已与别人同坐一桌或紧挨着别人坐时,最好打个招呼,问一声"我可以坐在这里吗?"得到允许后再坐下。

5. 社交场合女士优先

美国妇女在社会政治生活中的地位究竟如何,这里姑且不论。但在社交场合中,她们总是会得到格外的优待。尊重妇女是欧美国家的传统习俗,从历史角度分析,是受到欧洲中世纪骑士作风的影响;若从宗教的角度分析,它是出于对圣母玛利亚的尊敬。

按照美国人的习惯,在社交场合中,男子处处都要谦让妇女,爱护妇女。步行时,男子应该走在靠马路的一侧;入座时,应请女子先坐下;上下电梯,应让女子走在前边;进门时,男子应把门打开,请女子先进。但是下车、下楼时,男子却应走在前边,以便照顾女子;进餐厅、影剧院时,男子可以走在前边,为妇女找好座位;进餐时,要请女子先点菜;同女子打招呼时,男子应该起立,而女子则不必站起,只要坐着点头致意就可以了;男女握手时,男子必须摘下手套,而女子可以不必摘下。

女子的东西掉在地上时,男子不论是否认识她,都应帮她拾起来。总之,美国男子在社交场合同女子接触时,一方面事事尊重她们;另一方面又要处处以保护人的姿态出现,以显示男子的地位。

6. 注重礼节

在美国"请、谢谢、对不起"之类的语言随处可闻,不绝于耳。在美国,不论什么人得到别人的帮助时都会说一声"谢谢",即使总统对侍者也不例外。在商场里,售货员的脸上总是堆着笑容,当顾客进门时,他们会主动迎上来,问一声"我可以帮助你吗?"当顾客付款时,他们会微笑着道谢。最后还会以谢声送你离去。同样,顾客接过商品时也会反复道谢。一家人之间也是客气话不离口,不仅夫妻之间如此,对小孩子们说话也常带"请"和"谢谢",这样,孩子便自然地养成了讲礼貌的好习惯。

美国人还习惯于对别人道“对不起”。当人们发生小摩擦时，一声“对不起”，常使芥蒂烟消云散。即便遇到一些微不足道的小事，例如向别人问路、在剧场中从别人座位前走过等，美国人也会连声表示歉意。美国人把在公共场所打嗝或与别人交谈时打喷嚏、咳嗽都视为不雅，遇到这种情况，他们就会说声“对不起”，请对方原谅。

美国人看到别人买来的东西，从不去问价钱多少？见到别人外出或回来，也不会去问上一句“你从哪里来?”或“去哪儿?”至于收入多少，更是不能随便问的事，谁想在这些方面提出问题，定会遭人厌恶，这是出于对别人私生活的尊重。美国人往往用“鼻子伸到人家的私生活里来了”这句话来表示对提问人的轻蔑。

（三）衣食礼俗

美国人的衣着，其特征是自由严谨两分明。他们在日常生活中穿着很随意，全凭自己的爱好，甚至穿泳装也可招摇过市。但在正式场合，美国人衣着又非常讲究，非常严谨。男士都穿较深颜色的西装，打领带，给人一种沉稳、可靠的印象。女士穿套裙，颜色多为深蓝色、灰色或大红色。

在饮食方面，美国人力求简单与快捷，通常都食用快餐或冷冻食品。代表性的食物是热狗、汉堡包。美国人不爱吃肥肉，不吃清蒸和红烧的食品，忌食各种动物内脏及奇形怪状的食品，如鸡爪、猪蹄、海参等。一般不饮烈性酒，即使饮，通常将烈性酒中加进冰块后再喝。

（四）禁忌

美国人忌“3”“13”和星期五；忌谈个人私事；忌说“老”；不喜欢黑色，偏爱白色和黄色，喜欢蓝色和红色。

（五）主要节日

美国人的重要节日有元旦(1 月 1 日)、华盛顿生日(2 月 22 日)、复活节(春分月圆之后第一个星期日)、国庆日(7 月 4 日)、劳工节(9 月第一个星期一)、感恩节(11 月第四个星期四)、圣诞节(12 月 25 日)。此外，还有一些没有公共假期的全国性节日，如情人节(2 月 14 日)、愚人节(4 月 1 日)、母亲节(5 月第二个星期日)、父亲节(6 月第三个星期日)等。

二、欧洲主要国家的文化习俗

（一）英国

1. 概况

英国的英格兰人占 80%以上。其余是苏格兰人、威尔士人和爱尔兰人等。居民绝大部分信奉基督教，只有少部分人信奉天主教。官方和通用语言为英语。货币为英镑。国花为玫瑰，国石为钻石。主要名胜有大英博物馆、圣保罗大教堂等。

2. 交往礼俗

英国人通常性格内敛，遇事谨慎，感情不外露，比较保守，但自信，大多数人追求绅士、淑女风度，讲文明，重礼节。

英国人讨厌过问私事。如果去英国旅游，千万不能像在国内一样，问人家“您去哪儿”，“吃饭了吗?”这类问题，中国人认为很热情，英国人会认为你很粗鲁，他们讨厌别人过问他们的个人生活，英国人更忌讳别人谈论男人的工资和女人的年龄，就连他家的家具值多少钱也是不该问的，这些确实是他们个人生活的秘密，绝不允许别人过问。

在英国购物，最忌讳的是砍价。英国人不喜欢讨价还价，认为这是很丢面子的事情。他们认为一件商品的价钱合适就买下，不合适就走开。如果你购买的是一件贵重的艺术品或数量很大的商品时，你也需要小心翼翼地与卖方商定一个价钱。

在交际中，初次见面行握手礼。英国人不喜欢见面拥抱，一般只是点头致意或用手指碰一下帽檐儿，彼此寒暄几句。英国人喜欢别人称呼他的荣誉头衔，如某某爵士。

英国人很注意尊重妇女，女士优先已成为社会的风气。

对英国人来说，未经预约拜访是非常失礼的。到英国人家中作客一般的礼品有高级巧克力、名酒、鲜花或客人自己国家的民间工艺品，但礼物价值不宜过高。

3. 衣食礼俗

英国人对衣着很讲究。他们崇尚绅士、淑女风度，强调矜持端庄。上等家族人穿燕尾服，戴礼帽、持手杖或雨伞，其他人多穿三件套式西装。大多数英国人一日四餐：早餐、午餐、茶点、晚餐。英国人口味清淡，喜喝清汤，爱喝酒，也特别喜欢喝茶。

英国的“烤牛肉加约克郡布丁”被称为是国菜。这是用牛腰部位的肉，再把鸡蛋加牛奶和面，与牛肉、土豆一起在烤箱中烤制的菜肴。上桌时，还要另配些单煮的青菜，即为“烤牛肉加约克郡布丁”。普通家庭一日三餐(即早餐、午餐、晚餐)。他们是以午餐为正餐。阔绰人家则一日四餐(即早餐、午餐、茶点和晚餐)。不愿意吃带粘汁的菜肴；忌用味精调味；也不吃狗肉。口味不喜欢太咸，爱甜、酸、微辣味，偏爱烧、煮、蒸、烙、焗和烘烤等烹调方法制作的菜肴。喜欢中国的京菜、川菜、粤菜。

他们普遍喜爱喝茶，妇女嗜茶成癖。“下午茶”几乎成为英国人的一种必不可少的生活习惯，即使遇上开会，也要暂时休会而饮“下午茶”。不喝清茶，要在杯里倒上冷牛奶或鲜柠檬，加点糖、再倒茶制成奶茶或柠檬茶。如果先倒茶后倒牛奶会被认为缺乏教养。他们还喜欢喝威士忌、苏打水，喝葡萄酒和香槟酒，有时还喝啤酒和烈性酒，彼此不劝酒。

4. 禁忌

英国人忌讳数字“3”“13”和星期五；忌用一次火点三支烟；忌讳四个人交叉握手；忌询问对方的个人情况，英国人的生活戒条是“不管闲事”；忌以王室的家事作为笑话题材；忌称对方为“英国人”，因为“英国人”原指英格兰人。或许对方是苏格兰人、威尔士人或爱尔兰人，正确的叫法应是“不列颠人”；忌佩戴条纹领带；忌用人像作服饰图案或商品包装；忌大象、孔雀、猫头鹰等图案；讨厌墨绿色；忌过分表露喜、怒、哀、乐的感情；忌手背朝外，用手指表示“二”这种“V”形手势，是蔑视别人的一种敌意动作；忌讳在众人面前相互耳语；

忌讳把食盐碰撒；忌讳百合花；忌打碎玻璃；忌直接提“厕所”这个词。

5. 主要节日

国庆日(国王的生日)；圣诞节和元旦最为隆重。英国人有一个习俗，就是把新的一年是否吉祥如意，寄托在第一个来访者身上。

（二）法国

1. 概况

法国主要由法兰西人(约占总人口的94%)、布列塔尼人、巴斯克人、科西嘉人组成，居民多信奉天主教，官方语言为法语。首都巴黎，是世界著名的花都、世界著名美城、“浪漫之都”，也是一座世界闻名的历史文化名城。其货币曾为法郎，现为欧元。国花为鸢尾花、玫瑰，国鸟为雄鸡。主要名胜有蓬皮杜文化中心、埃菲尔铁塔、凯旋门、巴黎圣母院、凡尔赛宫、卢浮宫等。

法国素有“奶酪之国”“葡萄之国”“艺术之邦”“时装王国”“名酒之国”等美称。

法国人的性格特点。

1）爱好社交，善于交际

对于法国人来说社交是人生的重要内容，没有社交活动的生活是难以想象的。

2）诙谐幽默天性浪漫

他们在人际交往中大都爽朗热情。善于雄辩高谈阔论，好开玩笑，讨厌不爱讲话的人，对愁眉苦脸者难以接受。受传统文化的影响，法国人不仅爱冒险，而且喜欢浪漫的经历。

3）渴求自由，纪律较差

在世界上法国人是最著名的“自由主义者”。“自由、平等、博爱”不仅被法国宪法定为本国的国家箴言，并且在国徽上明文写出。他们虽然讲究法制，但是纪律较差，不大喜欢集体行动，与法国人打交道，约会必须事先约定，并且准时赴约，但是也要对他们可能的姗姗来迟事先有所准备。

4）自尊心强，偏爱“国货”

法国的时装、美食和艺术是世人皆知的，在此影响之下，法国人拥有极强的民族自尊心和民族自豪感，与法国人交谈时，如能讲几句法语，一定会使对方热情有加。

2. 交往礼俗

法国人爽朗热情，谈吐幽默风趣。双方见面时，通常行握手礼，同时说一声“幸会”。如是亲朋好友相遇，则以亲吻或拥抱代替握手。两个相识的人在路上相遇时，可互相点头致意。

传统的法国公职人员习惯别人称呼其姓而不是名，在会议开始和结束时都要例行握手致意。同法国人约会应事先商定好，按时赴约是讲求礼貌的做法。法国人不喜欢把公司业务往来同个人生活搅在一起，因而到法国人家中作客，切忌送本公司产品或带有本公司标志的礼品给法国商界的朋友。

在交谈中，除不谈私人问题外，还应避免谈及政治和金钱。会谈期间不可开玩笑。在旅游中，不少法国人喜欢了解异国的历史、风情。

应邀到法国人家中作客，应带上小礼品，如送小孩一些糖果，送女主人鲜花，送花通常为单数。男人不能送红玫瑰给已婚女子。在送花的种类上应注意，在当地送菊花是表示对死者的哀悼。法国人把每一种花都赋予了一定的含义：玫瑰花表示爱情，秋海棠表示忧虑，兰花表示虔诚，郁金香表示爱慕之情，报春花表示初恋，水仙花表示冷酷无情，金盏花表示悲伤，雏菊花表示我只想见到你，百合花表示尊敬，大丽花表示感激，金合欢表示信赖，紫丁香表示我的心是属于你，白丁香表示我们相爱吧，倒挂金种表示心里的热忱，龙头花表示自信，石竹表示幻想，牡丹表示害羞，白茶花表示你轻视我的爱情，红茶花表示我觉得你最美丽。

3. 衣食礼俗

法国的衣着十分讲究，尤其是妇女，可以说是世界上最喜欢打扮的人。在法国从事商务活动宜穿保守式西装。

法国烹饪享誉全球。法国人把就餐视为人生一大快事。法国菜的特点，偏重于鲜嫩。法国人的早餐比较简单，但非常重视晚餐。就餐时，要把碟中的食物吃完，否则会冒犯女主人或厨师。因此，人们总结在吃法上的讲究是：英国人“注意着礼节吃”，德国人“考虑着营养吃”，意大利人“痛痛快快地吃”，而法国人则是“夸奖着厨师的技艺吃”。

法国是香槟、白兰地的故乡。法国人饮酒是惊人的。法国人一年到头似乎离不开酒，贪杯而不过量。一日三餐，除早餐外，顿顿离不开酒。他们习惯于饭前用开胃酒疏通肠胃，饭后借科涅克(白兰地)之类的烈性酒以消食，佐餐时，吃肉类配红葡萄酒，吃鱼虾等海味时配白葡萄酒；玫瑰红葡萄酒系通用型。

女士都爱用玫瑰红，以显示自己的口味清淡，不嗜烈物。法国人不仅看菜下酒，什么酒用什么杯子，也很有讲究，法国人讲究虽多，但喝的并不多。三五个人的聚会，通常一瓶10度左右的葡萄酒就行。

4. 禁忌

法国人忌数字“3”和“13”。忌核桃，忌黑桃图案(不吉利)、仙鹤图案(淫妇的代名词)和大象图案(意为蠢汉)；忌黄色的花(意为不忠诚)、菊花(代表哀伤)；忌墨绿色；忌送刀、剑、刀叉等餐具(此类礼品表示双方断绝关系)。

法国人还视孔雀为恶鸟，并忌讳乌龟。如果你对老年妇女称呼“老太太”，她们是很不高兴的。法国人还忌讳男人向女人送香水，因为这有过分亲热和图谋不轨之嫌。他们还不愿意别人打听他们的政治倾向、工资待遇以及个人的私事。如果初次见面就送礼，法国人会认为你不善交际，甚至认为粗俗。法国女宾有化妆的习惯，所以一般不欢迎服务员为她们送香巾。

5. 主要节日

主要节日有元旦、复活节、国际劳动节(5 月 1 日)、贞德就义日、国庆节(7 月 14 日)、诸圣节(11 月 1 日)、圣诞节。

法国人过年有一种习俗，家中不能有剩余的酒，否则，会被认为来年要交厄运。因此他们在除夕晚上要将家中的酒全都喝光，以致许多人喝得酩酊大醉。

（三）德国

1. 概况

位于欧洲中部，居民以信仰基督教和天主教为主。国语为德语，首都柏林。货币曾为德国马克，现为欧元。国花为矢车菊，国鸟是白鹤，国石是琥珀。主要名胜有勃兰登堡门、奥林匹克体育场、波茨坦广场等。

德国有“酒花之国”“啤酒王国”“运河之国”等美称。

2. 交往礼俗

德国人勤劳，有朝气，守纪律，好清洁，爱音乐，比较注重礼仪。

德国人在社交场合与客人见面时，一般行握手礼；亲朋好友见面时，一般惯用拥抱礼。在称呼别人时，一般不喜欢直呼其名，而要称头衔。在街上两人并行，以右为尊，三人并行，中间为尊。宴会上，男士坐在女士或职位较高者的左侧，当女士离开饭桌或回来时，男士要站起来表示礼貌。喝啤酒时，一般不碰杯，一旦碰杯，则必须一口气喝完，为别人斟酒时，一定要斟满，否则为失礼。

到德国人家中作客，通常以鲜花为礼物，且必须是单数，但不可送玫瑰花，因为它表示你暗恋女主人；其他礼物如威士忌酒、高质量的纪念品等都受欢迎，但不可送葡萄酒，因为此举说明你认为主人选酒的品位不高。德国人对礼品包装很讲究，但忌讳用白色、黑色和咖啡色的包装纸。与德国人交谈时，不宜涉及纳粹、宗教与党派之争。

3. 衣食礼俗

德国商人喜欢穿三件套西装，并喜欢戴呢帽。德国人主食肉类、马铃薯、沙拉等。大多数德国人不爱吃鱼。德国人饮食口味较重，偏油腻，也很喜欢中国菜。

4. 禁忌

德国人忌讳“13”和星期五；忌吃核桃；忌蔷薇花、菊花；忌红色、茶色和深蓝色；忌交谈时将手插在口袋里。

5. 主要节日

国庆日（10 月 3 日）。啤酒节是慕尼黑的一个民间传统节日，每年从 9 月最后一个星期至 10 月的第一个星期。狂欢节是德意志民族自古以来就有的一个传统节日。

三、亚洲主要国家的文化习俗

（一）日本

1. 概况

日本意为“日出之国”“太阳升起的地方”。民族主要为大和族，居民多信奉佛教、神道教。日本国语为日语。首都东京。其货币为日元。国花为樱花，国鸟为绿雉。主要名胜有东京塔、富士山、琵琶湖等。

日本有“樱花之国”“造船王国”“贸易之国”等美称。

2. 交往礼俗

日本人内敛,感情不外露,爱面子,自尊心强,重视人际关系,讲信用,重礼节。日本人见面时相互行鞠躬礼,并致“您好”“请多关照”的谦辞。第二次世界大战,握手礼逐渐成为日本常用的礼节,但通常与对方握手后还要行鞠躬礼,特别是道别时。

人们初次见面时,要交换名片。在正式场合要称呼其全名。对男子可在姓后加“君”,只有对教师、医生、年长者、上级和有特殊才能的人才称“先生”,对德高望重的女子也称“先生”。对其他人均以“桑”相称。

到日本人家中作客要事先约定时间并按时赴约。按惯例要带礼品。日本人送礼时,不送双数,而喜欢送含单数的礼物。不要给日本人送有动物图案的礼品。梳子在日本不宜作礼品。到日本人家中不可参观主人卧室,男士不可进入厨房,上卫生间必须征得主人同意。忌谈对日本和日本文化、垒球、高尔夫球、食品和旅行的印象。交谈时,应看着对方的脖子,盯着对方被认为是不礼貌的。

3. 衣食礼俗

在日本从事商务活动宜穿保守式西装,参加娱乐活动可穿便装。日本民族服装为和服。日本人在举行婚礼、庆祝重要节日、出席茶道等活动时常穿和服。

日本人的饮食分为三种:和食(日本饭菜)、洋食(西餐)、中华料理(中餐)。

日本人十分重视茶道。茶道会多为款待尊贵客人而举行,正式的茶道会要在专用茶室中举行。茶室中间放着用以烧水的陶制炭炉和茶壶,炉前放着各种十分精致的茶具。在日本,茶道被认为是对一个人身份、修养的肯定。一般茶道中,饮茶方式有两种:一种是每位客人各饮一碗;另一种是一碗茶每人只饮一口,由全体客人轮流饮用。

4. 禁忌

日本人忌数字“4”“9”以及由它们组成的数字;忌黑白相间色、绿色、深灰色、紫色,喜爱红、白、蓝、橙、黄色;忌送菊花、荷花、仙客来、山茶花等。忌 3 人合影(中间人有受制于人的兆头);忌獾和狐狸;忌头朝北睡觉(在日本死人头朝北);忌倒贴邮票(暗示断交);忌妇女盘腿而坐;忌舔筷、迷筷、移筷、扭筷、掏筷、跨筷、剔筷。

5. 主要节日

主要节日有元旦、成人节(1 月第 2 个星期一)、建国纪念日(纪元节,2 月 11 日)、春分节(3 月 21 日左右)、樱花节(3 月 15 日至 4 月 15 日)、国庆日(12 月 23 日)。

(二) 沙特阿拉伯

1. 概况

沙特阿拉伯的得名,来自目前统治该国的沙特家族之名,沙特意为“幸福”,阿拉伯则含有“沙漠”之意。由于沙特阿拉伯的石油储备量极丰富在世界上有“石油王国”之称。沙特阿拉伯的麦加,是伊斯兰教创始人穆罕默德的诞生地,故此地被称为该国的“宗教之都”。沙特阿拉伯的国教是伊斯兰教,国家实行政教合一制度。全国居民有 98%都信仰伊斯兰教,其中大部分属于逊尼派。

沙特阿拉伯的国语是阿拉伯语,通用英语,货币为沙特里亚尔。沙特阿拉伯如今实行的是君主政体。国旗格言：万物非主，唯有安拉。穆罕默德，主之使者。

2. 交往礼俗

1）总体风俗

在交往中，沙特阿拉伯人大都表现得热情大方，由于伊斯兰教规的限制，沙特阿拉伯妇女少抛头露面，并且不得与异性进行接触。与沙特阿拉伯人打交道，必须注意以下两个方面的问题。

(1) 遇到沙特阿拉伯妇女时，不宜主动向其问候或行礼。自己如果是一位男士的话，就更要注意这一点。与沙特阿拉伯男士交往，切勿问候其夫人或恋人，并注意不要向她们送礼品。

(2) 由于沙特阿拉伯人普遍重男轻女，因此，尽量不要派女性与其接触或交际。不然的话，很有可能事与愿违，事倍功半。

2）见面礼节

外国人在沙特阿拉伯时，在行礼时要入乡随俗。异性之间，最好不要当众拥抱亲吻，在公共场合表现得过分亲昵，也是应避免的。拜访沙特阿拉伯人之前，要预约。与他人相会时，沙特阿拉伯人往往要晚到一会儿，在他们看来，这是做人的一种风度。

3. 衣食礼俗

1）服饰

沙特阿拉伯男子的传统服装，是一种长垂及地的大袍。它宽松肥大。平时，袍子以白色为主。只有在参加丧葬活动时，才穿黑色的袍子。按照伊斯兰教规，妇女的全身均须被长袍和面纱遮盖起来。她们头上所戴的黑色面纱有三角形、正方形、五角形等多种形状，但都必须严密地遮盖住面容，仅允许双眼露在外面。

前往沙特阿拉伯的人，不要过分随便，不要穿过分暴露身体的服装，妇女要特别牢记这一点。由于天气炎热，沙特阿拉伯人大都习惯穿拖鞋，有的人会赤脚。只有在隆重的活动时，人们才会穿皮鞋。

2）饮食

沙特阿拉伯人的主食有面饼、面包、面条等。在肉类上，多以牛肉、羊肉、鸡肉为主。在他们看来，羊眼是席上之珍，美味之最。按照伊斯兰教规，沙特阿拉伯人忌食猪肉，忌食自死之物，未诵安拉之名宰杀之物和动物的血液，狗、马、骡、蛇、虾、蟹、龟、无鳞鱼、贝类海鲜以及一切含有酒精的饮料，并且不得吸烟。

在饮料方面，沙特阿拉伯人爱喝驼奶、红茶、咖啡。在拜访沙特阿拉伯人时，主人劝饮的咖啡是不可不喝的。用餐之时，沙特阿拉伯人一般席地而坐，以右手取用食物。有些时候他们也会设置桌椅，绝对禁止用脚蹬踩。在每年的斋月，沙特阿拉伯人白天不许进食。到那个时候，白天所有的餐馆也不准开业。

4. 禁忌

与沙特阿拉伯人交往必须记住以下事项。

(1) 不提倡娱乐。沙特阿拉伯人认为，娱乐令人堕落，所以，切莫与之谈论休闲、娱乐，邀请参加舞会之类。

(2) 宜回避以色列。

(3) 禁止偶像崇拜。按照伊斯兰教规,沙特阿拉伯人禁止偶像崇拜。因此不看电影,不喜欢拍照、录像,并且对雕塑、洋娃娃等礼品十分忌讳。

(4) 男女授受不亲。不论坐车、乘电梯,还是在银行,男女往往要各自分开。

(5) 不下国际象棋,他们认为,那种玩法对国王有失恭敬。

(6) 与沙特阿拉伯人交谈时,不要谈中东政治、宗教矛盾、女权运动、石油政策等。

(7) 向沙特阿拉伯人送礼品时,忌送酒类、雕塑、猪皮与猪毛制成品、美女照,带有熊猫图案的东西。

第四节　跨文化沟通的基本原则和策略

一、跨文化沟通的基本原则

上述影响沟通的因素都可能成为跨文化沟通的障碍。要成为有效的跨文化沟通者,必须努力跨越这些障碍。这涉及一些原则和方法问题。

(一) 因地制宜原则

来自不同文化背景的沟通者,要根据当地的实际情况来制定沟通策略。对于在国外投资办厂的企业和与外方合作经营的企业,一定要针对东道国的宏观环境,考虑企业的情况和员工的接受、适应能力,因地制宜地确立适合本企业的跨文化沟通模式。

(二) 平等互惠原则

管理沟通与一般的人际沟通的不同之处在于它有很强的目的性,即为了获取一定的利益。在这个过程中,要坚持平等互惠的原则。平等互惠有利于保护各自利益,有利于沟通双方建立长期的合作关系。

(三) 相互尊重原则

相互尊重是沟通过程中树立诚意和信誉的保证。相互尊重不仅要尊重彼此的人格,还要尊重彼此的文化、思想和行为表现。当然,尊重并不等于违背自己的利益,对对方的差异给予接受和采纳。对于不正确的或不合理的,我们要坚决予以抵制。

(四) 相互信任原则

相互信任是在沟通双方相互理解和相互尊重的基础上,在合作共事的过程中达到的。相互信任能促进相互学习、共同的发展。对于合资企业来说,相互信任是共同管理的重要机制。

(五) 相互了解原则

跨文化沟通过程中的障碍,很多都是由于相互不了解。只有相互了解才可能因地制宜、相互信任。相互了解原则还要求沟通双方敞开心扉,采取积极的态度来促使对方了解自己。

例如,许多外方投资者不理解中方企业要设立党委。一些企业主动向外方经理介绍、说明党委的性质及工作原则,从而得到了外方理解和支持。广州的"中国大酒店"刚成立时,外方就反对设置党组织。但经过相互了解,他们把党的干部视为"管理专家",主动提出要加强"党团工青妇"的组织建设。

二、跨文化沟通的总体策略

(一) 正视差异,求同存异

跨文化冲突是不可避免的,关键在于如何在跨文化冲突的背景下以积极的心态来寻求发展。冲突往往带给人不适的心理感觉,因此人们往往不愿正视冲突,甚至逃避冲突。其结果是冲突得不到解决,个人目标也难以实现。如果我们正视文化冲突的存在,以求同存异的理念去解决冲突问题就可以实现双赢。

(二) 取长补短,兼收并蓄

具有较高跨文化沟通素质的人,在跨文化沟通中,既懂得宣传自身文化的优点,又懂得赞美其他文化的优点;碰到文化差异时,既有能力设法消除文化壁垒,又能理解和尊重文化差异;既能够较好地掌握外语、了解当地的风土人情,又具有较高的跨文化沟通技能。在跨文化沟通中,最关键的是能够敏锐地意识到文化差异,并积极面对挑战和变化。

(三) 兼顾多元,差别管理

在进行跨文化沟通活动中,由于文化的多元化,会导致方法和途径的多样化。随着经济全球化的加快,文化多元化现象将会越来越明显。在同一企业内部,可能有来自世界各地的员工;在国际商务活动中,一个企业可能会同时与不同国家的外商打交道。在这样的背景下,差别化管理将是跨文化沟通中一个有效的途径。

差别化管理,首先要求管理者为所有不同文化背景的员工、客户、合作者提供平等的机会和公平的意愿,而不考虑他们在性别、种族、年龄和其他方面特征的差异。其次要注意遵守法律和制度,按照既定的为大家所公认的规则行事,避免因疏忽法律规定而出现投诉行为和相关损失。最后要根据工作地所处的社会主流和非主流文化的特征,考虑双方的文化偏好,选择相应的沟通方式和方法。

案例

华人栽在"中国文化"上也不鲜见

在国外,千万不要以为"文化差异"就是"护身符"。谈到中美文化差异和文化冲突,人们总能想起名为《刮痧》的电影。据一记者讲,与《刮痧》描述的情节相仿,他在巴塞罗那的一名老乡在给孩子进行刮痧治疗后,脖子上出现几条红印,结果学校报警,称学生遭到母亲虐待。不幸的是，法庭判决“虐待罪”成立，这名倒霉的老乡被拘役20天，禁止和孩子见面3个月。开庭时记者还以证人身份向法官陈述中国文化中“刮痧”的历史和疗效，但西班牙法官根本就无法理解。

在欧洲，华人“花钱就能办成事”的想法经常碰壁。去年3月，英国曼彻斯特一名华裔妇女4次考驾照都未通过，在第五次路考时，她试图塞给考官500英镑。结果考官立即中止考试，并以贿赂罪将她告上法庭。华裔妇女起初还辩称这些钱是为了“带来好运”，后来才承认试图“贿赂”考官。法庭判决惩罚她做50小时社会服务，并赔偿考官100英镑。

记者的一个朋友在节日时给英国上司送礼，不料上司当着所有员工面拆开礼品，这让“含蓄”的中国人有点无所适从，心想幸亏没送太贵重的，否则就给同事留下了“贿赂”上司的印象了。

一些“另类”的中国文化已给海外华人带来不少麻烦。据全法中国法律与经济协会副会长赵永升介绍，在巴黎的“唐人街”已不止一次发生华人华侨在举办婚宴时被抢劫团伙洗劫的事件。原因很简单，巴黎华人华侨习惯携带现金，而且在婚礼上会送“红包”。有的富商家的婚宴一场能收上来50多万欧元的现金！一些犯罪团伙了解到华人华侨的这些特点后，才选择在婚宴上动手的。

德国学者夫罗里扬说，东西方文化差异是一个很大的话题，要想在国外受人尊重，入乡随俗和遵守当地的法律法规是十分重要的。比如，在德国生活的日本人偷偷食用鲸鱼肉、爱半夜喝酒唱歌等，在德国人看来，这些被称为“日本文化”的现象都算是陋习。

在欧美，男士约女友去寿司店约会，被看成有品位，但日本“食鲸文化”始终无法被西方接受，欧美的环境保护组织不惜通过暴力方式对日本捕鲸船提出抗议。日本作家冷泉彰彦提醒日本国民，以寿司为代表的日本食文化在欧美很热，但“食鲸文化”很可能造成欧美人对日本文化的疏远，甚至牵连到日本的观光产业和动漫文化的普及。

旅居美国的华人认为，美国人容忍中国的某些文化现象是有选择的，是以商业和利益为衡量尺度的。比如来美旅游的中国人在专卖店内大声喧哗，多数老板和店员仍会微笑以对。但实际上，对一些中国人插队、公共场所喧哗等做法，美国人是鄙视的。

三、锻造跨文化沟通能力

既然跨文化沟通能力如此重要，那么公司的管理者应该如何培养这种能力呢？从世界各大公司的实践中，我们发现许多可行的方法。

（一）不同文化背景的经理人体验工作和相互学习

为了提高跨文化管理能力，许多公司将经理人派到海外工作或者学习，让他们亲身体验不同文化的冲击，或者把他们留在自己的国家，与来自不同文化背景的人相处，外加一些跨文化知识和理论的培训。

例如，日本富士通公司(Fujitsu)为了开拓国际市场，早在1975年就在美国檀香山设立培训中心，开设跨文化沟通课程，培训国际人才。现在，该公司为期四个月的跨文化管理课程(Intercultural Management Program，ICMP)除了用于培训本公司的人员，还用于其他公司和国家跨文化管理人才的培训。

韩国三星公司(Samsung)每年派出有潜力的年轻经理到其他国家学习，学习计划由学员自己安排。但是公司提出一些要求，例如学员不能坐飞机，不能住高级宾馆，除了提高语言能力外，还要深入了解所在国家的文化和风土人情等。通过这样的方法，三星公司培养了大批谙熟其他国家市场和文化的国际人才。

(二) 设立全球服务项目

例如，可口可乐公司(Coca-Cola)成立"全球服务项目"，这个项目由 500 名中高级管理人员组成，每年约有 200 人调动工作岗位。这些人一方面为公司的全球发展做出贡献，一方面提高自己的国际经验。这个项目的最终目的之一，是建设一个具有国际头脑的高层经理团，公司的高层管理人员将从这些人中进行选拔。

高露洁公司(Colgate)从 1987 年开始，就设立全球性强化培训项目，项目成员是美国的商学院 MBA 毕业生，他们至少会讲一门外语，并且在国外生活过，他们中有很大一部分是外国公民。受训者要在美国培训 24 个月。在每项为期三个月的培训中，他们除了学习商务和产品外，还要参加语言和跨文化知识教育。项目成员完成项目培训后，被派到世界各地担任助理产品经理。

许多著名的跨国公司都设立类似的特殊项目来培养高级国际人才，如花旗银行(Citi Bank)的全球管理人才项目(Global Management Associate Program)、渣打银行(Standard Chartered Bank)的国际毕业生项目(International Graduate Program)。

(三) 设立企业学院

大部分跨国公司都在内部设立企业学院，培训国际人才，如摩托罗拉大学、西门子大学、台湾宏基的 Aspire 学院等。在这些企业学院中，最有名的要数通用电气公司(GE)的 Crotonville 管理学院，通用电器前行政总裁杰克·韦尔奇(Jack Welch)每月都要花两天时间亲自到 Crotonville 给他的经理们讲课，十几年风雨无阻，Crotonville 成为通用电气全球发展的"引擎"。

【本章小结】

本章着重讨论了跨文化沟通。希望同学们能够了解跨文化沟通理念、影响因素、原则和技巧等在存在文化差异的沟通对象之间沟通时的重要性。对影响沟通有效性的各种因素做到心中有数，尊重和互相理解是一切的前提。主动学习和了解对方的文化风俗是一种良好的方法，可以减少沟通障碍，降低可能的误解和冲突风险，达到沟通顺畅的目的。

【复习思考题】

1. 试述了解文化差异的意义。
2. 文化差异对跨文化沟通的影响有哪些?
3. 对比美国与法国的文化特征有哪些不同?
4. 从跨文化沟通角度分析“入乡随俗”的含义。

【案例分析】

为卖房英房地产商主动学“风水”

德国国际媒体研究所中国问题专家夫罗里扬对记者说,对中西文化差异认同甚至接受,西方一开始是“被动的”,但随着与中国的经济和文化交流越来越频繁,中国特有的社会习惯或文化强力传到外国,很多人开始认识到与中国的文化差异,并在潜意识里变成“主动接受”。他们对中国的了解越深,就会越喜欢中国文化。这背后有很多直接原因,如在同中国做生意时获取最大利润。

为迎合中国买家的需求,英国房地产商也开始主动学点“风水”,在兜售房屋时避开“4”这个数字。一名英国房地产商表示:“中国人买房,钱不是问题,风水却要大大地讲究。”贝阿特是慕尼黑一家星级酒店的服务员,她告诉记者,为了留住中国客人,酒店让员工学一点中文,在房间摆放电热水壶。对一些中国客人在吃自助餐时的浪费现象,酒店老板也让“睁一只眼闭一只眼”。

此外,西方一些学者和作家也为减小中西文化差异做了不少贡献。德国作家弗朗索·豪瑟写过一本名为《一切都是神话——20个流行的中国误读》的书。书中反驳了德国流行的20个“中国误读”:如“所有中国人都吃猫和狗”等。德国汉学家兼经济学家卡斯汀·费拉特曾在《法兰克福汇报》撰文说,欧洲人应尊重中国的“文化差异”,不要将自己片面的标准强加给别人。

问题:

(1) 思考上面的例子说明了什么?

(2) 国外礼俗与中国礼俗的差异性的根本要点在哪里?

【实践课堂】

训练一　选择合适话题

班级同学每人设计一个同外国人交谈的话题,并分析其是否合适,比如:

(1) 同英国人交往最安全的话题不是天气。

(2) 同法国人谈论“性”很随便。如果恰好碰到这种情况,比较合适的处理方式是佯装听不懂。

(3) 在土耳其,我们可以随便地谈论有争议的国际问题。

(4) 巴西是个多民族国家,因此种族问题是个合适的话题。

训练二 禁忌分析

许多文化中都有数字的禁忌与偏爱,下面哪一项是错误的?分析其原因。

(1) 日本人忌讳"4"和"9"。

(2) 英国人喜欢"7"。

(3) 西欧人普遍不喜欢"13"。

(4) 韩国人不忌讳"4"。

第十章

现 代 沟 通

学习目标

知识要点：

1. 了解现代沟通的方式；
2. 掌握现代沟通方式的礼仪和技巧。

技能要求：

1. 掌握现代沟通方式的礼仪和技巧；
2. 提高利用现代沟通方式进行沟通的能力。

引导案例

一位美国公司的高管，他觉得员工太懒惰了，一上班就给自己冲咖啡，下午不到5点钟就下班。他给全体员工发了一份E-mail，邮件中说希望所有人7点钟到公司，8点钟开会，晚上5点前不能离开。这封E-mail被一个员工传到雅虎网站，引起了轩然大波，因为美国文化是很反对高压管理的。结果这个公司的股价跌了很多，这名高管也因此而辞职了。

资料来源：张薇.网络“杀伤”社交[J].青年周末，2009.

案例中的高管采用了错误的沟通方式，因而使公司受到了一定的影响，自己职位也不保。如果案例中的高管能把那些语言放在会议上说，并采用富有感情色彩和个人魅力的演讲方式，从侧面激发员工的工作热情，这样员工会更容易接受。

第一节　现代沟通的方式

现代沟通是人与人之间利用现代技术进行思想、感情、观念、态度的交流过程，是信息互相交换的过程。

随着社会的进步，科技的发展，人与人之间的交流不再仅仅局限于当面沟通。科技的发展为不同的群体，甚至是不同的阶层，提供了更丰富的沟通手段。现代沟通方式主要包括电话沟通和网络沟通。电话沟通相对比较常见。网络沟通就是以互联网为工具，以文字、声音、图像及其他媒体为媒介的沟通方式，是现代沟通中最重要的形式。最常用的有电子邮件、QQ、微博、微信等。现代沟通方式是与时俱进的一种新型沟通方式，在今天的生活中普及率较广，值得我们探讨。

一、电话沟通

“电话沟通”是沟通个体利用电话进行沟通的一种方式，电话沟通是一种比较经济的沟通方式，也是人与人之间，企业内部以及企业之间沟通常用的方法。一般来说，电话应答语言反映了一个人，甚至一个企业的风貌、精神、文化等信息。鉴于电话沟通的重要性，许多大型企业，对新员工进行上岗培训的一个必备内容就是：电话沟通的礼仪和技巧。

1. 电话沟通的特点

电话沟通方式包括打电话、发短信等。

1）电话沟通

打电话沟通方式的特点如下。

实时性：就沟通速度而言，没有其他沟通工具可与之比拟。

简便性：电话沟通操作简便，任何人都会使用。

双向性：电话沟通可立即收到对方回音，且双方都可自由沟通。

经济性：可节省时间及金钱，减少无谓的往返时间和金钱浪费。

普遍性：电话装机率、手机普遍率均很高，随时随地可进行电话沟通。

快捷性：瞬间可与通话人进行联系。

2）短信沟通

发短信的沟通方式也具有一些其他沟通方式不可比拟的优点。比如以春节拜年短信来说，其覆盖率特别广，很多人选择以这种方式拜年。为什么要短信拜年呢？因为短信拜年和现代的社会生活、现代人的特征有着密切联系。

一家人坐在一起过春节，您需要和外界进行沟通，但是在现代社会中，每个人从身体到心灵都非常疲惫，你如果要打个电话拜年或者亲自去拜年要花费更多的时间。短信恰恰解决了这个问题，一方面能够使沟通迅速发生，另一方面短信并不非要本人写的，转发一下就可以。我们承担的时间成本很低，而且从经济上来说也更划算。

3）电话沟通与短信沟通的比较

电话沟通的优点：①方便，快捷、易用；②可反映情绪；③易沟通真实意图答复迅速；④易确认熟人身份。

电话沟通的缺点：①费用较高，尤其是长途；②不好回避尴尬局面；③会议时无法用；④与异地方言或聋哑人难用；⑤对方暂时无信号或关机时无法使用；⑥不即时录音无法留下日后证据；⑦信号差时难用；⑧有辐射。

短信沟通的优点：①费用较低尤其是长途；②好回避尴尬局面；③会议时可用；④与异地方言或聋哑人也能用；⑤对方暂时无信号或关机时可使用；⑥易留下日后证据；⑦信号差时也能用；⑧可事先设定、可群发；⑨少辐射。

短信沟通的缺点：①不太方便，快捷；②难反映情绪；③难沟通真实意图；④难确认熟人身份(有盗号软件)。

2. 电话沟通的适用场合

以下的几种情境宜采用电话沟通的方式进行。

(1) 办公室距离较远,但问题比较简单时(如两人在不同的办公室,但需要讨论一个财务数据的问题)。

(2) 距离很远,很难或无法当面沟通时。

(3) 已经采用了其他沟通方式但尚有疑问时。

小贴士

手机短信沟通技巧

选择适当的时机发送。如果在最初与客户沟通时,恰逢节日,如春节,或遇客户的特殊日子,如公司成立周年纪念日等,你可以适时发送一条祝福的信息,让客户在这种特殊的方式中感受你的特殊沟通,不是为让客户加深印象的好办法。

保持内容健康。不要给客户发送一些格调不高的笑话、俏皮话,那样会引起客户的反感。要选择与客户有关的内容,编发简短的祝福或问候语。

注意发短信的频率。不要经常给客户发短信,频繁发送短信会给客户带来不必要的麻烦,干扰客户的正常生活,引起客户的不快,反而适得其反,发挥不到和谐沟通的作用。

注意署清姓名。在最初与客户交往中,客户对你的手机号码比较陌生,因此一定要在信息的后面署上自己的姓名,让对方知道是谁给他发的信息。

二、网络沟通

网络作为继报纸、广播、电视之后出现的第四种具有超强影响力的传播媒介,具有其他媒介无法替代的功能,在信息沟通方面发挥着越来越独特的作用,成为新时代人们经常采用的一种新型沟通方式。

1. 网络沟通的特点

1) 信息资源的丰富性

由于网络信息技术的不断进步,加之人们对网络的日益青睐,各种信息通过大型门户网站和搜索引擎等被加入互联网,使得互联网成为一个信息和知识的宝库。人们可以轻松地通过搜索引擎查到自己需要的各种文字、图像、视听资料等。

2) 沟通的交互性、多维性

网络沟通不仅是媒体作用于用户,更多的是用户可以作用于媒体,用户可以对网络信息进行阅读、评论、下载。网络沟通不仅能向用户显示文字资料,还能同时显示图形、活动图像和声音等多维性的资料。人们可以通过留言、直接通话或直接视频沟通,实现即时交流。

3) 空间的开放性、虚拟性

网络空间面向每一个人,人人都可以利用网络发表自己的观点、见解,即可以利用网络展示自己的技能,也可以利用网络发表自己的"作品"(如博文)等。人们可以实名或匿名运用网络进行相对自由的沟通。

4) 沟通方式的多样性

人们既可以在网上浏览信息、阅读电子图书、进行英语对话交流、观看影视作品,也可以玩游戏、学习；近年来，随着各种即时通信工具的发展，人们使用网络沟通更方便，更自由也更快捷。

2. 网络沟通工具

现代网络运用电子媒介和各种电子沟通工具，为人们提供了经济实惠、方便快捷的信息服务。网络沟通工具形式日益丰富。

1）电子邮件

电子邮件也称 E-mail，它是一种利用电子手段提供信息交换的通信方式。是网络应用最广的服务。用户只需支付一定的电费和上网费，就可以非常迅速的方式，与世界上任何一个角落的网络用户联系。电子邮件的使用简易、投递迅速、收费低廉、易于保存、全球畅通无阻等优点，使电子邮件被广泛地应用。

案例

不要越级发 E-mail

杜拉拉对直接上司玫瑰有看法，就跟平级的王蔷讨论，结果听说王蔷这个“北方愣子”已经直接给玫瑰的上级李斯特发过告状 E-mail 了，李斯特这个老头子的做法只是把 E-mail 原封不动回传给玫瑰。显然，李斯特的“转发”表明了自己的态度。王蔷的结局毫不意外：很快就被玫瑰开除了。

记住初入职场，千万不要越级发 E-mail。别以为越级发 E-mail 告状不容易被发现，在 E-mail 里还能畅所欲言，比打电话方便得多啊！其实 E-mail 的最重要特征就是容易被转发，这一点对于喜欢越级发 E-mail 的“小聪明们”来说是致命的。

2）网络电话

网络电话是具有真正意义的 IP 电话。系统软件运用独特的编程技术，具有强大的 IP 寻址功能，可穿透一切私网和防火墙。网络电话的拨打流程和常规电话是一致的。只需要输入对方的区号和电话号码或者手机号码，就可拨通对方的电话。目前常用的网络电话有 Skype、阿里通网络电话、SKY 网络电话等。

3）网络传真

网络传真(Internet Facsimile)也称电子传真，英文称作 efax，是传统电信线路与软交换技术的融合，无须购买任何硬件(传真机、耗材)及软件的高科技传真通信产品。

4）网络新闻发布

网络新闻发布可以突破传统的新闻传播概念，在视、听、感方面给受众以全新的体验。它将无序化的新闻进行有序的整合，大大压缩了信息的厚度，让人们在最短的时间内获得最有效的新闻信息。网络新闻发布省去了传统平面媒体的印刷、出版费用。

5）即时通信工具

即时通信(Instant Messaging，IM)是指能够即时发送和接受互联网信息的通信模式。即时通信比传送电子邮件所需时间更短，而且比拨电话更方便，无疑是网络时代最方便的通信方式。即时通信是一个终端服务，允许两人或多人使用网络即时地传递文字信息、档案、语音、图片与视频。

由于近几年的迅速发展，即时通信不再是一个单纯的聊天工具，它已经发展成集交流、资讯、娱乐、搜索、电子商务、办公写作和企业客户服务等为一体的综合化信息平台。目前中国最流行的即时通信工具有：QQ、MSN、POPO、UC、飞信、微信等，国外主要有MSN、ICQ等，下面介绍两种国内常用的即时通信工具。

(1) 腾讯QQ是由深圳市腾讯计算机系统有限公司开发的一款基于Internet的即时通信工具。我们可以利用QQ和好友进行交流，将信息、自定义图片、照片、文档、音视频资料即时发送和接收，通过语音视频进行面对面聊天，功能非常全面，是一种方便、实用、超高效的即时通信工具。随着科技的发展，腾讯公司开发的附加产品也越来越多，如QQ宠物、QQ音乐、QQ空间等。为了使QQ更加深入生活，腾讯公司还开发了移动QQ，只要客户申请移动QQ，用户即可在自己的手机上享受QQ聊天。

(2) 微信，即Wechat，也是腾讯公司出品，是提供免费即时通信服务的聊天软件。用户可以通过手机、平板、网页快速发送语音、视频、图片和文字。除此之外，微信还提供公众平台、朋友圈、消息推送等功能，用户可以通过摇一摇、搜索号码、附近的人、扫二维码方式添加好友和关注公众平台，同时微信可将内容分享给好友以及将用户看到的精彩内容分享到微信朋友圈。

除了以上提到的网络沟通方式以外，还有如电子论坛、博客、微博等网络沟通方式。

第二节　现代沟通方式的运用

现代沟通方式具有很多优点，可有时候不恰当地运用也会带来负面的作用。我们在运用现代沟通方式进行交际的时候，是否能正确而有效地应用现代沟通工具，提高沟通效果呢？这些都需要我们掌握现代沟通方式的礼仪和技巧。

一、电话沟通的礼仪和技巧

1. 接听电话礼仪与技巧

在接听电话时，有许多具体要求。能否照此办理，往往意味着接听电话者的个人修养与对待拨打电话者的态度如何。在通电话的过程中，接听电话的一方显然是被动者，尽管如此，商界人士在接听电话时，亦须专心致志，彬彬有礼。

在接电话时，首先要注意自己的态度与表情。虽说通电话是一种“未曾谋面”的交谈，表面上看，商务人员接电话时的态度与表情对方是看不到的。但是在实际上对于这一切对方其实完全可以在通话过程中感受到的。

电话铃声一响，就应立即跑过去接电话，并且越快越好。有人明明待在电话边上，偏偏要“沉住气”“摆摆谱”，让电话铃声先响上一通再说。这种态度，无疑是怠慢对方的。在国外，接电话在有“铃响不过三遍”一说。

接电话时，态度应当殷勤、谦恭。在办公室里接电话，尤其是外来的客人在场时，最好是走近电话，双手捧起话筒，以站立的姿势，面含微笑地与对方友好通话。不要坐着不动，一把把电话拽过来，抱在怀里，夹在脖子上通话。不要拉着电话线，走来走去地通话；也不要坐在桌角、趴在沙发上或是把双腿高抬到桌面上，大模大样地与对方通话。

在正式的商务交往中，接电话时拿话筒所讲的第一句话，也有一定之规。接电话所讲的第一句话，常见的有三种形式。

(1) 是以问候语加上单位、部门的名称以及个人的姓名。它最为正式。例如："您好！瀚海集团人事部张恬。请讲。"

(2) 以问候语加上单位、部门的名称，或问候语加上部门名称。它适用于一般场合。例如："您好！京南公司广告部。请讲。"或者"您好！人事部。请讲。"后一种形式，主要适用于总机接转的电话。

(3) 以问候语直接加上本人姓名。它仅适用于普通的人际交往。例如："您好！郝茹莎。请讲。"

2. 打出电话的礼仪与技巧

用电话通信，有主动地拨打电话与被动地接听电话之别。从礼仪方面来讲，拨打电话与接听电话时有着各自不同的标准做法。在商务交往中，需要商务人员"先发制人"，首先打电话给别人的情况极多。当商务人员准备拨打电话时，率先考虑的问题共有三个，介绍如下。

(1) 这个电话该不该打。需要通报信息、祝贺问候、联系约会、表示感谢的时候，都有必要利用一下电话。而毫无意义、毫无内容的"没话找话"式的电话，最好不要打。

(2) 这个电话应当何时去打。有关公务的电话，应当公事公办。最好在上班时打。双方约定的通话时间，轻易不要更改。要想使通话效果好一些，使之不至于受到对方繁忙或疲劳的影响，通话应选择在周一至周五，而不应是在周末。也不要在对方刚上班、快下班、午休或快吃午饭时，不识时务地把电话打过去。

(3) 这个电话的内容应当如何准备。电话被称为"无形造访的不速之客"。在很多情况下，它都有可能"出其不意"地打搅别人的正常工作或生活。因此，打电话的人务必要有一个明确的指导思想，除非万不得已，每次打电话的时间不应超过三分钟。在国外，这叫作"通话三分钟原则"，已为商界所广泛遵守。有鉴于此，商界人士在打电话前，为节省时间，一定条理清晰地预备好提纲。应根据腹稿或文字稿来直截了当地通话。

在打电话时，对一个人的电话形象影响最大的，当首推他自己的语言与声调。从总体上来讲，它应当简捷、明了、文明、礼貌。打电话时，每个人开口所讲的第一句话，都事关自己给对方的第一印象，所以应当慎之又慎。

打电话时所用的规范语言有两种。第一种适用于正式的商务交往中，要求把礼貌用语与双方的单位、职衔、姓名一起说出来。其标准的模式是："你好！我是省化工进出口公司营销部副经理刘丽，我要找西华市化工进出口分公司经理高明先生。"第二种适用于一般性的人际交往，在使用礼貌问候以后，应同时准确地报出双方完整的姓名。其标准的"模式"是："您好！我是于莉。我找谢亦非。"不要还不知道对方是谁，一上来就跟人家套近乎，"捉迷藏"。

一旦自己拨错了电话，切记要对无端被打扰的对方道歉，老老实实地说声"对不起"，不要连个回音都不给，就把电话给挂了。

当通话结束时，别忘了向对方道一声"再见"或"晚安"之类的语言。按照惯例，电话就由拨电话者挂断。

3. 代接电话的礼仪与技巧

在接电话时,最后要注意代接电话时的态度。

有可能亲自接的电话,就不要麻烦别人。尤其是不要让自己的孩子奶里奶气地代替自己接电话。虽然他们对这种实践非常热衷,也不提倡在这方面培养他们。

商务往来比较多的人,可请秘书代为处理电话,也可以本人不在时使用录音电话。本人在场时,一般是不适合使用录音电话的。

万一需要用录音装置时,则必须使自己预留的录音友好,谦恭。通常,预留的录音应为:"你好!这里是某某公司某某部。本部门工作人员现在因公外出,请您在信号声音响过之后留言,或者留下您的姓名与电话号码,我们将尽快与您联络。谢谢,再见。"

另外替人转接电话,要注意不要随意瞎传电话信息,以免造成误会。

案例

小丽接到一个电话,"帮我叫一下小飞。"小丽听出是局长的声音,她赶紧把小飞叫来,自己就在不远处竖起耳朵听电话,她听到小飞说:"好,我马上去您办公室。"小飞匆匆走了。小丽立即跑到张大姐那里:"张大姐,局长叫小飞去一趟,一定是他那天喝醉酒打人的事被局长知道了,这还不得严厉处分,弄不好开除呢。"过了几天,单位里都在传小飞喝醉酒打人被局长狠狠批评了。

案例中的小丽替人转接电话,后偷听别人电话信息,并在单位随意瞎传未经确认的信息,犯了职场大忌。

4. 手机使用礼仪

在商界,人们往往风尘仆仆,来去匆匆。为适应商务人员工作繁忙,活动量大,时常"居无定所",而又急需"随时随地传信息"的特点,通信业务已有长足的发展。其中,移动电话独领风骚,日益普及,成为广大商务人员随身必备、使用最为频繁的电子通信工具。

商界人士在日常交往中使用手机时,有如下几个方面的礼仪规范必须严守不怠。

(1) 要置放到位。按照惯例,外出之际随身携带手机的最佳位置有两处:一是公文包里;二是上衣口袋之内。穿套装、套裙之时,切勿将其挂在衣内的腰带上。否则撩衣服取用时,容易造成周围人的尴尬。

(2) 要遵守公德。商务礼仪规定:在公共场所活动时,商务人员尽量不要使用手机。当其处于待机状态时,应使之静音或转为振动。需要与他人通话时,应寻找无人之处,而切勿当众自说自话。公共场所乃是公有共享之处,在那里最得体的做法,是人人都要自觉地保持肃静。在参加宴会、舞会、音乐会,前往法院、图书馆,或是参观各类展览时,尤须切记此点。在工作岗位之上,亦应注意不使自己手机的使用有碍于工作、有碍于他人。

(3) 要保证畅通。使用手机,主要的目的是为了保证自己与外界的联络畅通无阻,商界人士对于此要重视。告诉交往对象自己的手机号码时,务必力求准确无误。若自己的手机号码有改动,应及时告知给重要的交往对象,免得双方的联系一时中断。有必要时,除手机号码外,不妨同时再告诉自己的交往对象其他几种联系方式,有备无患。

(4) 要重视私密。通信自由,是受到法律保护的。在通信自由之中,秘密性,即通信属于个人私事和个人秘密，是其重要内容之一。使用手机时，对此亦应予以重视。

一般而言，自己的号码，尤其是手机的号码，不宜随便告之于人，也不应当随便打探他人的手机号码，更不应当不负责任地将别人的手机号码转告他人。出于自我保护和防止他人盗机、盗号等多方面的考虑，通常不宜随意将本人的手机借与他人使用，或是前往不正规的维修点对其进行检修。考虑到相同的原因，随意借用别人的手机也是不恰当的。

(5) 要注意安全。使用手机时，对于有关的安全事项绝对不可马虎大意。在任何时候，都切不可在使用时有碍自己或他人的安全。按照常规在驾驶车辆时，不宜忙里偷闲，同时使用手机通话，或是查看短信。可能会导致交通事故。

乘坐客机时，必须自觉地关闭本人随身携带的手机。因为它们所发出的电子讯号，会干扰飞机的导航系统。

在加油站停留期间，不准开启手机。否则，就有可能酿成火灾，此外，在标有文字或图示禁用手机的地方，均须遵守规定。

二、网络沟通的礼仪和技巧

网络沟通也是一门学问。不幸的是从来没有人教过上网的每一个人，到底应该怎么做。网络上的人们用电子邮件或者 QQ 与人聊天的时候，不同的人有不同的表现，或礼貌或冒昧，或文雅或粗鲁。为了高效的进行网络沟通，掌握一定的网络沟通礼仪是有必要的。

1. 网络沟通礼仪

网络沟通礼仪是一般所谓的礼仪迁移到网络情境下所产生的新名词。网络礼仪使网络使用者能够遵守网络公约，做一个有礼貌、有规矩，懂得保护自己，避免伤害别人的"网络公民"。

我国台湾地区的苏怡如总结了各种关于网络礼仪的提法，认为网络礼仪主要包括正确、简洁、清楚、安全与隐私以及友善与尊重五大内容。在此，我们总结了网络沟通礼仪的几大原则。

(1) 我们是在和人交流，即使是陌生人。因此现实生活中如何沟通，网络上也该如何沟通。

(2) 尊重别人。尊重他人的隐私，不要随意公开私人邮件，聊天记录和视频等内容。尊重他人的知识。人都会有犯错误的时候，不要好为人师，不要自诩高人一筹。尊重他人的劳动，不要剽窃，随意修改和粘贴别人的劳动成果，除非他人主观愿意。尊重他人的时间。在沟通提问以前，先确定自己无法解决，且对方是正确的解决人选，然后再进行高效地沟通。

(3) 自信，但是要注意谦虚，做好细节。不要刻意放低自己，但是如果对某个方面不熟悉，不要冒充专家。任何消息发送前，要仔细检查语法和用词，不要故意挑衅和使用脏话。

2. 网络沟通礼仪示例

1) 电子邮件使用礼仪

(1) 电子邮件的主题应当准确简洁，不要发送无主题和无意义主题的电子邮件。

(2) 注意称呼，避免冒昧。当与不熟悉的人通信时，请使用恰当的语气，适当的称呼和敬语。

(3) 注意邮件正文拼写和语法的正确，避免使用不规范的表情符号，使用简单易懂的主题行以准确传达电子邮件的要点。

(4) 因为邮件容易丢失，因此应当及时查问。不要无理猜测并暗责对方，在自己做到及时回复邮件的同时，不要对他人回复信件的时效性做过分期许。

(5) 不要随意转发电子邮件，尤其是不要随意转发带附件的电子邮件，除非你认为此邮件对于别人的确有价值。在病毒泛滥的今天，除非附件是必需的，否则应该避免Word、PPT附件，多使用PDF。在正文中应当包含附件的简要介绍，邮件要使用纯文本或易于阅读的字体，不要使用花哨的装饰，最好不用使用带广告的电子邮箱。

(6) 如果不是工作需要，尽量避免群发邮件，特别不要参与发连环信这种活动(把这条消息发送给10个好友之类)。群发邮件容易使得收件人的地址相互泄漏，因此最好使用邮件组或者暗送。两个人商量事情牵涉到第三方时，应该将邮件抄送给第三方。

(7) 在给不认识的人发送邮件时，请介绍一下自己的详细信息，要么在签名中注明自己的身份，没有人乐意和自己不明底细的人讨论问题。

(8) 如果对方公布了自己的工作邮件，那么工作上的联系请不要发送到对方的私人信箱里去，没有人乐意在和朋友们联系的信箱中看到工作上的问题。

2) 即时通信软件使用礼仪

(1) 不要随便要求别人加你为好友，除非有正当理由。应当了解到，别人加不加你为好友是别人的权利。

(2) 如果谈工作，尽量把要说的话压缩在10句以内，要记住，即时通信工具一般不适合谈工作。

(3) 不要随意给别人发送链接或者不加说明的链接。随意发送链接是一种很粗鲁的行为，属于强制推送内容给对方。

(4) 在别人状态为“忙碌”的时候(比如QQ)，不要打扰。否则要“忙碌”这个功能有什么用呢？如果是正式的谈话，不要用“忙吗”“打扰一下”等开始一段对话，而是把对话的重点压缩在一句话中。

3) BLOG、BBS使用礼仪

(1) 尊重别人的劳动成果，不要随意转载，不要做“语文老师”，或者否定对方知识层次。不要自以为高人一等，使用侮辱性质的语句。

(2) 不要做鉴定师和价值判断人，不要断章取义，不要留下一句“楼主火星”“鉴定完毕”等鉴定师语言，不要抓住对方一句话发挥，要认真阅读后发言。

(3) 说出理由，而不是说出脏话。

第三节　现代沟通应用实例

随着人类科学技术的不断进步和发展，网络已经越来越走进人们的生活，成为人们学习、工作和生活中不可缺少的一部分。21世纪是新型的网络时代和信息时代。人们在日常管理、营销管理等工作中，利用现代沟通方式，已是必不可少的。下面我们以电话营销、QQ 营销、微信营销为例，说明如何运用现代沟通技术进行职场沟通。

一、电话营销

1. 电话营销的步骤

首先要做好打电话前的准备工作。明确打电话的目的，针对不同的沟通对象，采用不同的表达方式，并提前准备好所问的问题。同时设想客户可能会提什么问题，并做好准备。针对客户的各种拒绝的借口，要提前做好应答之词。

其次要注意开场白。第一印象对大多数人来说，都是非常重要而且持久的。因此，我们应该重视销售工作的第一个电话，并准备好开场白。

再次是要探询客户的需求。对客户需求要有清楚、潜在、明确三方面的了解，然后才能够去推荐产品。不但要知道客户需求的是什么，还要知道为什么客户会产生这种需求。

最后是推荐产品。根据之前了解的客户需求，给客户做相应的产品介绍，可以介绍商品的特点和优点，也可介绍商品的商业价值以及对客户的价值。根据不同的需求做不同的介绍。

2. 电话营销的技巧

首先要注意增强声音的感染力。训练让自己保持微笑，语速适中，音量适中，语音清晰，表现出专业性，善于运用停顿。措辞要体现逻辑性和专业性，同时要用积极的语言进行表述，展现出销售人员的自信。

其次要与客户建立融洽的关系。了解客户，同时适应客户的性格。并用适当的语言赞美客户，客户的心情愉悦了，产品的销售也就指日可待了。另外要注意的是如何赞美对方，推销中用的赞美绝不是简单的"拍马屁"，赞美有五大原则。

（1）语调要真诚生动，不要像背书一样。

（2）一定要简要，流利顺畅，要讲平常所说的话。

（3）赞美客户的是确实存在的，否则会让客户觉得你是在"拍马屁"。

（4）要有创意，赞美别人赞美不到的地方。

（5）要融入客户的公司和家庭。

下面是一电话营销中的赞美案例。

客户："这事由采购部负责，你跟他们直接联系吧。"

（欲挂断电话。）

销售人员："好的，谢谢您。不过，邓总，能跟您通话，我觉得特别荣幸。我很早就听说过您白手起家的事。今天有幸跟您通话，希望向您请教一些创业方面的问题。"

（赞美客户，寻找时机。）

客户："呵呵，小伙子挺有上进心的。……我跟采购部王经理打声招呼，你直接去找他就行了。"

（邓总很欣赏这名小伙子，跟他谈了很多。挂电话之前也不忘把他介绍给采购部王经理。）

销售人员："谢谢您，邓总。有机会，希望还能向您请教。"

（一句请教，其实也是对客户的赞扬。）

案例

电话营销

案例一

小王所在的A公司曾和B公司合作过，但是由于某些原因合作失败。当小王再次向B公司推销时，遇到了种种困难。

小王："您好！我是A公司的推销员小王。"

客户："A公司的？你有什么事吗？"

（客户明显地对A公司存在抵触情绪。）

小王："我们公司新开发了一种灯泡，据我所知，贵公司正需要这样的灯泡。"

客户："我对你的产品不感兴趣。"

（这肯定是客户的借口。）

小王："我们的许多客户在有机会看到我们带给他们的利益之前都和您说的一样。"

客户："是吗？你知道吗，我们公司跟你们公司曾有过不愉快的合作。你说我们还有必要谈下去吗？"

（客户说出了真正的原因——对A公司有不信任感。）

小王："对此，我感到很抱歉。因此我希望您能再给我一次机会，让我向您证明我们的产品和服务。"

客户："我们现在有非常稳定的供货商。"

小王："噢！可据我所知，目前能够提供这种产品的只有我们一家公司。"

客户："要不你寄点产品材料过来吧。我会看一下的。"

（客户还没有对小王建立信任感。）

小王："为什么我们不见面谈一谈呢？请您相信我们的产品能够给您带来利益。下周五下午三点，如何？我想见一面对您也没什么损失吧。"

客户："好吧。"

案例中的小王已经预约成功，再确认一下地址，然后礼貌地结束谈话，然后做好下一次见面的准备工作。这时切忌试图在电话中说服对方购买你的产品，否则你的努力将功亏一篑。

案例二

小刘是做电脑推销的，他打电话给一位客户，电话中客户告诉他，他已经有了一台台式机。而且表示目前他没有购买笔记本电脑的打算。

小刘："不要紧，您以后如果有需求可以找我。"

客户："好的。"

小刘："王先生，我能问您一个问题吗？"

客户："可以。"

小刘："王先生，您家里有几口人？"

客户："三口人，我爱人，还有一个上中学的女儿。"

小刘："看来是幸福的三口之家。王先生，您的女儿是不是也经常要用电脑？"

客户："是啊，常常跟我抢电脑，我一出差她就开心了，哈哈。"

小刘："看来您的女儿也需要一台电脑。您经常出差？"

客户："是啊。"

小刘："王经理，我能不能给您提个建议呢？"

客户："你说吧。"

小刘："我觉得您需要一台笔记本电脑，一方面您出差的时候可以携带，我想这样对您的工作会方便很多；另一方面，那台台式机就可以给您女儿用了。您觉得呢？"

客户："你说的有道理，我们做销售的，出差经常要带不少文件，如果能存在电脑里就方便多了。"

小刘："是啊。我们这里这段时间正好在搞活动。您过来看看吧。我可以给您便宜点。"

客户："好的。那我明天上午过去吧。"

案例中的小刘从客户的言谈中发现潜在的需求，同时适时地给了客户一些建议，从而赢得了一个潜在客户，为商品的成功销售打下了良好的基础。

二、QQ营销

在许多人眼里，QQ 不过是一个聊天工具，然而 QQ 这一工具发展至今，它的意义已经不限于此，而是展现在更广阔的领域中，一旦被有效地拓展应用，将会受益匪浅。与传统沟通方式相比，QQ 用于商业营销有其自身的优势。

1. QQ 营销的优势

首先，QQ 在营销中能体现较高的新鲜度。同样的内容，通过不同的形式可以提高它的新鲜度。对于商品介绍，用平淡、冗长的文字难以引起更多人的兴趣，反而会让人感到乏味。即使图文并茂的宣传内容，人们受时间和空间的限制，关注度也不会高。但如果采用视频、声频等多媒体形式，往往就能达到既定目的，因为人们对此有了新鲜感。

其次，QQ 营销能提高商家和客户的互动性。新闻传播、广告传播"你说我听""你写我看"的方式较为机械和呆板，要激发客户的消费欲望，先要让客户有充分理解和接受的空间。客户的提问和疑惑只有通过互动的形式才能解决。QQ 可以群聊，能减轻在线客服人员的压力，群聊能提高关注某一业务的人气。对于单个客户而言，即便参与群聊，他也能得到"一对一"服务的真切感受。

最后，QQ 营销能提高业务品牌的含金量。"金杯，银杯，不如百姓的口碑。"一个诚实、可信和善解人意的 QQ 网友，会在公众中赢得口碑，这将使公司业务品牌形象得以提升。

2. QQ 营销的技巧

1）利用本地 QQ 群

利用本地 QQ 群，可能目标客户不会很多，但是本地 QQ 群有助于我们开发本地市场，对于做营销的人员来说，不想错过本地市场，那么加入本地QQ群是开发本地市场最直接有效的方法之一了。

2）成为管理员

如果只是普通群成员，那么在群里的权威度和可信任度肯定不高。而如果能成为群管理那情况就完全不一样了。一般来说，群成员对群管理员还是比较信任的，对于群管理员传递给成员的信息，群成员一般也是更容易接受，而且也是信任的，所以，要达到完美的QQ群营销效果，那就要尽可能成为群管理员。要成为群管理员就要多参与QQ群聊天，还要搞好和群主的关系，这样才有成为管理员的机会。

3）寻找对口的QQ群

打个比方，比如我们是销售机票的，那么肯定是旅游类QQ群需求最大。比如说我们是出售网站空间、域名的，那么肯定是网络推广等站长类的QQ群需求量相对较大。我们要找准我们的产品主要面向哪一些用户，哪一类型的用户是我们的目标客户，他们经常活跃于哪一些群体当中，找准了这个定位，寻找对口的QQ群也就不是一件难事了。

4）利用好QQ群邮件

对于QQ群营销来说，群邮件的利用是最有效的方法。直接在QQ群公屏上打广告，有人可能不会看，甚至还会被踢出群。但是QQ群邮件就不一样了，用群邮件比较隐蔽，而且现在QQ上会提示邮件数量，用户可能不得不去点击邮件。当然，这个方法用于自建QQ群效果是最好的。

5）群名片的设计

说到群名片的设计，这里先举一个案例：有一个人开了一家公司。他的公司叫×××，主要出售投影机。他加入了一个减肥群，把群名片设置成“×××”。这样一设置，再通过平常的聊天过程，群里的一些朋友慢慢地了解到了他的公司，他的产品，在群里也有了一些成交。可能他不是刻意在做营销，他进减肥群只是为了了解这方面信息，但是有些时候，总会在不经意间产生意想不到的收获，像营销这样的事情，还是顺其自然，不要刻意去做，效果会更好。我们多参与群聊天，和群里的成员成为朋友，久而久之人家可能就会对我们产生兴趣，我们的机会就来了。

6）群名片备注的利用

这里虽然字数有限，但是我们可以用最简短的语言，对我们的服务，对我们销售的产品进行一个简单的描述。

7）如何快速地达到自己的目的

要多站在对方的角度思考问题，换位思考，把自己想象成群内的人，你要问的问题是别人问的，这样我们就会保持一个好的心态了；其次态度一定要好，问问题的时候，别人没有回答，不要去抱怨甚至恶言相对，别人没有义务去给你解决，给你解决了，是要去感谢对方的。只有多参与群里的讨论，才会有人跟你熟悉起来，才会愿意给你帮忙。等熟悉了，再申请成为群管理员就很容易了。当上管理员了，想要达到自己的目的还是比较容易的。

8）对于那些想发广告的人员

你要选择自己产品的服务对象或者有交集的对象的群加入，而不是什么群都不管，通通加入。加入之后，要看看群公告，一般都是要修改群名片的，然后有选择性地选择一些人数多的活跃的群去主动参与聊天，慢慢地参与他们的话题，不时地插入自己是干什么的，等别人都知道你是做什么的，有需要自然会找你的。

比如有一个旅游群里有个搞虫虫软件销售的人，他从不发广告，有时候还主动给群里的人发些外链，这个人的方法很可行，慢慢地群里的成员愿意与他交流，并会推荐身边的人成为他的客户。

案例

QQ 营 销

QQ 空间是个很好的营销平台，你可以很容易地向你要服务的人群去营销，下面我用一个例子给大家讲解一下这其中的方方面面。这个是我做减肥产品时用的方法。但我并没有想用这个赚多少钱，我只是为了测试这个方法是否可行。事实证明，完全可行。

我申请了 5 个新 QQ 号码。在 QQ 群搜索，每个 QQ 号码加了 10 个减肥相关的群。这样我现在就有 50 个群的资源。每个群平均有 100 个人，现在我就有 5000 多人可以宣传。我怎么让他们看到我的宣传呢？开始加好友，把群里的每个人都加好友。我没有多加，每个号分时段大概加了有 100 个好友左右。这样现在我 5 个号加起来的好友数量就是 500 个左右。这已经不是一个小数目，因为这些都是我的目标人群，他们既然在减肥的群里，大部分应该都有这部分问题的困扰。

然后我搜百度，找了几篇相对比较有吸引力的减肥类的文章，拼成了一篇，然后起了一个对减肥人群极具诱惑性的标题。当然文章的最后，在读者不感觉是广告的情况下，加上了我的销售页面的网址。然后开始利用腾讯比较强大的分享功能。我用其中一个号将这篇文章发表了出去，然后用这个号将日志进行分享。剩下我的 4 个 QQ 号码依次将这篇日志进行了分享。将网站上的客服交给了姐姐打理。

这些工作我用了一上午的时间做完。最长的时候还是浪费在了加好友和加群上面。下午正好朋友约我去打台球，然后去唱歌，一直到晚上 10 点左右才回来。我习惯性的先看了销售页面的 IP，100 多个。因为我的这个单独销售页面没有在其他任何一个地方做过宣传，所以可以保证这些 IP 是从 QQ 空间的读者过来。

登录 QQ 查看了一下日志，分享次数已经达到了 4000 次以上。问了一下姐姐，今天半天这个页面一共卖出了 13 套产品。每套的利润在 200 元左右。所以一下午的时间我净赚了 2600 元。我预计以后的几天绝对比今天的要多很多。

现在给大家分析这一个过程。刚才说了，我好友的数量有 500 个。我分享日志以后，这 500 个人中间有二分之一的人看到了日志标题。然后这二分之一中有三分之二阅读了全文，再保守估计这三分之二中又有三分之一分享了这篇日志。这样，在我的好友中，就有 80～100 个人分享了这篇日志。不要小窥 QQ 空间的传播力量。

作为一个需要减肥的人，QQ 好友中应该会有一部分有这一方面需求的朋友，毕竟现在社会的肥胖症还是很严重的。假设这 80～100 个人中，平均他们每个 QQ 好友中有 5 个人分享了这篇日志，而这分享出去的 5 个人的 QQ 好友中又有人分享了这篇日志。

这就是一个无限循环的。那篇日志发表的半个月时间左右，有大概6万的分享数量。以后以每天2000～3000的分享量持续下去，现在已经四个多月了，这篇日志仍每天给我带来1000～2000元的收入。

从案例可以看出，只要合理利用QQ以及QQ空间，是会给我们带来一定的商业利润的。

三、微信营销

微信营销是网络经济时代企业或个人营销模式的一种。是伴随着微信的火热而兴起的一种网络营销方式。微信不存在距离的限制，用户注册微信后，可与周围同样注册的"朋友"形成一种联系，订阅自己所需的信息，商家通过提供用户需要的信息，推广自己的产品，从而实现点对点的营销。

微信营销主要体现在以安卓系统、苹果系统的手机或者平板电脑中的移动客户端进行的区域定位营销，商家通过微信公众平台，结合微信会员管理系统展示商家微官网、微会员、微推送、微支付、微活动，已经形成了一种主流的线上线下微信互动营销方式。

微信营销模式具有一定的平等性，既有大型公司、企业采用微信公众平台推广自己的产品，积累客户，也有个人利用微信朋友圈进行产品售卖，如现在较流行的微商。总之现代人的生活中，微信已深深地融入其中。

1. 微信公众账号营销技巧

1）内容定位—内容为王

微信公众账号内容的定位应该结合企业的特点，同时又从用户的角度去着想，而不一味的只推送企业自己的内容，记住微信不是为企业服务的，而是为用户服务的，只有从你的微信当中获得用户想要的东西，他们才会加更忠实于你，和你成为朋友，接下来的销售才会顺理成章。

对于微信的内容，我们有一个"1＋X"的模型，"1"是最能体现账号核心价值的内容，"X"则代表了内容的多样性，迎合和满足用户的需求，增强内容的吸引力。

比如有一家公司运营的"永中Office"的微信公众号，这是一个以Office产品为主题的微信公号，核心内容是Office的使用技巧，这部分内容尽管实用，但比较枯燥，用户不容易感兴趣，所以我们就会补充一些小职场沟通、人生励志等上班族比较感兴趣的内容。

2）内容推送—拒绝骚扰

现在绝大多数的微信公众账号每天都有1次群发消息的功能，很多人嫌少，我觉得太多了。现在每个用户都会订阅几个账号，若推送的信息过多根本看不过来。

关于内容推送，主要有两个方面的问题。

(1) 推送频次：一周不要超过三次，太多了会打扰到用户，最坏的后果可能是用户取消对你的关注；当然，太少了用户也会抱怨，觉得你的微信只是一个摆设，根本不会从你这里获得什么。所以这个度一定得把握好。

(2) 推送形式：是指内容不一定都是图文专题式的，也可以是一些短文本，文本字数一般一两百字，关键在于内容能引发的读者思考，产生思想的火花，形成良好的互动效果。比如在“新桥公关”的微信中，定期会开展一些小调查，以短文本的形式，询问读者对于内容和推送时间的建议等。这样的效果非常好，一次小调查，我们通常会收到几百条用户回复，这样我们既实现了互动，也更了解用户，而用户也能看到他们想要的内容，应该说是多赢的结果。

3) 人工互动—沟通是魂

微信的本质是沟通平台，沟通需要有来有往，所以人工互动必不可少。而像“消息自动回复”的这种设置，就像 QQ 里的聊天自动回复，很讨厌，没诚意，企业微信公众账号，要能够做到适时的人工互动，做不到这一点，很难玩好微信。

4) 关键词回复系统—丰富易查

微信运营久了，积累的素材很多，这些内容沉下去很可惜，建立丰富易查的关键词回复系统就非常必要了。

这是关键词回复系统的第一个功能，第二个功能是为了方便让用户快速地找到他需要的内容，同时增加互动。

目前微信的每个规则预设 10 个关键字，配备 5 条推送内容(随机推送)，而规则只能设置 60 个，也就是说关键字可以设置的最多是 600 个，内容为 300 条，尽管这远远不能满足海量用户的个性化需求，但是要是利用好了，也能产生非常好的效果。

5) 从线上到线下—怀念不如相见

现在很少有人提微信的线下互动，但从沟通的效果而言，见面显然是效果最好的方法，也更容易拉近感情。

线上线下活动结合的意义在于面对面的交流更容易培训忠实的粉丝，产生更鲜活、更接地气的内容，这样的微信公众号才会显得更有真实，更有亲和力。

另外，微信光靠自然增长用户会很有限，线下活动也是增加微信用户的重要手段。

6) 他山之石—对手是最好的老师

做微信一定要有开放的心态，记住：竞争对手是最好的老师！要积极关注竞争对手的微信，如果你关注了 100 个竞争对手的微信，就会有 100 个账号在教你怎样做好微信营销。

另外，千万不要一个人坐在家里学习微信营销，可以经常去一些微信营销的 QQ 群、论坛等，看一看大家都在聊什么，在那里你能学到很多东西。

7) 贵在运营—日久见人心

坚持很重要。你写一篇文章，读者不一定认可你，可是当你写到 50～100 篇的时候读者一定会认可你，所以坚持最重要。微信营销不能靠一招鲜，拼的是投入和执行力，长期坚持下去，在实践中不断积累经验，培养和用户的感情，你的目标才有可能实现。

微信公众平台还在不断地完善和变化，但是万变不离其宗，微信的本质是沟通平台，沟通离不开内容，我们认为微信营销：“内容为王，沟通是魂。”在任何时候做微信营销都不能背离这两个主题。

案例

企业微信营销成功案例

案例一　微媒体

微信关键词搜索+陪聊式营销策略方案

据了解，微媒体微信公众账号是最早一批注册并实现官方认证的公众账号，从开始到现在，一直专注于专注新媒体营销策略思想、方案、案例、工具，传播微博营销策略知识，分享微博营销策略成功案例。

作为该账号的撒手锏，微媒体的关键词搜索功能不得不提。用户通过订阅该账号来获取信息知识，微信公众账号每天只能推送一条信息，但一条微信不能满足所有人的口味，有的订阅者希望看营销策略案例，而有些或许只是想要了解新媒体现状，面对需求多样的订阅者，微媒体给出的答案是关键词搜索，即订阅者可以通过发送自己关注话题的关键词例如"营销策略案例""微博"等，就可以接收到推送的相关信息。

当然，如果你发送个美女你好，小微或许认为你只是要聊聊天，如果你实在不吐不快，或许这样的陪聊也是一个不错的选择。

案例二　星巴克

音乐推送微信

把微信做的有创意，微信就会有生命力！微信的功能已经强大到我们目不忍视，除了恢复关键词还有回复表情的。

这就是星巴克音乐营销策略方案，直接刺激你的听觉！通过搜索星巴克微信账号或者扫描二维码，用户可以发送表情图片来表达此时的心情，星巴克微信则根据不同的表情图片选择《自然醒》专辑中的相关音乐给予回应。这种用表情说话正是星巴克的卖点所在。只是笔者一直不明白表情区分是全智能的，还是人工服务的呢？

案例三　小米客服营销策略方案

新媒体营销策略方案怎么会少了小米的身影？"9：100 万"的粉丝管理模式，据了解，小米手机的微信账号后台客服人员有 9 名，这 9 名员工最大的工作是每天回复 100 万粉丝的留言。

每天早上，当 9 名小米微信运营工作人员在电脑上打开小米手机的微信账号后台，看到昨天用户的留言，他们一天的工作也就开始了。其实小米自己开发的微信后台可以自动抓取关键词回复，但小米微信的客服人员还是会进行一对一的回复，小米也是通过这样的方式大大地提升了用户的品牌忠诚度。相较于在微信上开个淘宝店，对于类似小米这样的品牌微信用户来说，做客服显然比卖掉一两部手机更让人期待。

当然除了提升用户的忠诚度，微信做客服也给小米带来了实实在在的益处。黎万强表示，微信同样使得小米的营销策略方案、CRM 成本开始降低，过去小米做活动通常会群发短信，100 万条短信发出去，就是 4 万元钱的成本，微信做客服的作用可见一斑。

案例四　招商银行

爱心漂流瓶

微信官方对漂流瓶的设置，也让很多商家看到了漂流瓶的商机，微信商家开始通过扔瓶子做活动推广。使得合作商家推广的活动在某一时间段内抛出的"漂流瓶"数量大增，普通用户"捞"到的频率也会增加。招商银行就是其中一个。

日前，招商银行发起了一个微信"爱心漂流瓶的活动"：微信用户用"漂流瓶"功能捡到招商银行漂流瓶，回复之后招商银行便会通过"小积分，微慈善"平台为自闭症儿童提供帮助。在此活动期间，有媒体统计，用户每捡十次漂流瓶基本上有一次会捡到招行的爱心漂流瓶。

2. 微信个人朋友圈营销技巧

1）个人定位

个人定位一定与你的优势、你的爱好、你的个性有关。我们很多人朋友圈还没有一个定位，内容显得很杂乱，不符合自己的个性，不方便传播。一个能让别人产生认同感的朋友圈，一定是能彰显个性，表露优点，以及贴近生活。

总之你有优势要发挥出来，让别人知道，三人行必有我师，总有人会认同你。在微信朋友圈打造你个人的品牌，就是要你发挥出最真实的一面，而且还要进行适当的包装、炒作。你的定位越清晰，就越容易建立你的品牌。你的微信名字、头像、个性签名等都是跟你个性紧密相连的。

2）坚持原创

原创的东西因为有差异性，所以有新鲜感，因而才更有吸引力。不管是你的产品广告，还是你的生活分享都建议是原创的。哪怕你看热点新闻一个笑话，这些东西很多人转载也没有关系，因为这个是你拿过来的，但是你必须要改一改，别人看的时候才有乐趣。

通过原创的文章，别人才能看到一个真实的人，一份坦诚的生活态度，才能有信任感。原创的文案，一般互动会高，那销售效果自然也会好一点。

卖产品我们要真实一点，柔和一点，不同方式产生的效果也不一样，不同的场景就要不同表达方式，要有针对性，不能千篇一律。没有人比你更懂自己的粉丝、你的受众人群、你的客户。比如说你的客户是40岁以上的大妈，那内容就得符合她们的胃口，用你的文案激发她们的需求。

针对90后，他们正喜欢一些娱乐一些好玩一点的东西，如果是70后的人群你发一些好玩的东西对他们是没有吸引力的，这个时候你要更严谨的一些东西去打动他们。总之，根据你的客户、用户、你的粉丝来决定你发的内容。

要想真正做好一个微商，驾驭文字跟图片的能力很重要，所以说会写的人做微信营销会更有优势。

3）互动技巧

没有互动的朋友圈都是要流氓，你的朋友圈有很强的互动力，你的点赞、评论就会很高，你的微商也会做得很成功，卖东西已经不在话下了。所以前期的主要任务就是要把朋友圈的互动性调动起来。

那么我们的朋友圈如何去做才能互动特别好呢？

第一个肯定要原创，如果你现在还不是原创的朋友圈，那么你现在就要改进了，一定要原创。这里说的互动，不要被动等别人过来，你要主动引导别人来互动。要注重频率，手段也要有所区别。对方的朋友圈内容比较平淡的时候，就点赞一下，当内容很有吸力的时候，一定要去评论，犀利一点，特别一点，这样才能引起关注。

我们发朋友圈的目的是什么，是让人家点赞、评论，我相信如果你不是出于这样目的你不会去发这条微信的。我们发每一条的时候都渴望得到关注，得到认同。这样一来二去，你们就形成了一种关系，产生了更多交集。

(1) 提问互动式。不同的方式提出的问题互动也不一样。比如我今天晚上去吃火锅，互动自然没有那么高，如果你提问在什么地方吃火锅好，希望大家给推荐，有没有一起的、约吗？这样效果要比你那种表达方式要好得多。

(2) 有奖互动式。设置一些奖品，俗话说“舍不得孩子套不到狼”，朋友圈里互动可以选一些小礼品，或者红包也是可以的，或者是送小饰品等，送几个东西效果还是很好的，别人并不是因为你的奖品而参与，觉得蛮有趣蛮好玩，有趣味性的一种互动。

4) 有讲究的配图

广告图不要太多，聊天截图也不要太多。配图要注意，朋友圈都是厂家给的广告图，要升华营销，能不用公司图就不用，偶尔用一下就好了。自己拍的，真实很重要。朋友圈不要都是聊天记录，文字和图片要匹配。不要牛头不对马嘴。图片要有个性要有吸引力。

5) 提供价值分享

是朋友要么不分享，要分享就分享精华，这其实也是你态度的一种表现。多一些生活分享，少一些广告。多一点正能量，少一点抱怨牢骚。公众号的分享每天最好一条就可以，不要都是乱七八糟的分享。你要知道你的客户群喜欢什么，不要太杂太乱。

6) 把握广告时间段

每个时间发的内容不一样，带来的效果也不一样。早晨7～9点要正能量的东西分享或者微商的段子，不要广告。中午12点插播广告，效果会好一些。下午时间大家都在忙，晚上6～9点广告活动时间。晚上11点到凌晨适合情感类的东西，多分享些个人东西。这个时间段不适合发广告，可以是生活秀、夜宵之类的。

案例

微信朋友圈营销案例

案例一 微信卖粟米，三个月进账200万元

2013年12月1日，上海国际马拉松现场一“愤怒的小鸟”吸引了众多眼球，这只“小鸟”的真身是在微信上卖粟米卖火了的富军。在2013年富军和老婆开玩笑说要卖米，之后开始向微信好友赠送大米，为他的大米营销创造基础口碑。

任何微信营销，都需要两个基础条件，一个是足够多的好友数量，另一个则是与微信好友之间拥有较为紧密的关系。富军通过各种活动，增加自己的微信好友，为了与这些好

友保持紧密关系，富军平均每周在朋友圈更新6条消息，并策划过一次效果不错的线下活动。

尽管没策划过品牌营销，但富军很了解互联网的属性，一次事件营销会带来爆炸式的效应，于是背着米袋子、贴满二维码的"愤怒的小鸟"在上海马拉松上闪亮登场了。

富军粟米的微信营销是成功的，到2013年11月底，他统计全年订户200个，销售大米200万，而这些，都源自于他的微信好友。

案例二 微信直销草鸡蛋，线上交易线下送达

在办公室做了4年文员的尤达，2013年毅然辞职回到老家承包一片山地，养起草鸡。此前，尤达的姐姐一直从事草鸡蛋销售工作，通过农业合作社收养殖户的鸡蛋，再卖给消费者，"二传手"增加了鸡蛋销售成本，但没有稳定的蛋源供应，于是尤达和姐姐共同投资建起养殖场。一方面姐姐负责老渠道销售，另一方面尤达负责微信、微博直销的新渠道开发。

通过线上直销，尤达的账户"互粉"了很多好友，在线养殖场、饲养过程的展示吸引不少市民线上订购，尤达收到订单后，直接配送上门。目前，尤达已经积累了2000多名稳定的粉丝。

尤达卖的鸡蛋定价为1.5元一个，线上交易9个月以来，先后卖了3万只草鸡蛋，实现了他最初预设给自己的目标。

案例三 "水果哥"凭借微信月入4万元

许熠是石家庄经济学院的一名大学生，过去的3个月里，他和他的微信水果店"优鲜果妮"在石经院火了一把。作为一名大学生，许熠的创业灵感来源于为女友送早餐的偶然经历。"石经院共有学生1.7万名，其中女生6000多名。"许熠强调：女生几乎每天都要吃水果，如果按每个女生一个月50元消费来估算，微信卖水果则大有赚头。

开业之初，许熠的"优鲜果妮"生意并不好做，常常等上一天才有一笔几元的订单。正如本文上面提到的，微信营销的基本条件之一是有足够多的好友，许熠和他的同学采用"扫楼"的方式来增加好友：将印制的市场宣传单、广告册发到学校的教学楼、食堂、宿舍楼；利用课间10分钟在各个教室播放"优鲜果妮"宣传短片……三个月时间的"扫楼"，优鲜果妮关注人数达到4920个，这些用户多为许熠的同学，针对这点，许熠经常推出个性产品，各类水果组成的"考研套餐""情侣套餐""土豪套餐"频频吸引同学眼球，此外，许熠的公众平台还会不时推送天气预报或失物招领信息来吸引粉丝。

到目前为止，"水果哥"已经实现了月入4万元的收入。

微信已经成为各行各业的营销法宝，他们之所以成功，存在几个共同的原因：足够多好友数量、经常保持密切联系、个人信用保障成交率、商品贴近生活等。

实际上，微信营销并不容易，正如文章《微信营销葵花宝典(系列一)：亮出你的真情实感！》所说，频繁的刷屏推送产品信息，可能会给营销带来负面效果，在营销过程中，维护与好友之间的关系，才是重中之重。

凡事理性而为，善用微信这一时下最流行的互动工具，让商家与客户回归最真诚的人际沟通，才是微信营销真正的王道。

【本章小结】

本章主要讲述新时代的新型沟通方式，即现代沟通方式。本章主要分三节。

第一节主要介绍现代沟通方式的种类，即电话沟通和网络沟通。具体阐述了电话沟通特点和网络沟通特点及网络沟通的工具，如电子邮件、网络电话、即时通信工具等。

第二节主要介绍现代沟通方式的礼仪与技巧。具体介绍在电话沟通中的礼仪和技巧，以及在网络沟通中的礼仪和技巧。

第三节主要介绍现代沟通方式运用实例。具体介绍了电话营销、QQ营销、微信营销的步骤和方法等，利用丰富的案例展示如何利用现代沟通方式进行市场推广工作。

【复习思考题】

1. 现代沟通方式的种类？
2. 网络沟通方式具体有哪些？
3. 在电话沟通和网络沟通中要注意些什么？

【案例分析】

研发部的王经理

研发部王经理才进公司不到一年，工作表现颇受主管赞赏，不管是专业能力还是管理绩效，都获得大家的肯定。在他的缜密规划之下，研发部一些延宕已久的项目，都在积极推行当中。部门主管李副总发现，王经理到研发部以来，几乎每天加班。他经常第二天来看到王经理电子邮件的发送时间是前一天晚上10点多，接着甚至又看到当天早上7点多发送的另一封邮件。这个部门下班时总是王经理最晚离开，上班时第一个到。但是，即使在工作量吃紧的时候，其他同人似乎都准时走，很少跟着他留下来。平常也难得见到王经理和他的部属或是同级主管进行沟通。

李副总对王经理怎么和其他同事、部属沟通工作觉得好奇，开始观察他的沟通方式。原来，王经理总是以电子邮件部署工作。他的属下也都是以电子邮件回复工作进度及提出问题。很少找他当面报告或讨论。对其他同事也是如此，电子邮件似乎被王经理当作和同人们合作的最佳沟通工具。但是，最近大家似乎开始对王经理这样的沟通方式不认同。李副总发觉，王经理的部属对部门逐渐没有向心力了，除了不配合加班，还只执行交办的工作，不太主动提出企划或问题。而其他主管，也不会像王经理刚到研发部时，主动与他聊天了，大家见了面，只是客气地点点头。开会时的讨论，也都是公事公办。

李副总趁着在楼梯间抽烟碰到另一处陈经理时，以闲聊的方式了解到王经理工作相当认真，可能对工作以外的事没有多花心思。李副总没再多问。这天，李副总刚好经过王经理房间门口，听到他打电话，讨论内容似乎和陈经理业务范围有关。他到陈经理那里，刚好陈经理也在说电话。李副总听谈话内容，确定是两位经理在谈话。

之后，他找了陈经理，问他怎么一回事。明明两个主管的办公房间挨着，为什么不直接走过去说说就好了，竟然是用电话谈。陈经理笑答，这个电话是王经理打来的，王经理似乎比较希望用电话讨论工作，而不是当面沟通。陈经理曾试着要在王经理房间谈，当面沟通。王经理不是最短的时间结束谈话，就是眼睛还一直盯着计算机屏幕，让他不得不赶紧离开。陈经理说，几次以后，他也宁愿用电话的方式沟通，免得让别人觉得自己过于热情。了解这些情形后，李副总找王经理聊了聊。王经理觉得，效率应该是最需要追求的目标。所以他希望用最节省时间的方式，达到工作要求。李副总以过来人的经验告诉王经理，工作效率重要，但良好的沟通也会使工作进行顺畅许多。

问题：

(1) 分析本案例中王经理在部门人际沟通中的问题。

(2) 如果你是王经理，应该怎样做？

(3) 请结合案例，比较现代的沟通方式与当面沟通的方式有什么不同。

【实践课堂】

训练一　电话沟通情景模拟

(1) 模拟一名刚入职的销售人员第一次给某公司采购部的王经理打电话，推销某品牌的笔记本电脑。

(2) 模拟一个学生因家里有事给老师打电话请假。

训练二　假如我是……

设想对象可以是QQ营销者、微信营销者。学生须先查资料，做好准备，然后阐明自己打算如何运用现代沟通方式进行营销。

目的：训练学生如何运用这两种网络沟通方式进行产品营销。

参考文献

[1] 迈克尔・E.哈特斯利.管理沟通：理论与实践[M].李布，赵宇平，等，译.北京：机械工业出版社，2008.
[2] 陈晓萍.跨文化沟通[M].北京：清华大学出版社，2009.
[3] 应届生求职网.应届生求职简历全攻略[M].上海：上海交通大学出版社，2009.
[4] 马歇尔・卢森堡.非暴力沟通[M].阮胤华，译.北京：华夏出版社，2009.
[5] 郭台鸿.高效沟通24法则[M].北京：清华大学出版社，2009.
[6] 郭鹏.史上最强沟通术：教你如何与人交流[M].北京：机械工业出版社，2009.
[7] 彭凯平.跨文化沟通心理学[M].北京：北京师范大学出版社，2009.
[8] 陈乾文.别告诉我你会做简历[M].上海：龙门书局，2010.
[9] 陈乾文.别说你懂职场礼仪[M].上海：龙门书局，2010.
[10] 徐耀武.读心术[M].北京：机械工业出版社，2010.
[11] 曾仕强.圆通的人际关系[M].北京：北京大学出版社，2010.
[12] 刘墉.创造双赢的沟通[M].北京：文化文艺出版社，2011.
[13] 苏姗娜・杰纳兹，等.组织中的人际沟通技巧[M].时启亮，杨静，译.北京：中国人民大学出版社，2011.
[14] 杨连顺.职场人际关系与沟通技巧[M].天津：天津大学出版社，2012.
[15] 余世伟.有效沟通[M].北京：北京联合出版公司，2012.
[16] 麻友平.人际沟通艺术[M].北京：人民邮电出版社，2012.
[17] 奥里森・马登.正能量修习[M].悦毛，编译.苏州：古吴轩出版社，2012.
[18] 戴尔・卡耐基.最强沟通术：如何掌控你的话语权[M].王剑，译.合肥：安徽人民出版社，2012.
[19] 科里・帕特森.关键对话[M].毕崇毅，译.北京：机械工业出版，2012.
[20] 李炎炎.国际商务沟通与谈判[M].北京：中国铁道出版社，2012.
[21] 罗杰・费希尔.沟通力[M].王燕，译.北京：中信出版社，2012.
[22] 孙科炎.沟通心理学[M].北京：中国电力出版社，2012.
[23] 韩佳冰.和领导沟通的艺术[M].沈阳：沈阳出版社，2012.
[24] 戴尔・卡耐基.沟通与处世的艺术[M].赵静，编译.北京：中华工商联合出版社，2013.
[25] 彼得・R.加伯.50种沟通活动及破冰练习[M].吴培培，译.北京：电子工业出版社，2013.
[26] 陈浩.幽默沟通学[M].北京：中国华侨出版社，2013.
[27] 李元授.人际沟通训练[M].武汉：华中科技大学出版社，2014.
[28] 张岩松，孟顺英.人际沟通艺术[M].北京：清华大学出版社，2015.
[29] 李颖娟，丁旭.人际沟通与交流[M].北京：清华大学出版社，2015.
[30] 廖雪梅，徐桂莲.护理人际沟通[M].武汉：华中科技大学出版社，2016.
[31] 李占文，钟海.人际沟通与交往[M].北京：科学出版社，2016.
[32] 卢冬明.大学生人际关系与沟通能力培养[M].北京：北京理工大学出版社，2016.

推荐网站：

[1] 世界经理人网站. http://www.ceconline.com/.
[2] 中华心理教育网教学中心. http://edu.xinli110.com/Index.html.
[3] 中国教育文摘. http://www.eduzhai.net/zhichang/44/zhiye_6378.html.
[4] 个人简历网. http://www.gerenjianli.com.
[5] 应届生求职网. http://www.yingjiesheng.com.